国家社会科学基金“十三五”规划2018年度教育学一般课题
“产教融合视阈下产业学院育人模式研究”（BJA180105）成果

产教融合视阈下
产业学院育人模式研究

李海东　编著

广东高等教育出版社
Guangdong Higher Education Press
·广州·

图书在版编目（CIP）数据

产教融合视阈下产业学院育人模式研究/李海东编著. —广州：广东高等教育出版社，2024.6

ISBN 978－7－5361－7193－0

Ⅰ.①产… Ⅱ.①李… Ⅲ.①高等学校－产学合作－人才培养－培养模式－研究－中国 Ⅳ.①G649.2

中国国家版本馆 CIP 数据核字（2023）第 197870 号

出版发行	广东高等教育出版社 地址：广州市天河区林和西横路 邮政编码：510500 电话：（020）87554152 http://www.gdgjs.com.cn
印　　刷	广东虎彩云印刷有限公司
开　　本	787 毫米×1 092 毫米 1/16
印　　张	18
字　　数	324 千
版　　次	2024 年 6 月第 1 版
印　　次	2024 年 6 月第 1 次印刷
定　　价	68.00 元

前言

党的二十大报告强调："推进职普融通、产教融合、科教融汇，优化职业教育类型定位"。产教融合是职业教育的基本办学模式，也是牵引职业教育高质量发展的"牛鼻子"。2017 年，国务院办公厅发布《关于深化产教融合的若干意见》，首次在正式文件中提出"产业学院"的概念；2020 年，教育部办公厅、工信部办公厅印发《现代产业学院建设指南（试行)》；2021 年，中共中央办公厅、国务院办公厅印发《关于推动现代职业教育高质量发展的意见》，提出推动校企共建共管产业学院、企业学院，延伸职业学校办学空间。产业学院已然成为当前我国深化产教融合、精准开展高素质技术技能人才培养的重要抓手和载体。

广东是中国经济最发达的省份之一，也是职业教育最为发达的地区之一。作为产教对接的桥梁，产业学院一直以来在广东培养高素质技术技能人才、提升产业发展水平方面发挥着重要作用。早在 2011 年，中山职业技术学院依托区域镇经济成立沙溪纺织服装学院等 4 所产业学院，培养了大批紧贴区域镇产业需求的高素质技术技能人才。近年来，华为 ICT 产业学院、广科长隆旅游产业学院、格力明珠产业学院等一批校企共建产业学院的兴起，为广东产教深度融合、技术技能人才创新培养提供了更加丰富的实践样本。2021 年广东共立项 82 所省高职教育示范性产业学院。截至 2022 年 6 月，广东共设立 146 所高职产业学院。产业学院的蓬勃兴起及其育人的实践探索，一方面需要我们对其现有的办学体制、运行机制、育人模式等进行更加深入的审视与总结，另一方面也迫切需要相关的理论给予引领与指导。

2018 年 7 月，由广东省教育研究院副院长李海东教授主持的课题"产教融合视阈下产业学院育人模式研究"被立项为国家社会科学基金"十三五"规划 2018 年度教育学一般课题，课题组以产业经济学、教育经济学中的供需理论为基础，以广东丰富的产业学院育人实践为素材，基于"产教供需双向对接、产教统筹融合发展"的产教融合视阈，从理论研究、实证分析、政策研究 3 个视角切入产业学院研究，围绕概念解析、现状调查、机制探索、育人创新、保障条件 5 个模块开展产业学院育人模式研究。该课题研究历时 5 年，于 2023 年 6 月顺利结题，《产教融合视阈下产业学院育人模式研究》一书即为该研究的最终成果。

在理论研究上，本书从产业学院的概念入手，试图为产业学院勾勒清晰的“画像”，在明确产业学院的内涵特征、构建形式及功能定位的基础上，为特色化的产业学院育人模式探析奠定理论基础。在实证分析上，一是通过问卷调查，基于数据分析产业学院运行及育人的特征、趋势，在验证现有产业学院概念假设的同时，为更加深入地分析产业学院案例提供数据支撑；二是通过案例分析，在对产业学院开展相关分类的基础上，以解剖麻雀的方式对华为ICT产业学院、巨轮智能产业学院、广州市物联网产业学院、中恺汽车产业学院等具体案例进行办学体制、运行机制、育人模式等可能存在的问题等方面的深入研究，在加深对产业学院运行现状调查的基础上，分析产业学院的运行及育人规律，破解产业学院运行及育人过程中存在的问题。在政策研究上，着力推动产业学院相关政策的制定及可操作化，强调通过建立产业学院多元化利益协调机制、打造产业学院校企协同育人模式、建立科学化的产业学院考核评价体系、推进产业学院文化建设等举措，为产业学院运行及育人提供政策支撑。

全书由课题负责人、广东省教育研究院副院长李海东教授设计框架、统筹编著，各章节的作者如下：第一章作者为黄文伟（广东省教育研究院）、陈咏（广州市教育研究院）、陈小龙（广州市旅游商务职业学校）、范旭东（广东科学技术职业学院）；第二章作者为李海东、黄文伟、琚运婷（均来自广东省教育研究院）；第三章作者为闫利雅（广州番禺职业技术学院）、李国杰（广东轻工职业技术学院）、胡志敏（广州卫生职业技术学院）、卢广巨（广州卫生职业技术学院）；第四章作者为古婷骅（广东科学技术职业学院）、刘周海（中山职业技术学院）、郭建英（佛山市顺德区中等专业学校）；第五章作者为黄荣（广东水利电力职业技术学院）、刘力铭（广州城市职业学院）、管俊岭（广东科贸职业学院）；第六章作者为吴三美（广东农工商职业技术学院）、蒋满华（广东创新科技职业学院）、乐有树（广东开放大学）、乌云高娃（深圳职业技术大学）；第七章作者为冯小军（清远职业技术学院）、张志（广东建设职业技术学院）、曾兰燕（广州科技贸易职业学院）、鄢维峰（广州城建职业学院）；第八章作者为贺佐成（广州番禺职业技术学院）、陈虹（深圳职业技术大学）、李斯光（广东科贸职业学院）。此外，广东省教育研究院杜怡萍、邓文辉、万达、张芮等同志也参与了本书材料的整理工作。

由于水平有限，书中难免出现错漏，敬请读者不吝指正。

编　者

2023年12月

目 录

第一章 绪论

第一节 研究背景与意义

一、研究背景

《国务院办公厅关于深化产教融合的若干意见》（国办发〔2017〕95 号）明确提出："深化产教融合，促进教育链、人才链与产业链、创新链有机衔接，是当前推进人力资源供给侧结构性改革的迫切要求，对新形势下全面提高教育质量、扩大就业创业、推进经济转型升级、培育经济发展新动能具有重要意义。"可见，产教融合已成为国家推动教育改革和进行人力资源开发的顶层制度安排中的重要内容。针对目前在产教融合、校企合作方面存在的人才培养与产业需求"两张皮"的问题，2018 年，教育部等六部门印发了《职业学校校企合作促进办法》（教职成〔2018〕1 号），通过促进、规范、保障职业学校校企合作，力图从操作层面调动企业参与人才培养的积极性，使行业企业成为重要办学主体，提升高素质技术技能人才培养成效。2021 年，中共中央办公厅、国务院办公厅《关于推动现代职业教育高质量发展的意见》则进一步提出，鼓励上市公司、行业龙头企业举办职业教育，鼓励各类企业依法参与举办职业教育，鼓励职业学校与社会资本合作共建职业教育基础设施、实训基地，共建共享公共实训基地。该意见进一步从制度层面解决产教"两张皮"的顶层设计问题。然而，更多办学体制及育人模式的新突破仍有待各地从理论上、实践上予以积极探索。作为由政府机构、行业协会、产业园区、龙头企业、高职院校等多主体合作兴办的集学历教育、技术研发、技能培训、生产服务于一体的实体化职业教育机构，产业学院在提升企业重要办学主体地位和推动深化产教融合、校企合作方面具有十分重要的作用，已成为继职业学校办学、行业企业办学之后的第三条技术技能人才培养路径。从实践层面上看，产业学院由点到面，已在各地开展不同形式的探索。以广东为例，截至2022年，广东省经济规模连续34年位居全国第一，正在建立具有全球竞争力的产业新体系。为建立这一产业新体系，省内产业学院先行先试。2012年，中山职业技术学院率先探索服务广东中山市各镇的产业学院建设。2017年以来，省内高职院校主动服务先进制造业、现代服务业、战略性新兴产业、基础产业发展，涌现出与地方政府、产业园区、行业协会、行业龙头企业和地方重点企业等合作的多种形式的产业学院，为推动学校、企业协同开展技术技能人才培养提供了重要平台。从政策层面上看，产业学院越来越多地出现在国家、省、市职业教育发展的政策话语中。一是国家政策层面上，2017年《国务院办公厅关于深化产教融合的若干意见》提出了“鼓励企业依托或联合职业学校、高等学校设立产业学院”，第一次在政策文本中明确提出“产业学院”的概念。2021年《关于推动现代职业教育高质量发展的意见》则提出“推动校企共建共管产业学院、企业学院，延伸职业学校办学空间”。二是地方政策层面上，在江西省15部门联合印发的《关于推进职业院校混合所有制办学的指导意见（试行）》中，直接将混合所有制二级学院定位为产业学院，以产业学院为载体开展职业院校混合所有制办学的制度设计。但从理论层面上看，对已有产业学院特别是职业教育领域的产业学院的先进经验缺少提炼总结，对产业学院的内涵特征、体制机制、专业规划及课程设置、保障条件等问题缺乏深入研究，影响了产业学院育人模式的进一步推进。

二、研究意义

（一）学术意义

本研究基于“产教供需双向对接、产教统筹融合发展”的产教融合视阈，研究职业教育领域产业学院的建设方式和育人模式，为深化产教融合、校企合作提供理论支撑，包括为实现产业学院平台下校企协同育人提供理论支撑，以及为产教融合相关政策的落地实施提供理论支撑。

（二）实践意义

本研究针对产教融合存在的人才培养与产业需求“两张皮”的问题，以产业学院为突破口，通过产业学院充分发挥企业主体作用，实现专业群与产业群的有机对接，达到精准育人和精准服务的目标，切实推动职业教育供给侧改革。

在广东全面推进创新驱动、实现产业转型升级的背景下，社会迫切需要职业教育为经济社会和产业发展提供人力资源支撑，通过研究产业学院发展的相关理论，特别是研究如何破解产业学院在管理体制、运行机制、技术服务和育人模式等方面的难题，为产业学院的发展及其育人模式的形成提供切实可行的指导，从而有效推动产教融合产业学院的建设与发展。

第二节 核心概念界定与文献综述

一、核心概念界定

（一）产业学院

“产业学院”的提出，最早可追溯到1851年美国著名社会活动家特纳提出的《产业大学计划》，后经英国倡导，“产业大学”得以进一步发展。该“产业大学”成立的主要目的是提高企业特别是中小型企业的生产力和竞争力，帮助个人获得知识和技能，提高他们的专项技术技能和就业能力。国内产业学院的兴起始于21世纪初，根据产业学院指向的不同，大致分为两类：第一类是将产业学院界定为“面向区域产业新建的地方本科院校二级学院”，第二类是将产业学院界定为“高职院校、行业企业等多主体合作兴办的职业教育实体机构”。第二类产业学院基于产教融合理念构建与运行，更加关注企业、高职院校等的多元办学主体地位及校企协同育人机制，如中山职业技术学院与中山市内相关镇政府共建产业学院即属此类。本课题所涉及的产业学院主要是第二类。

关于产业学院的概念，学界尚没有共识。易雪玲、邓志高认为，“专业镇产业学院”是高职院校依托现有重点专业群和特色专业群，与相关专业镇政府在其产业园区（基地）合作兴办的，集学历教育、社会培训、技术研发与服务等功能于一体的教育实体机构；同时也是专业产业紧密对接的、镇校合作的高职教育发展新模式。① 徐秋儿认为，产业学院是为了有效实现工学交替人才培养，由高职院校和具有相当规模的企业在理念、机制、模式、条件上形成的产学研

① 易雪玲，邓志高．探索“专业镇产业学院”高职教育发展新模式［J］．中国高等教育，2014（15）：59－61．

一体化深度合作、互动双赢的校企联合体。① 励效杰认为，产业学院是高职院校依托现有专业或专业群的技术优势，以服务当地产业集群发展为宗旨，与产业集群所在地方政府、行业协会和龙头企业等合作兴办的集人才培养、技术研发和社会服务为一体的实体性职业教育机构，是一种合并融合型产学合作发展模式。②

综合上述对产业学院的概念界定，可归纳出产业学院的三个特点：一是产业学院要突出专业（群）与区域产业（群）的对接，体现产教融合的理念和校企合作的思想；二是产业学院具有复合性功能，除人才培养外，还包括社会培训、技术研发与服务等功能；三是产业学院体现的是一种多元办学机制。除此之外，对于产业学院还有如下三方面重要内容值得继续研究：一是产业学院中多元办学主体的资源如何有效整合和高效利用？二是产业学院的属性究竟是什么，是一种教育实体机构、相对松散的校企联合体，还是虚拟的职业教育平台？三是产业学院的有效运行机制是什么？如何体现办学理念、育人模式、条件等方面的创新？对这些问题的研究有助于我们对产业学院进行更为准确的界定。

在对产业学院概念比较分析的基础上，本书认为，产业学院是产业集群所在地政府、行业协会、产业园区、龙头企业及高职院校的相关优势专业（群）合作兴办的，集学历教育、技术研发、技能培训、生产服务为一体的，实现新型高等职业教育实体化运行的产教融合联合体。该概念将在本书后续研究中进一步论证。

（二）产业学院育人模式

模式是人们根据实践需要和一定的科学原理构思、设计和创造出来的理论的简化形式，是提供人们照样去做的标准样式。育人模式是人们基于对育人规律的认识，并在育人规律的指导下进行人才培养的一种标准样式。育人模式通常包括五个方面：教育思想、培养目标、教学内容和课程体系、教学方法和手段、教学资源的配置和整合。其中，教学内容和课程体系服从于培养目标，培养目标服从于教育思想。

产业学院育人模式，即人们基于对技术技能生成规律及产业学院运行规律的认识，并在技术技能人才成长规律的指导下进行产业学院人才培养的一种标

① 徐秋儿. 产业学院：高职院校实施工学结合的有效探索［J］. 中国高教研究，2007（10）：72－73.

② 励效杰. 产业学院的制度逻辑及其政策意义［J］. 职业技术教育，2015（31）：49－52.

准样式。在产业学院育人模式上，励效杰认为，产业学院可最大限度上复原学徒制模式，能够确保学生职业知识学习效果。① 卢坤建等学者认为，产业学院可积极探索校企联合招生、招工、订单培养、现代学徒制等多元化人才培养模式，并围绕真需求、真项目加强教学做一体化实训条件建设。② 欧阳育良等学者认为，产业学院育人要注意依托产业设置专业，根据产业需求开设课程，明确企业育人的主体地位，鼓励企业全过程育人，指导学生在区域产业中充分就业。③ 郑琦认为，产业学院要形成"专业共建、人才共育、师资共培、实习就业共担"的协同育人机制。④ 不论是哪种提法，学者们普遍都将产业学院育人模式放置在产教融合视阈下，或以现代学徒制的模式，或以订单培养的模式，或以项目式培养的模式，最终达到依托产业学院实现校企协同培养人才的目标。

二、 文献综述

（一）产业学院的历史沿革

1. 理论渊源

学界普遍认为"产业学院"的提出源于词根同源的"产业大学"，并认为我国"产业学院"在借鉴20世纪末英国"产业大学"概念的基础上，进行了本土化移植与改造。而实际上，"产业大学"概念的提出较其更加久远，最早可追溯到1851年美国著名社会活动家特纳提出的《产业大学计划》。⑤ "这个计划包含三个主要目标：①建立面向农业、工业、商业和艺术等领域劳动者的新型学院；②开设面向职业科目的课程；③联盟政府为新型学院提供土地、资金等教育资源。"⑥ 受特纳《产业大学计划》的影响，1857年，佛蒙特州参议员莫雷尔

---

① 励效杰. 产业学院的制度逻辑及其政策意义［J］. 职业技术教育，2015（31）：49－52.

② 卢坤建，周红莉，李作为. 产业学院推进产教深度融合的实践探索：以广东轻工职业技术学院为例［J］. 职业技术教育，2017，38（23）：14－17.

③ 欧阳育良，林仕彬. 产业学院的组织特征和体系设计［J］. 职教论坛，2021（4）：39－43.

④ 郑琦. 产业学院：一种利益相关者共同治理的高职办学模式［J］. 成人教育，2014，34（3）：62－64.

⑤ 崔高鹏. 论特纳的产业大学计划及其历史意义［J］. 教育学报，2010（6）：122－126.

⑥ CAMPBELL，JOHN R. Reclaiming a lost heritage：a historical perspective of the land grant university system［EB/OL］.（2006－06－19）http://www. adec. edu/clemson/papers/campbell-chapter1.

(Justin Smith Morrill, 1810—1892）向美国国会提出向学院赠予土地的议案，美国国会最终通过《1862 年赠地学院法案》①。受益于此，麻省理工学院、康奈尔大学等一批闻名后世的知名学府相继建立，为美国的尖端工程学教育奠定了坚实的基础，培养了一大批当时美国产业发展急需的优秀人才。

随着 20 世纪全球产业经济的蓬勃发展，产业大学相继在不同国家和地区建立，并形成对产业经济发展的有力支撑。20 世纪 30 年代，日本兴起产业大学建设，大阪产业大学、静冈产业大学、爱知产业大学等一批聚焦工业和应用领域的产业大学相继成立，为后来日本经济的迅速发展做出重要贡献。② 伴随着 20 世纪 70 年代韩国经济在亚洲地区的迅速崛起，韩国提出“教育立国、科技立国”的发展战略。韩国《高等教学法》明确要求产业大学应该将培养学生的现场实务能力作为主要的教学目标，当时的韩国产业大学在校生数量占全国大学生数达 42.24%，为韩国产业化发展提供了大量的技术技能人才。③ 1998 年，英国教育与就业部开始酝酿策划产业大学，发布《英国的产业大学——使人人都参与终身学习》。2000 年，产业大学正式开启运营时已完成 1 113 个在线学习中心的建设和 57.5 万门课程的储备，英国政府将其作为提高企业生产力和竞争力，帮助个人获得知识技能、提高就业能力，构建学习型社会的重要组成部分。④ 2006 年，我国台湾省启动“产业大学转型计划”，构建以职训中心、学校与业界三方紧密联系的教学及实习合作平台，建立以就学与就业兼顾的教育模式，发扬技职教育“做中学、学中做”的务实致用办学特色。⑤

综上所述，世界各国及地区产业大学的建设，为我国新时期产业学院的孕育与发展提供了有益的借鉴和参考。我国教育者在“产业学院”的研究与建设实践过程中不断丰富、完善其功能与内涵，促使其更加符合中国国情，逐渐形成具有中国特色的产业学院发展建设体系。

---

① 崔高鹏. 从产业大学计划到赠地学院法案：特纳对莫雷尔影响之研究 [J]. 大学教育科学，2009 (4)：86－90.

② 陈东莲，朱宾，肖飞. 日本产业大学创新发展职业教育经验对我国的借鉴 [J]. 教育与职业，2006 (7)：83－85.

③ 刘丹. 韩国产业大学实践教学模式浅析 [J]. 现代职业教育，2021 (9)：36－37.

④ 陈振，洪明. 终身教育理念下英国产业大学的新发展 [J]. 中国远程教育，2006 (7)：72－74.

⑤ 曾启鸿. 台湾产业大学转型模式及其对大陆的启示 [J]. 张家口职业技术学院学报，2017 (4)：51－53.

2. 实践初探

进入21世纪以来，我国的产业与高等教育环境发生了重大改变。一方面是产业结构由劳动密集型向知识密集型转型升级，另一方面是高等教育从精英教育向大众教育转变。同时，人才供需市场出现了人才难求与大学生无法充分就业的突出矛盾。为解决上述问题，各高等教育机构开始探索全新的产学合作模式，精准培养优秀人才，其中“产业学院”作为极具创新意义的人才培养形式率先在高等职业院校中应运而生。

我国高职教育领域最早的产业学院出现在2006年，是由浙江经济职业技术学院与浙江物产集团、浙江元通集团先后共建的“物流产业学院”及“汽车售后服务产业学院”。① 2010年，徐州建筑职业技术学院与龙信集团和中南集团分别共建了“龙信学院”和“中南学院”。2011年，宁波城市职业技术学院与当地知名企业共建了“滕头园林学院”“九龙国际物流学院”“视觉东方艺术学院”“宁波旅游学院”。2011年，中山职业技术学院按照“一镇一品一专业”思路推进专业镇产业学院建设，相继成立了“沙溪服装学院”“古镇灯饰学院”“南区电梯学院”“小榄工商学院”，因其特色鲜明、影响较大，常被部分研究者误认为是我国产业学院的发端。

与此同时，部分本科院校亦开启了产业学院建设的有益探索，如常熟理工学院于2009—2010年期间先后成立的“阿特斯光伏科技学院”和“国际服务工程学院”，② 福州大学的“紫金矿业学院”，武夷学院的“圣农食品学院”“太阳电缆学院”，莆田学院的“电子商务产业学院”“装备制造产业学院”等。③

3. 政策牵引

职业教育的改革离不开国家政策的指导与引领，这在产业学院的孕育、建设与发展过程中亦有充分体现。自2005年国务院《关于大力发展职业教育的决定》提出“大力推进工学结合，校企合作的培养模式”以来，校企合作逐渐成

---

① 周红利. 把产业学院建成企业人力资源的共享中心［N］. 中国教育报，2020-05-19.

② 陈新民，高飞. 我国高校行业学院：逻辑起点、演进路径与发展趋势［J］. 国家教育行政学院学报，2019（8）：31-37.

③ 刘雄平，肖娟. 地方本科高校产业学院的建设历程及主要问题研究［J］. 佛山科学技术学院学报（自然科学版），2020（5）：48-51.

为职业院校内涵发展的重要要求。① 2006 年，教育部《关于全面提高高等职业教育教学质量的若干意见》提出“探索工学交替、任务驱动、项目导向、顶岗实习等有利于增强学生能力的教学模式”，“要紧密联系行业企业，厂校合作，不断改善实训、实习基地条件”。在此背景下，有学者借鉴英国产业大学的概念，提出“探索高职教育的产业学院办学模式”②。

2014 年，《国务院关于加快发展现代职业教育的决定》提出了激发职业教育办学活力，探索混合所有制职业院校改革。2015 年，教育部《高等职业教育创新发展行动计划（2015—2018）》中进一步提出建设混合所有制二级学院；同年，教育部印发《关于引导部分地方普通本科高校向应用型转变的指导意见》，开启本科院校应用型产业人才培养的新篇章。自此，产业学院作为一种培养产业人才的有效路径，在各类院校中得到了长足发展。

2017 年，《国务院办公厅关于深化产教融合的若干意见》（国办发〔2017〕95 号）明确提出：“深化‘引企入教’改革”，“鼓励企业依托或联合职业学校、高等学校设立产业学院”。这是“产业学院”在国家政策文件中首次正式出现。2018 年，《教育部 工业和信息化部 中国工程院关于加快建设发展新工科实施卓越工程师教育培养计划 2.0 的意见》在其目标要求中明确“经过 5 年的努力，建设一批新型高水平理工科大学、多主体共建的产业学院和未来技术学院”。

2019 年 1 月，国务院印发《国家职业教育改革实施方案》，强调：“深化办学体制改革和育人机制改革，以促进就业和适应产业发展需求为导向，鼓励和支持社会各界特别是企业积极支持职业教育，着力培养高素质劳动者和技术技能人才”。它同时指出“发挥企业重要办学主体作用，鼓励有条件的企业特别是大企业举办高质量职业教育，各级人民政府可按规定给予适当支持”“支持和规范社会力量兴办职业教育培训，鼓励发展股份制、混合所有制等职业院校和各类职业培训机构”。同年 2 月，中共中央、国务院印发《中国教育现代化 2035》，明确指出“坚定实施科教兴国战略、人才强国战略”“推动职业教育与产业发展有机衔接、深度融合”。2019 年 4 月《教育部 财政部关于实施中国特色高水平高职学校和专业建设计划的意见》中明确要求“吸引企业联合建设产业学院和企业工作室、实验室、创新基地、实践基地”。

---

① 张艳芳．混合所有制产业学院的历史缘起、现实困境与未来展望［J］．职业技术教育，2019（13）：40－44.

② 崔凤祥．探索高职教育的产业学院办学模式［J］．继续教育研究，2010（10）：56－58.

2020年，教育部办公厅、工业和信息化部办公厅关于印发《现代产业学院建设指南（试行）》的通知，进一步明确了产业学院建设的指导思想、建设目标、建设原则、建设任务与理想遴选程序。

（二）产业学院的发展趋势

1．发展要求

根据《现代产业学院建设指南（试行）》，为提高产业竞争力和汇聚发展动能提供有力的人才支持和智力支撑，在深化产教融合，推动高校探索产业学院建设模式的过程中，必须坚持以习近平新时代中国特色社会主义思想为指导，贯彻全国职业教育大会精神，以立德树人为根本任务，以学生发展为中心，突破传统路径依赖，充分发挥产业优势。产业学院建设须遵循以下建设原则：一是坚持育人为本原则，二是坚持产业为要原则，三是坚持产教融合原则，四是坚持创新发展原则。同时聚焦以下七个方面的重点建设任务，分别是：①创新人才培养模式；②提升专业建设质量；③开发校企合作课程；④打造实习实训基地；⑤建设高水平教师队伍；⑥搭建产学研服务平台；⑦完善管理体制机制。

2．成功经验

近年来，产业学院对于培养技术技能人才、应用型人才的重要性已得到各高校的广泛共识，各地各学校根据区域经济发展状况、地方产业特点、学校办学特色等实际情况，纷纷投入到产业学院的建设过程中，并积累了大量成功经验。

在高职院校方面，浙江经济职业技术学院在2006年与浙江物产集团共建产业学院的基础上，在2019年与物产中大集团共同创办企业大学（物产中大管理学院），创新治理机制，引进世界五大会计师事务所之一的德勤华永会计师事务所，与物产中大集团三方共同出资，成立混合所有制的物产中大国际学院，实现了从产业学院到企业大学到混合所有制企业大学的迭代升级，形成特色鲜明的校企命运共同体。① 无锡市依托国家高新区举办无锡科技职业学院，并推动该校二级学院与高新区每个产业园对接，创新“一园一院”模式，形成与产业同频共振的建设机制。广东科学技术职业学院发挥地处珠海的区位优势，与粤澳工商联、澳门企业携手，共建“粤澳产业学院”“跨境电商产业学院”，服务和促进澳门经济适度多元化发展。

---

① 葛高丰．服务产业转型升级 打造供应链产业学院［N］．中国教育报，2021-05-31.

在本科院校方面，2017 年伴随“复旦共识”“天大行动”“北京指南”的相继发布，我国“新工科”建设拉开大幕，工科教育的新结构、新理念、新模式、新体系不断提出，本科院校主动面向经济发展主战场，适应产业发展新业态，不断深化产教融合，开启产业学院建设热潮。例如华南理工大学微电子学院、东莞理工学院粤港机器人学院、广东工业大学集成电路设计产业学院、华南农业大学温氏集团产业学院、佛山科学技术学院半导体光学工程学院、惠州学院旭日广东服装学院等本科院校均参与其中。截至 2020 年 9 月，广东本科高校已建有 134 个产业学院，立项 52 个省级产业学院建设项目，并分两批次、高标准遴选出 26 个省级示范性产业学院。

3. 未来趋势

基于我国当前产业学院建设发展的政策导向、现实状态与成功经验，综合各研究者的丰硕研究成果，笔者认为产业学院的未来发展将呈现以下发展趋势：

（1）混合所有制独立运行。产业学院是教育领域与产业领域精准对接的重要桥梁与纽带，是培养产业急需的应用型、技术技能型人才的重要平台与载体。而要建设好产业学院，势必要达成产业领域与教育领域的权、责、利平衡，因此，混合所有制成为解决问题的关键。而独立运行的混合所有制产业学院在有效吸引行业企业参与建设、集成教育资源的基础上，能促使教育与产业的供需两侧更加关注经济社会的长远发展，最大限度地降低产业资本的短期逐利性，有效实现产业学院育人功能。

（2）多元主体系统发展。产业学院的建设绝对不仅仅是职业院校的事情，如果仅有作为人才培养供给侧的学校发力，是难以做好产业学院建设的。在产业学院建设过程中，必须通过强化政府统筹调控，引入行业协会指导，促进企业深度参与，规范学校建设路径，增强学生个人意愿，获得学生家长支持等。只有充分调动多元主体的积极性与参与度，才能发挥系统整合能力，打造适合经济社会发展的高水平、高质量产业学院。

（3）多个层次并行发展。产业学院在未来发展中依然将呈现多个层次并行发展的格局。各普通高等学校、高等职业院校、领军企业及社会团体将根据不同的区域产业发展需求、办学主体自身实力、急需产业人才培养需求状态、校企融合深度等条件因素，在高等院校、二级学院、新型产教融合实践教学基地等三个不同层面并行推进产业学院建设，以满足不同需求者的现实需要。

（4）多样类型协调发展。产业学院未来的建设不会仅局限于校企合作领域，根据多元主体的参与情况势必呈现更加多样性的发展走向，未来“政府统筹型”

“科技园区型”“行业协会型”“产业联盟型”“龙头企业型”等多种类型产业学院将更加协同发展，不断丰富我国产业学院建设体系，适应更加广泛的应用型、技术技能人才培养需要。

（5）多种要素集成发展。产业学院的未来发展方面，在建设目标的设定上，将更加满足学校、企业、政府、行业等多元参与主体的不同需求；在组织架构的设定上，将根据不同参与主体的参股比例和重要程度决定组织架构中各参与主体的构成权重；在功能设定与实现上，将更加体现不同参与主体的利益需求与关注重点，从而实现产业学院构成要素的集成发展态势。

（三）产业学院的国际比较研究

1. 英国产业大学的运行模式

（1）公私合作的运营模式。

英国的产业大学并非真正意义上的大学，而是一个开放式的远程学习的组织。它是新型的公私部门合办的大学，并非由自己来提供一切，而是通过鼓励合作伙伴和刺激市场使公共部门和私营部门一起创造新机会，适应未来学习者的需要。公共部门的基本功能之一是充当催化剂，支持产业大学的运作并提供启动资金，并为产业大学的早期活动提供经费保证，往后随着私营部门资助的增加，公共部门的投入将会有所减少。

产业大学的政府合作伙伴除了筹资和规划部门——英格兰的学习和技能委员会及威尔士的教育和学习委员会之外，合作的政府和区域组织还包括政府部门、区域发展机构，小企业服务团体，联邦英国工业总会，职工大会及其他代表团体。除了这些政府部门和区域团体，产业大学的合作者还包括学习产品的提供者，这些供应商主要有继续教育学院、私人培训机构、志愿者组织、社区组织机构和高等教育机构。这些公共和私营的企业和产业大学结成合作伙伴关系，协助产业大学开展活动。

众多公共部门和私营部门的参与，使在终身学习上的各个不同利益组织聚集在一起，组成一个更加完整、连贯而有效的整体。资源的相互分享和整合避免了资源重复建设的浪费。为了终身学习这个共同的目的，各个公共部门和私营部门对产业大学予以支持和配合，使得产业大学得以顺利运行和发展。而随着人们对产业大学品牌的逐渐认知，也达到了宣传供应商产品和服务的效果，双方都得以受益。这种由众多公共部门和私营部门共同参与的公私合营的运作模式也成为产业大学的一大特色。

（2）市场导向的运作手段。

①市场营销的商业策略。产业大学把提倡终身学习视作一种对企业和个人都有回报的活动。为了刺激人们对终身学习的需求，产业大学开展了一系列的市场营销活动。

利用媒体进行宣传。通过在全国众多的市场媒体和当地宣传材料，利用广播、电视、互联网以及其他各种媒体宣传终身学习的重要性以及产业大学的服务内容。比如，通过电视媒体播放产业大学的学习内容，在公共汽车、出租车等交通工具上做广告宣传；把学习产品送给中小型企业和边远乡村开展一些学习培训优惠活动，开通免费的学习指导热线，提供课程试听和培训课程介绍资料等，并在资料中附加产业大学的联系方式、地址，为需要的学习者提供学习机会。此外，还与全国各地的图书馆、志愿者组织、工会、体育俱乐部、宗教组织及当地社团等联合开展宣传活动，并且把产业大学的学习场所设在人群密集的地方，比如商场、写字楼、球场、图书馆、咖啡厅等，便于人们随时随地学习。

建立会员资格制和忠诚计划。通过对顾客满意度的调查、测评和分析，寻找使顾客价值最大化和顾客满意度最大化的方法和途径，从而提高顾客对其产品和服务的满意度，培养品牌对顾客在情感上的吸引力和顾客对品牌的依赖性，进而建立顾客对品牌的忠诚度。为此，产业大学通过建立会员资格制和忠诚计划，为每个顾客办理会员卡，该卡按参加的零散学习给分，并可以折换成个人学习账户或者学习手册，手册上印有完成一项学习计划的标记，这样使顾客一生都和产业大学联系在一起，并形成一个学习团体。产业大学努力使其会员资格与最新的信息通信技术所支持的个人学习账户相衔接。同时，产业大学还通过提供免费的咨询热线、在网站上设立“兴趣小组”、电子服务信箱和布告板，以及与当地的继续教育机构、高等教育机构、企业、图书馆和学校合作，由它们在当地提供学习场所和举办一些面授活动，帮助远程学生解决学习上的问题。

运用直接的市场营销方法。运用直接的市场营销方法能使人们找到符合自己的学习背景和利益需求的机会。一个详细的营销活动数据库可以追踪产业大学和它的用户的所有接触点，并保留每个用户所提出的要求记录，通过通畅的信息追踪，使学习者意识到参加产业大学的学习是符合自己的学习背景与利益需求的机会。

产业大学充分利用广播媒体进行宣传，使人们认识到终身学习的重要性，并通过提供优质的学习产品和服务支持，以及市场营销组合策略，使产业大学品牌被更多人熟知和认可。

②确定优先发展领域。在产业大学成立初期，决策者就确定了产业大学要优先考虑的四个重点服务对象群体和领域，如基本技能工作场所的信息和通信技术领域，中小企业具体部门汽车零部件领域，多媒体、环境技术和服务领域以及批发和零售业领域。这些领域都是有明确需求的领域，应当帮助它们获取持续发展的机会，并使众多的学习用户和教育提供者参与进来。对这些优先领域，还要制定今后若干年内所要达成的具体目标。如在基本技能方面，英国预期的目标是，每年增加一万人通过产业大学学习基本技能课程，达到二级国家职业资格水平。

③产业大学战略计划。为了更好地发展，产业大学根据现实情况制订短期和长期的战略计划，以确定未来几年的战略目标、行动计划以及具体目标指数。战略计划的制订对产业大学的发展起着指导作用，使产业大学的发展有据可依、有目标可循。从政策制定过程来看，产业大学会先向相关的政府部门和一些利害关系人颁布咨询性文件，广泛征求、吸收各方意见和建议。

产业大学的战略计划为产业大学未来几年的发展提供了理论依据和目标指导，但是计划并非一成不变，在实施过程中可根据实际情况进行调整和变化。产业大学注重在发展的过程中改进不足以适应社会变化的需求，及时了解市场动向和人们的需求，不断调整方针策略，扩大产业大学的影响，为英国终身学习的推行做出贡献。

（3）广泛而实用的课程设置。

①课程丰富。产业大学的服务对象主要是成人和企业，它所提供的学习范围十分广泛，从基本的听说读写到各种类型专业技能和商业管理一应俱全。截至2007年12月，英国产业大学学习指导网站共计有620多万门的课程供人们选学。每一类课程下面又有不同分支的科目，供不同需求的个人或企业选择学习内容。

人们可以在学习指导网站中查询到这些课程，课程包括办公软件、技术、生活技能、语言和工商管理等。有关生活技能的课程主要是帮助人们提高听说读写能力，以及包括就业、育儿和健康等的基本生活和工作技能。有关办公技能和技术的课程主要是帮助人们学习计算机的基本技能，如收发电子邮件、办公软件的应用等。此外，还可以学习到有关计算机的专业知识和技能，如设计网页、数据库、网络安全、建立网站、数据处理等。由于产业大学最初成立的目的就是提高英国中小型企业的经济竞争力，因此有关商业管理的课程最多，占课程总数量的2/3，这些课程涉及企业的方方面面，如企业的创建、企业管理、市场营销、员工培训、交际技能、顾客服务、财务知识、人事管理、产品质量、团队合作等专业的企业文化和知识。产业大学语言课程共有 17 种，主要是针对学习其他国家语言的英国人。作为第二外语的语言主要有法语、西班牙语和德语，另外还有专门针对母语为非英语的外国人而设立的英语课程。

②课程内容循序渐进。学习指导课程的内容丰富，种类众多，但是杂而有序。课程的设计从易到难、从简到繁，每一类课程都有预备、初级、中级和高级四个等级，循序渐进的课程内容可以方便每个学习者根据自己的水平来选择适合的课程。选择课程之前需要先做一个评估，目的是帮助学习者选择等级合适的课程，这个评估是由学习指导的员工来操作的。

根据成人学习者学习时间不固定、不连贯的特点，产业大学课程分类较细，每一种课程涉及的往往只是一个很小的知识领域，每门课程的学习需要 15 分钟至几个小时不等，学习者所需的知识则由为数众多的小课程所组成，学习者可根据自己的情况与导师沟通分时段、分阶段学习。

学习指导课程网站上对每一门课程都有一个详细的介绍，除了内容介绍之外，还会介绍课程的教学目标、学习时间、课程等级、学习方式以及是否和资格相联系等信息，所提供的课程方式有在线学习、CD－ROM、书面印刷、视频、音频和格式。产业大学的所有课程都遵循这种网上课程制作模板，统一模板、统一标准、统一形式，从而形成统一的品牌标识——“学习指导”。

③和资格考试相结合。产业大学的课程种类众多，个人和企业可以根据自己的情况选择适合自己需求的课程，以帮助提高自身的就业能力和企业的竞争力。产业大学许多课程同国家资格证书的认证相联系，课程结业以后，提供相关国家资格证书的认证。

产业大学的课程和职业资格证书的结合，保证了课程的市场化和实用性，满足了个人就业和企业员工培训的需求。学员通过课程学习，不仅可以获得知识，而且可以获得职业资格证书，为个人就业提供机会。

④获得大学文凭。产业大学的课程主要是一些基本生活技能和职业技能的课程，通过学习，可以帮助学员获得相对应的生活技能资格和职业资格。但是，为了满足企业高素质综合人才的需求，产业大学和一些高校合作，为个人和企业提供了获得大学学历的机会。

“工作中学习”是产业大学所开展的一项活动，主要是为在职人士获得大学学位证书提供一种途径，它是在工作环境下获得大学文凭的一种新的学习形式。你可以继续工作，并不需要到一所大学或学院去学习。学习形式也是多种多样的，包括在工作环境中的学习。在线课程、远程学习及导师面对面授课等被称为“混合式的学习”，这种学习方式可以将理论学习和实际应用很好地结合起来。这种获得大学文凭的新形式和传统的文凭获得方式有很大不同。这种方式在实践课程中占很重要的一部分，而理论课程只是一些辅助课程。目前合作的大学有切斯特大学、德比大学、诺桑比亚大学、北安普顿大学、西英格兰大学、斯塔福德郡大学、韦克菲德学院、南安普顿大学和特赛德大学等9所。通过学习，学员可以获得上述学校的本科或研究生学历证书。员工可以根据企业的需要、学校专业的设置和个人的兴趣，选择上述几所学校中的任何一所，并不受企业所在地的限制。

（4）开放的学习模式。

①学习对象开放。产业大学的学习对象十分广泛，凡是愿意学习，想提高自己生活技能和工作技能的人们都可以申请参加学习。

②学习地点开放。产业大学是远程教育组织，人们主要通过计算机或广播媒体在家中或在工作单位学习，人们可以以适当的方式，在适当的地点、方便的时间开始他们的学习。对于那些没有电脑等学习产品的学习者，可以通过各地的学习中心选择高质量的学习产品和服务。学习中心遍布英国每一个角落，主要分布在人群密集的休闲中心和商业区，如足球场、图书馆、咖啡店、购物中心等。人们可以选择距离自己较近的学习中心进行学习。现在英国共有6 000个学习中心供人们选择。

③学习方式开放。学员以自学和导师支持相结合的方式学习，导师会在课程的选择、学习计划的制订、学习疑问的解答、学习成果的评定、学习继续等方面帮助学员进行有效的学习。学员可以根据自己的时间选择适合自己的进度。

“工作中学习”活动是帮助企业员工在具体的实践工作中获得大学学历，这种学习方式可将实践工作作为学习的内容。学习内容以实践内容为主，理论内容为辅。更多情况下，雇主就充当导师的角色，对员工进行在岗培训。学员修满所选大学规定的学分，就可以毕业和获得学历。这种在工作中学习的方式可以为企业节省培训费用，并根据企业实际需要培养实用型的合格人才。

2. 美国社区学院的运作模式

（1）宽进严出、管理灵活。美国社区学院实行学分制管理，学习者可以根据自己的需要安排学习时间和课程，在校时间可长可短。高中在校生也可以同时研修社区大学的课程，获取相应的学分。社区学院的学分还可以和四年制本科大学实行对接，相互确认和转换。社区学院还实行学分携带计划，四年制本科大学生可以在暑假期间就近参加社区学院的学习，获取学分，这些学分同样被四年制本科大学认可。这样可以缩短学生的在校学习时间，避免重复学习和不必要的浪费，实现高中、两年制社区学院、四年制本科大学的相互融通。学生也可以半工半读，参加网络学习，获取相应的学分。

（2）需求导向、个性服务。大多数社区学院提供三种类型的课程：语言培训 ESL 课程、学士转学课程（升学）、生计教育（即职业技术教育）及社区服务课程。生计教育包括成人继续教育和工商业的培训与再培训，学习者可以根据自己的兴趣、需求、目标选择学习内容。从专业设置和开设课程可以看出，社区学院面向社会各个阶层，满足学习者升学、转岗培训、获取职业资格证书、业余爱好等各个层面的学习需求，是一个全方位的学习服务平台。

社区学院的专业及课程根据社区和社会的需求而设置，会随着社会的发展增设和调整专业，一般没有统一的教材；可以根据专业发展需求、学习者的目标来选择或者编写教材，教材具有很强的实用性和针对性。

（3）资源丰富、开放共享。社区学院的教学资源来源于社会各个层面，政府投入的图书馆、博物馆、体育馆等公共资源都可为社区所用，为社区教育提供服务。社区的企业、工厂、公司为社区学院的学生提供实习场所、设施设备、技术指导服务；社区内的企业家、专业领域的专家、经验丰富的管理者、高级工程师等都被广泛招募为兼职教师或是志愿者，为社区学院提供更为实用的服务。社区学院和许多高校资源共享，为学生提供便捷丰富的教育资源，学生可以随时随地根据自己的需求学习相应的知识，获取相应的学分。此外，社区学院还有各种项目教学、培训、讲座等，以满足学生不同层次的需求。

社区学院是开放式的、没有围墙的学校，学员吃住在社区，学习在社区。不论年龄、不论身份，学生不仅想学就学，还可以在社区内实习和就业。社区学院为社区服务，社区为社区学院提供人、财、物的支持和保障，社区学院和社区、社会同步发展。

（四）我国产业学院运行模式研究

1．不同类型的产业学院运行模式

（1）集成式产业学院。集成式产业学院是指能够容纳相当规模（一般应有数百人）的相关产业生产经营岗位职数，同时能具备实现生产经营、教学培训、研究开发、生活保障等四大功能的产业学院。产业学院的集成运作保证了产学研一体化的有效实现。如浙江经济职业技术学院与浙江物产物流投资有限公司共同建设的“浙江物产—经济职业技术学院物流基地”。该基地由浙江物产物流投资有限公司提供土地使用权，学院出资购置一批先进的物流运输设备设施和建立新型的管理信息系统，共同建设具有强大的区域辐射功能，以培养人才为主、以适度营利为辅的可控性实战化实训基地。该基地既能承担学生现代物流的多项专业实训任务，又是面向社会经营的综合性公共实训基地。物流产业学院可提供200～500个工学交替岗位。

（2）连锁式产业学院。连锁式产业学院是指每一处只能提供为数不多的生产经营岗位数，企业整个产业经营规模是通过分布在不同地区的不连续的多个生产经营点（小企业）所构成的。连锁式产业学院通过互联网来链接产学研各方面的功能，构成产学研一体化的运作规模。如浙江经济职业技术学院的汽车售后服务产业学院是学院与浙江元通（机电）集团有限公司合作建立的，双方通过增资扩股的方式，建设“元通快修下沙分店”作为校内外一体化的，更具有职场实战性的实训基地。“元通快修下沙分店”是引进集团下属的品牌企业与学院组成联合股份公司共同建立校内外一体化实训基地的创新。

（3）多点集成式产业学院。多点集成式产业学院又称产业学院分院制，指的是兼有集成与连锁功能的产业学院形式，它会随着集团化规模的扩大而形成，提供给更多学生工学交替培养模式的岗位。如浙江物产集团是国家120家大型试点企业集团和20家重点培育发展的大型流通企业以及浙江省政府确定的26家重点培育的大型企业之一，拥有全资控股子公司10家、参股企业3家。它可以利用自身资源为高等职业院校的学生提供实践教学所需的资源。

2. 不同类型的产业学院办学体制

（1）多元化的投资体制。产业学院的投资主体包括高校和企业，政府也是其不可或缺的重要主体。产业学院一般与政府签订合作办学的协议，约定由政府提供办学场地，并由政府出资进行装修。高校主要负责产业学院的运行费用。产业学院正式运营后，由政府牵头，以税收优惠、财政补贴等多种形式吸引优秀企业以及其他有意投资的社会力量补充产业学院的资金需求。

如中山职业技术学院各产业学院与专业镇政府签署合作办学协议书，一般产业学院所在镇（区）政府提供场所，并按照学院教学要求一次装修到位，中山职业技术学院负责后续的运行费用。产业学院运营后，在政府推动下，以多种形式吸收行业协会的核心成员、优秀合作企业以及其他社会力量投资，补充学校资金需要。

（2）理事会领导、院长负责的管理体制。产业学院的理事会由高校和政府发起，并且吸收行业协会和合作企业的相关人员参与，是产业学院真正的决策机构，负责审议、监督以及指导产业学院的办学经费、人才培养模式、专业课程设置等重大事项。理事会一般一个学期召开一次全会，审议通过本学期的教学项目、指导教师以及实训岗位等事项，并从行业协会、合作企业等的成功人士中选任产业学院的院长。院长负责执行理事会的有关决策，履行日常的教学职能，行使管理权限并承担管理责任。鉴于院长可能对教学管理的事务不甚了解，理事会往往还会聘请具有丰富教育管理经验的专业人士担任产业学院的副院长。院长和副院长在理事会的领导下管理产业学院的教学工作。

（3）校企协同育人机制。产业学院实行工学交替、校企合作、产学融合的新型人才培养模式，应用型高校和龙头企业通力合作，共同培养高素质人才。开展专业共建工作，选取部分理事会成员成立专业建设委员会，定期指导产业学院的专业设置与课程内容，安排实训场所，要求教师顶岗实习；开展人才共育工作，企业剥离部分管理部门并设置在产业学院内，定期安排学生参与企业项目，产业学院提供免费的办公场所，这些部门有义务安排学生参与企业项目，并采取师傅带徒弟的形式完成企业生产项目，形成校园内的教学工场；改革人才培养方案，将企业实习生产有机融入人才培养工作，实施半工半读、工学交替的教学方式，并建立起校企行三方参与的考核制度和学分认可制度，将企业生产和人才培养有机结合，实现人才共育；开展师资共培，工作企业参与学院教学，提供兼职教师，并且负责专职教师的企业实训，学院为业务能手提供专业辅导，使其成为合格的高校教师；实现就业共担，产业学院设置的初衷之一就是有效解决顶岗实习问题，促进学生高质量就业。企业在产业学院参与人才培养，按照自己的要求培养人才。产业学院理事会建立企业指导制度，制定学生实习管理办法和考核办法，办理学生的实习保险等，并对学生毕业后的情况进行跟踪反馈。

3．我国产业学院的办学特点

（1）开放性。

办学主体开放：产业学院理事会建立进入和退出制度，每年根据企业和学院的合作情况对成员进行调整，将那些积极参与学院发展，提供就业岗位、教学项目和企业师资的企业及时纳入学院理事会。企业通过理事会表达利益诉求。企业优先使用学院资源为企业培养急需的专业人才以及开展员工培训。

教学内容开放：产业学院实施半工半读、工学交替的教学方式，学生有半天时间在学院进行专业课的理论学习，半天时间到企业或者企业设在学院的教学工场参与企业项目和生产。学生分成不同小组，与教师一起承担来自企业的产品生产、设计、营销、网络推广等真实项目。每个学期的实践教学内容是开放的，根据企业生产经营的实际情况变化，不仅实现教学和工作的零距离，更将行业最新技术、管理创新和企业文化融入其中。

教学过程开放：产业学院的整个实践教学过程是在企业或者教学工场中完成，教学环境是真实的工作情境，教学内容是企业真实项目，教学过程是综合运用多种专业知识去解决实际问题，评价是完成生产任务情况、企业指导教师和校内教师多维评价，企业实践通过学分互换制度来保障。在这个开放的实践教学体系中，学生不再拘泥于专业学习，学习延伸至专业之外。

教学师资开放：由于每个学期的企业项目不同，进入产业学院的实践指导教师也不同。学生根据兴趣组成相关小组，进入相应的企业车间和教学工场进行实践，学院教师对企业实训指导教师进行跟踪，听取学生意见反馈，并进行调整。

（2）人才培养的适配性强。产业学院将学校建在产业园区、建在员工生活圈，便于企业参与教学，便于企业专家进行授课，也便于学校和企业的紧密联系，及时反映企业对人才的需求，随时快速地按照产业链进行人才培养的调整。例如，中山职业技术学院根据产业新商务模式的发展需要，在灯饰设计专业中开设了灯饰电子商务方向，服装设计专业开设了服装营销方向。与此同时，企业通过产业学院这个平台，找到中山职业技术学院这个更大的人才培养基地，学校成为企业的“专业人才超市”，企业需要的设计、营销、电子、机械人员都可以通过这个平台获得。人才培养和招聘的适配性大大增强，极大地节约了企业的招聘成本。

（3）资源使用的共享性。行业、企业和学院之间共享各类资源和信息。按照产业学院理事会章程，理事会企业可以使用产业学院的图书馆、体育馆、会议中心等场所及数字图书资源、网络课程资源库，并优先获取毕业生信息等。而企业的生产线、实验室、设计室等也成为学院的实训基地，彼此共享行业信息、市场信息、技术信息等。资源的共享既提升了资源的利用率，也将合作引向深入，产生了良好的经济效益和社会效益。

4. 我国产业学院运行的保障机制

（1）政府层面。产业学院作为产教深度融合的重要方式之一，需要国家和地方从政策、法律上给予机制保障。在制度上，要建立对积极参与高校办学的企业的激励补偿机制；对资源配置方式进行改革，激发高校办学活力；进一步改善有利于应用型人才培养和应用型项目研发的导向性政策；完善学生实践安全保障等引导性政策；进一步下放高校内部事务，如内部专业调整、职称评聘、教学科研项目奖励、人才引进等管理权。在组织上，要成立国家层面的校企合作协会或地区层面的校企合作组织，如成立体现政府主导、以学校为主体、行业指导、企业融入的“产教联盟”，形成协同互动的“对话”平台，对产教深度融合重大问题进行通盘规划及统筹。

（2）企业层面。企业应主动与职业院校合作制订培养方案。根据企业需求、用人标准、学生实际，构建技术技能人才能力矩阵与课程体系；支持职业院校在企业建设生产性实训基地；配合学校实施课程教学，部分专业课程由企业工程技术人员或高管承担，将认知实习、生产实习、毕业实习贯穿全学程；协同职业院校成立产业技术研发机构，围绕企业的技术需求和储备联合申报项目，开展联合研究、联合开发，突破企业生产共性关键技术。

（3）学校层面。职业院校应强化对行业企业的主动服务意识，在充分了解行业企业合作愿望和具体需求的基础上，以自身办学实力，如技术服务能力、科技研发能力、创新能力吸引合作伙伴；强化“亲产业、跨学科、重应用”的办学理念，打破封闭单一的办学模式，引入社会资源，积极搭建与地方政府、行业、大型企业合作的平台并形成常态对话制度；强化专业改革意识，建立专业动态调整及内部改进机制，形成专业与产业高度对接的专业体系及与行业企业互通互融的建设机制。

为使产业学院从一开始就置于校企互动的高起点，学院需要形成良好的管理和运行机制，建立适宜产业学院运行的组织、执行机构，为企业全程融入创造条件，对学院发展规划、人才培养方案、课程开发、师资选派、课堂教学及实践环节、项目申报、实习学生管理等校企共同开展的事项进行协调和落实。学院还应从校企合作管理机构运行、日常教学管理、学生管理、师资管理等方面，梳理与其他二级学院的差异，建立与企业合作的有关规章制度，构建确保产业学院有效运作的质量评价体系和质量保障体系，从而真正实现协同育人、协同创新、协同创业、协同发展。

5. 我国产业学院办学的启示

（1）树立终身学习的思想。在我国大力倡导终身教育理念和学习型社会的背景下，产业学院的运营和发展，为全民学习和终身学习提供了平台。随着高新技术的迅速发展、知识更新历程的缩短以及对员工素质要求的不断提高，员工必须不断地学习新知识和技能。由于科技发展不断对知识和技能提出新的要求，接受教育和培训已不再受年龄限制，政府应该为终身教育的发展营造一个良好的环境，使人人学习、不断学习、终身学习的思想深入人心。

（2）形式区域自主化。在不同地区，产业学院的运行形式也并非完全一致，如在英国，英格兰、苏格兰、威尔士和爱尔兰这四个地区的教育体制并非完全相同，因此产业大学在这四个地区的运行也有所不同。我们国家的国情和英国相比有许多不同之处，而且我国是一个地大物博、人口众多的国家，因此在产业学院运行的形式上不可能千篇一律。

（3）立法保障。产业学院的发展壮大与国家终身教育政策的支持是密切相关的。可先由专业团体机构提出政策的白皮书或是讨论文件，然后经由国家拟订为法律并结合政策加以实施，通过法令与政策相结合，为我国制定相应的终身教育法律法规提供参考。

（4）网络化学习体系的构建。产业学院运营的方式可依据现代信息技术和通信业的发展，通过信息技术和网络向学习者提供课程并予以在线解答或接受电话咨询。可充分利用互联网技术和潜在的网络用户，搭建网络教育平台，开发教育教学软件。

（5）应用型和技能型课程的开发。产业学院致力于开发丰富的课程资源，内容涵盖各个行业，满足不同层次人们的需求。产业学院课程设置注重实用性、技巧性，人们易于学习和接受并且能够运用自如。如英国产业大学的课程设置，注重事前市场的调查和分析、前景预测，开发设计具有竞争力和前瞻性的课程供人们选用，使人们不断更新自身的技能，不断满足学习者的需要。

（6）建立现代企业契约制度框架下的产业学院产权界定机制。以国家出台的政策性文件为蓝本，设立院校、企业、地方政府、行业协会参与的董事会架构，是目前产业学院以及校企合作的二级学院所采取的方式。在这一框架下，通过相关文件明确学院的运行体制，参与方的责权利关系、赋予的独立办学权，减少行政指令性干预；维护参与企业的利益、参与和退出机制，以市场经济为导向办学，在发扬优势专业的前提下，扩展相关岗位群专业，形成集群优势；做好院校师资和企业师资的身份规范，既要考虑好事业单位师资的工资、职称、级别晋升问题，同时也要协调好可能会出现的企业师资与高校师资的同岗不同酬问题。

明确产业学院社会公益属性下的利益相关者分配和激励机制。教育本身具备公益属性，尤其是与公办院校合办的产业学院。在开放给民间资本进入的同时，要探讨如何建立资产流转机制，保证国有资产和企业资产的保值，同时保障在教学、科研中产生利益的分配合理。

（五）产业学院育人模式研究

随着经济和教育的发展，我国对人才特别是技术人才的需求与日俱增，而目前我国职业院校普遍按照“学科的合逻辑性”设置相关专业，重视理论知识，忽视学生的职业技能水平，学生毕业后适应社会能力、就业创业能力弱，走出校门却并不具备企业所需要的职业能力，还需要进一步培训，由此大幅度增加了企业的用人成本。

产教融合、校企合作是一种新型人才培养模式，其中产业学院是产业与教育融合的一种新形式，是深层次、立体化、全方位的校企合作办学模式①。产业学院是在政府的主导下，通过政策引导、制度吸引、引凤筑巢等措施，让行业企业积极地参与到校企合作办学中，提升人才培养与产业契合度，秉持立德树人的要求，促进学校与企业合作共赢②。

经过文献调研，从现有研究的梳理中，我们可以从以下五个方面来全方位阐述产业学院育人模式：目标定位，实施路径，目前存在的问题，评价体系以及保障措施。

1. 产业学院育人的目标定位

2018 年，习近平总书记在全国教育大会上向教育者提出，我们的教育要为经济社会发展服务，为国家培养创新型、复合型、应用型的人才。产业学院目前面临的首要问题是办学定位不清晰，即为谁培养人，培养什么样的人，这是我们首先要考虑清楚的问题。

从现有研究的梳理来看，目前产业学院育人的目标定位研究较为集中。陈春晓（2020）等学者认为，产业学院是培养高端技术研发人才，学生经过培养成长为高水平专业应用型人才③。汪慧琳认为，产业学院应该弄清楚“由谁办”“如何办”的问题，在高职院校和企业之间寻求到双方的利益共同点，使企业和高校成为利益共同体，减少双方之间的利益冲突，打造符合双方理念的管理机

---

① 张国华，张丽珍．探索面向区域产业发展的现代产业学院人才培养与师资建设模式：以山西大学杏花村学院为例［J］．中国现代教育装备，2021（9）：122－123，129.

② 汪慧琳．产教融合背景下高职院校产业学院建设的实践探索［J］．科技风，2021（6）：69－70.

③ 陈春晓，王金剑．应用型本科高校产业学院发展现状、困境与对策［J］．高等工程教育研究，2020（4）：131－136.

制[①]。王平（2020）等学者认为，产业学院应将职业院校和行业企业融为一体，以高端产业或产业高端的技术人才需求为导向，紧密联系行业企业，成立合作办学机构，培养适应产业发展，具有新技术、新工艺、新知识、新模式能力的“四新”产业技术人才[②]。陈国杰（2020）等学者认为，产业学院应面向区域需求，以产业为依托，融合产业和学校、工作和学术、理论和实践，为行业企业产业培养高素质应用型人才[③]。刘周海（2021）认为，产业学院应对接产业链、创新链，协同创新，协同育人，培养产业创新人才[④]。

从众多学者的观点可以看出，产业学院是为了培养满足我国产业升级需要与之相适应的高端产业发展的创新型人才。所以我们的产业学院需要对接产业发展，增强企业主体意识，同行业协会、产业园区、合作企业等共同建立起利益共享、责任共担、专业共建、人才共育、师资共培、创新共推的协同育人机制。

2. 产业学院育人模式的实施路径

行业企业为实现产业升级，急需职业院校人才和科研力量的支撑；职业院校为了培养技术技能人才，需要将知识链深入到产业链中，引入产业优质教育资源；政府利用政策驱动校企合作，助推产业升级转型[⑤]。校政企协多方共同建设，实现资源互补、资源共享、互惠共赢，协同培养“知行合一”的高素质技术技能人才。产业学院育人模式的实施路径主要有“订单式”“工学交替”“现代学徒制”等。

（1）订单式人才培养模式。订单式人才培养模式下的产业学院往往采用虚拟式组织形式，嵌入到高校某个二级学院中，以专业作为支撑点，采用“订单式”“冠名班”等方式体现[⑥]。订单式人才培养模式是以校企合作为基础，由人

① 汪慧琳．产教融合背景下高职院校产业学院建设的实践探索［J］．科技风，2021（6）：69－70.

② 王平，黄妍，祝丽杰，等．高职院校产业学院人才培养的协同耦合探析［J］．教育现代化，2020，7（37）：32－35.

③ 陈国杰，王志强，谢嘉宁，等．地方本科高校产业学院育人模式的五维阐释［J］．教育评论，2020（6）：80－86.

④ 刘周海．基于产业学院“双协同”目标驱动育人机制建构研究［J］．高教学刊，2021（4）：193－196.

⑤ 钟德仁，张晓秀，高芳凝，等．产业学院协同创新三螺旋理论分析［J］．洛阳师范学院学报，2020，39（10）：51－55.

⑥ 赵天宇．谈校企深度合作办学模式的实践探索［J］．考试周刊，2012（91）：160.

才培养单位和相匹配的企业单位签订人才培养合同或者人才培养协议，根据企业的需求，针对性地制订培养计划，双方利用各自拥有的优势以及资源，通过合作共赢的方式来达到对人才培养的目的，最后在双方的培养下，人才进入到相应的企业中去，进行顶岗实习直至就业。①

对于订单式人才培养模式，赵小莹（2020）等学者认为，订单式人才培养模式可以使学生缩小与企业用人标准之间的差距。学生可以有针对性地学习企业所需要的相关理论知识，在进入企业进行顶岗实习时，向师傅学习解决实际操作中所遇到的问题和习得经验。同时在一定程度上减少企业的用人成本，培养的学生适应企业的用人标准，从而为企业省下大额的培训成本，并能充分地调动企业参与培育人才的积极性。② 汪慧琳（2021）认为订单式产业学院在开展合作过程中比较灵活、机动，不会增加学校的人员编制，也不会大幅度增加企业的投入。③

（2）工学交替人才培养模式。工学交替人才培养模式下的产业学院通常以“校中厂”“厂中校”等方式对学生进行培养，学生在学校学习和企业工作交替进行，学校主要教授学生理论知识，而企业给学生提供真正的岗位环境，教授学生实践以及技能。“校中厂”由学校提供厂房车间作为实训场所，同时和企业共同投入生产加工设备，再由企业配备技术人员作为实训课教师。企业生产营运在“校中厂”完成，并负责对学生进行项目指导。“厂中校”由企业提供实训场所，学生在学校学习基础知识和专业知识，交替在“厂中校”参与实践实习，企业技术人员和学校教师实现校企双职务。④

邓华（2020）认为工学交替育人模式专注于学生职业技能和个体的发展，体现了以人为本的理念，不仅可以让学生有目的地学习专业知识，增强学生的职业技能，还能为社会和企业输送人才。⑤ 张爽（2021）等学者认为工学交替

---

① 李政．现代运输物流产业学院人才培养模式改革创新探索［J］．中国储运，2021（6）：104－106.

② 赵小莹，刘莲顺．高职院校订单式人才培养模式的研究［J］．就业与保障，2020（20）：89－90.

③ 汪慧琳．产教融合背景下高职院校产业学院建设的实践探索［J］．科技风，2021（6）：69－70.

④ 张斌，李曙生，唐娟．机电类专业群产业学院建设的实践探索：以泰州职业技术学院机电技术学院为例［J］．泰州职业技术学院学报，2019，19（4）：5－7，20.

⑤ 邓华．高职院校药学专业工学交替人才培养模式研究［J］．知识窗（教师版），2020（12）：90.

育人模式可以使学生更加深入地理解和掌握所学的专业知识，认清理论和实践之间的联系，将课堂所学和企业实际工作相结合，为企业输送与岗位相匹配的专业性人才。①

（3）现代学徒制育人模式。现代学徒制是将传统学徒制与现代教育制度相结合，在原有的学徒制的现场学习的基础上叠加学校教育“系统、高效、科学”的制度优势，学生一部分时间在学校学习专业知识，一部分时间在企业学习技术技能。该育人模式既重视传授学生知识，提高学生的基本素养，又能够传授学生重要的岗位技能，使得学生在毕业的时候就能直接适应企业的运作，早日上岗，早日就业。② 校企共同制作招生和招工方案，现代学徒制的学生兼具两重身份，既是企业员工，又是学校学生，由企业和学校共同考核。现代学徒制能够真正实现人才培养和产业需求紧密衔接，教授的课程和内容与生产实践能够衔接起来，工作和学习有机统一。③

对于现代学徒制育人模式，程晓峰（2020）认为采用现代学徒制培养模式不仅可以让学生学习到专业知识，还能够对专业领域的工作经验、职业素养、工作技巧进行传授，在跟岗学习和顶岗实习的体悟和历练下，获得工作技巧、工作经验，从而培养出来的人才能够适应企业需求。④ 何洪健（2021）等学者认为现代学徒制育人模式的重点在于如何处理学生、学校、企业三大主体之间的关系，其中最为重要的是校企之间的关系。企业应处于主导地位，校企双方共商人才培养方案，让企业充分参与到人才培养方案的制订和实施中来。⑤

产业学院育人模式的共同点都是引入企业，通过企业强大的实习实训场所以及企业丰富的生产经验，培养学生快速适应社会，适应企业的运行模式。从订单式到工学交替再到现代学徒制，校企合作的深度逐步加大，企业的主体地

---

① 张爽，李巍，徐菁．递进式工学交替人才培养模式在畜牧兽医专业中的探索与实践［J］．畜禽业，2021，32（5）：75－76.

② 李纯辉，鲁峰．基于产业学院的现代学徒制校企双主体育人模式研究［J］．才智，2020（6）：24－26.

③ 李政．现代运输物流产业学院人才培养模式改革创新探索［J］．中国储运，2021（6）：104－106.

④ 程晓峰．凭借产业学院助力电气自动化专业人才培养改革：现代学徒制模式探索与实践［J］．内燃机与配件，2020（6）：277－278.

⑤ 何洪健，鲁峰．产业学院机制下现代学徒制人才培养模式的探索与实践：以广州华商职业学院酒店管理学院为例［C］．福建省商贸协会．华南教育信息化研究经验交流会2021论文汇编（二）．福建省商贸协会，2021：5.

位逐渐加深，人才培养的针对性逐渐加强。

3. 产业学院育人模式存在的问题

产业学院的建设过程中，对如何实现立德树人的根本任务，解决学生思政教育缺乏的问题、[①] 企业文化和校园文化脱节的问题、产教融合落地实施的问题等都存在现实的挑战。[②]

在学校层面，主要存在师资不足、教学设备短缺和课程设置不科学的问题。一是学校老师大都是毕业就直接进入学校，缺乏企业工作经验。他们缺乏企业实践，既无法有效指导学生实操课程，又不能真正解决企业的痛点难点，难以为企业做大型的技术攻关。二是受资金限制，学校往往不能提供实训课所需要的足额设备。三是由于校企双方的育人出发点不一样，学校设置的课程和企业的设想有差异，难以培养合格的技能人才，导致毕业生在正式进入企业后，仍然需要企业的进一步培训。[③]

在企业层面，部分企业缺失教育责任和社会责任，他们认为投入到教育中的资本并不能带来短期效益，招聘的时候也倾向于招收有成熟工作经验的人群，并不热衷于和学校共同培育适宜企业的人才；企业在安排学生实习的时候，学生并不能真正参与到项目中去，难以使用真实的设备进行操练。[④]

在学生层面，学生选择专业的时候较迷茫，并不清楚自己的兴趣爱好和优势劣势，缺乏学习乐趣，不太愿意从事一线基础工作，同时人际关系处理能力较差，部分学生对企业实习、工作充满厌恶和畏惧情绪。

4. 产业学院育人模式的评价体系

对于产业学院育人模式的评价体系，刘育峰（2010）认为，企业才是产业学院实践教学成果评价考核的主体，学生的实训、学习成绩由企业负责，毕业设计的鉴定及成绩的评定由学校和企业联合组织进行。[⑤] 郑新添（2020）等学者认为，教师是产业学院教学具体活动的执行者和贯彻者，应该把教师纳入评

---

① 蔡简建，陈珊．高职电子商务产业学院“123 模式”改革与探索［J］．现代商贸工业，2021，42（21）：140－141．

② 方明清．格力明珠产业学院专业建设与人才培养模式改革探索［J］．现代职业教育，2021（14）：60－61．

③ 赵小莹，刘莲顺．高职院校订单式人才培养模式的研究［J］．就业与保障，2020（20）：89－90．

④ 聂伟．高等职业教育工学交替教育模式研究［D］．南昌：南昌大学，2009．

⑤ 刘育峰．产业学院背景下人才培养模式研究［J］．成人教育，2010，30（3）：56－57．

价体系，改进教师的评价机制，打造特色鲜明的师资队伍。① 郭雪松（2020）等学者认为，建立健全产业学院评价体系极为重要，需要协调好各方的利益诉求，推动办学评价主体多元化；实现评价标准开放化，重视学生的学习过程，重视老师解决科技问题、突破关键核心技术的能力；保障评价内容立体化，既要重视结果又要注重过程，评价内容既包括办学产出也包括工作改进和探索。② 李俊涛（2021）等学者认为，产业学院的考核评价方式需采用贯穿式过程考核评价体系，在关键技能、关键环节上进行针对性的综合评价，评价主体多元，使培训更为合理、科学、规范，同时学生也可就培训反馈个人意见，起到交互的效果，最终满足企业需求和学生意愿。③ 赵新宽（2021）认为，产业学院必须把行业企业的标准规范作为准则，行企校联合完成评价考核过程，考核方式多样化，可以通过不同方式、不同节点的评价手段引导学生走向全面发展。④

5. 产业学院育人模式的保障措施

因为产业学院的运行涉及政府、高校、行业或企业等各个组织或机构，所以产业学院的建设需要这些合作方协同合作、各尽其责，产业学院育人模式要关注各方利益，持续发展。为保障产业学院育人模式的健康稳定发展，在顶层设计上，各方利益者需成立相关的组织机构，国家建立完善的法律保障体系，政府制定相应的政策，行企校制定相应的制度；在育人机制上，制定一系列的奖惩措施，激励老师学生积极参与到产业学院的育人模式中。平凡（2020）等学者认为为保障产业学院育人模式的顺利运行，行企校应该成立联盟组织，通过该组织来进行人才培养，共同制定出符合各方利益的人才培养标准、计划、专业课程、师资队伍建设计划等，协同进行人才培养效果评价，转化科研成果⑤。郭嘉亮（2020）等学者认为应制定一系列健全完善的政策作为制度保障，

---

① 郑新添，范克伟，张敏，等. 应用型本科院校动物医学专业产教融合人才培养模式构建与实践［J］. 畜牧兽医科技信息，2020（12）：21－24.

② 郭雪松，李胜祺. 混合所有制高职产业学院人才培养共同体建设［J］. 教育与职业，2020（1）：20－27.

③ 李俊涛，潘文宏. 基于产业学院的职业培训能力建设的研究［J］. 内燃机与配件，2021（10）：255－256.

④ 赵新宽. 扩招背景下产业学院差异化柔性人才培养模式构建研究［J］. 机械职业教育，2021（2）：14－17，53.

⑤ 平凡，刘丽娜. 产教融合“双主体”协同育人模式实践研究：以跨境电商学院为例［J］. 开放学习研究，2020，25（3）：52－57.

同时给予产业学院法人单位的身份，来为产业学院的长久发展提供身份保障。① 郭雪松（2020）等学者认为，为实现产业学院规范、高效、有序的运行，获得预期的办学目标和人才培养目标，首先要在顶层如法律、政策、制度、机制等层面上给予产业学院保障，同时从信息分析、资源整合、沟通协调等方面形成以校企合作能力提升为模型的保障机制。② 陶祥兴（2021）等学者认为，产业学院育人模式的保障措施需要在协同运行机制上进行创新，一是构建校企合作组织治理机构，二是共建合作各方利益共享激励机制，三是创新产业学院内部激励机制，四是充分利用和整合校内外优质资源。③ 杜丽萍（2021）等学者认为产业学院育人的保障措施应该以专业建设和人才培养为核心，构建校企合作理事会办学体制，形成多层次、全方位的教学管理，将产业学院定位为创建中国特色的“教学工场”，从顶层设计引领产业学院发展，创新产业学院人才培养机制，为区域经济发展培养更多更好的落地型产业急需人才。④

综合上述文献发现，现有对产业学院育人模式的研究主要集中在学校层面所做的努力，对于地方政府、行业协会、龙头企业所起的作用、所做的贡献介绍较少，而产业学院育人模式的持续有效运行离不开地方政府、行业协会、龙头企业的大力支持，应该将他们的贡献、他们的成功经验分享出来，从而为产业学院的进一步发展提供宝贵的经验。产业学院未来的发展将越来越多地依赖于地方政府、行业协会、龙头企业等其他非专门教学机构的支持。

---

① 郭嘉亮，李海燕，聂鑫，等．依托生物医药产业学院建设推进实践应用型人才培养的探索［J］．广东化工，2020，47（9）：234－236.

② 郭雪松，李胜祺．混合所有制高职产业学院人才培养共同体建设［J］．教育与职业，2020（1）：20－27.

③ 陶祥兴，章迪平．产业学院产教融合人才培养模式的探索与实践：以浙江科技学院大数据产业学院为例［J］．浙江科技学院学报，2021，33（2）：163－168.

④ 杜丽萍，杨冬松，孙德洋．多模式产业学院推进校企协同育人的改革与实践：以哈尔滨职业技术学院为例［J］．哈尔滨职业技术学院学报，2021（1）：9－11.

第三节 研究思路与框架

一、研究思路

本书以产业经济学、教育经济学中的供需理论为基础，基于“产教供需双向对接、产教统筹融合发展”的产教融合视阈，从理论研究、实证分析、政策研究三个模块开展产业学院育人模式研究。该书在产教融合机制探析的基础上，从产业学院概念、内涵及特征入手，通过分析产业学院的办学体制、内部运行机制及育人机制，产业学院框架下的产教融合方式、企业育人方式，构建产业学院育人模式的理论模型；然后选取区域典型产业学院作为案例样本，进行产业学院育人模式提炼；最后通过相关的产业学院政策研究，指导产业学院运行与育人实践，实现校企协同育人。

二、研究方法

1. 文献分析法

通过查阅和整理相关文献，对相关核心概念进行界定，综述国内外在产业学院运行及共育人才方面的相关理论研究成果，并应用这些理论成果来分析当前我国产业学院育人中的现状、先进经验和有效做法。

2. 调查研究法

深入到地方政府部门、职业院校、行业企业等进行访谈、问卷调查，了解区域产业学院运行及育人的现状、主要问题和典型做法、先进经验等。

3. 比较研究法

本研究选取不同产业学院的典型案例和非产业学院的产教融合、校企合作育人模式案例，比较产业学院在育人模式方面的特点，为推进产业学院发展提供有益的借鉴。同时，学习借鉴德国、英国等职业教育发达国家在教育与产业、学校与企业深度融合的先进经验，特别是在校企合作长效机制和育人模式建设方面的经验做法，形成有中国特色、与国际接轨的产业学院育人模式。

4. 案例研究法

选取有代表性的产业学院作为个案，总结分析其经验和做法，并将研究成果付诸实际应用和实践检验，通过实践摸索、理论探索，用理论指导实践，再由实践检验并完善理论，保证研究成果的科学性和实用性。

三、研究框架（见图1－1）

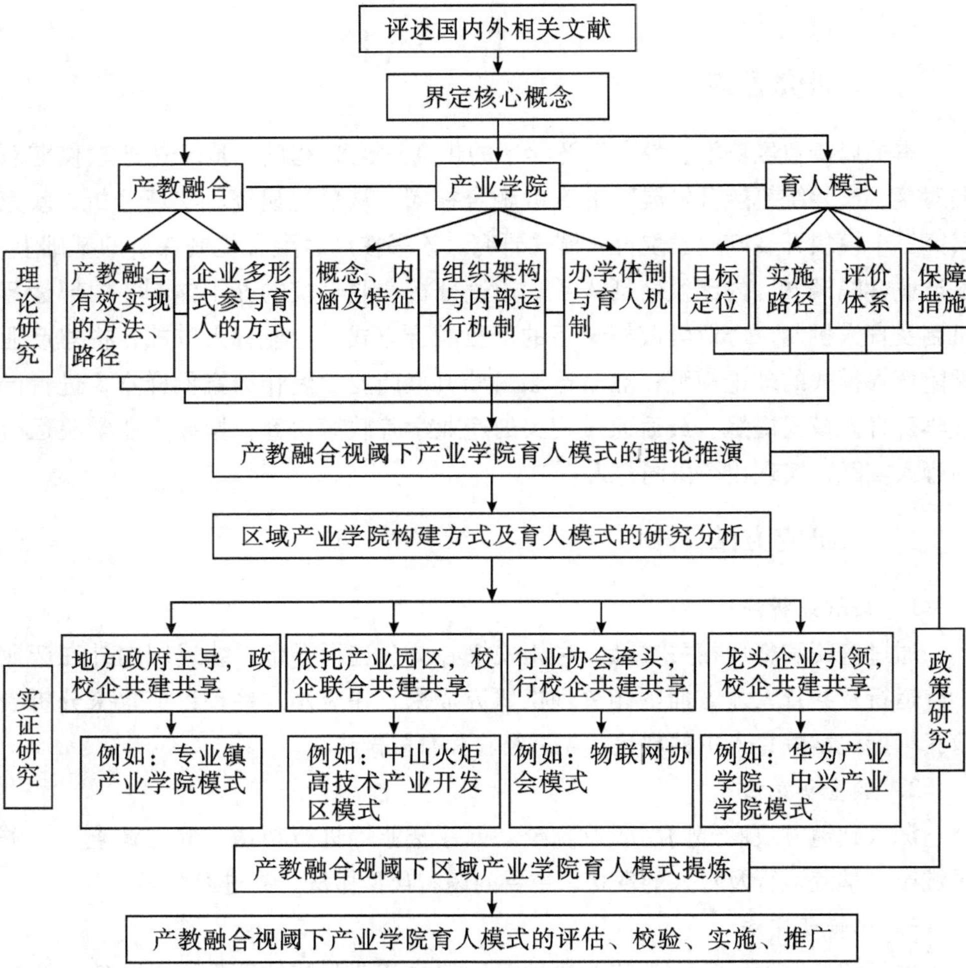

图1－1　研究框架

四、研究的重点难点

（一）研究重点

1．企业深度参与合作育人长效机制研究

从办学体制上看，产业学院是学校、行业企业等多主体围绕区域产业发展实施的联合办学形式，企业从办学形式上被赋予了育人的主体地位，但在产业学院运行的实际进程中，受企业生产、经营的压力影响，调动企业育人积极性仍需有相应的机制加以保障。因此，通过构建产业学院运行机制，建立学校、行业企业、学生多方共赢的利益共享机制，从而将产业学院发展战略与行业企业自身发展战略融合在一起，使产业学院真正成为产教融合、校企合作的重要实现形式，使产业学院育人模式成为职业教育服务行业企业、实现科学发展的重要路径。为此，本研究将如何通过形成政校行企多方共赢的产业学院育人模式作为重点，旨在建立教育与产业融合、学校与企业协同的产业学院育人长效机制。

2. 产业学院有效对接产业需求的育人模式研究

基于产教融合，我国职业教育创新了包括订单培养、现代学徒制、项目制等多种育人模式。产业学院的出现，既提供了一种新的产教融合有效实现路径，又为上述育人模式的深化提供了实现的平台和坚强保障。如何适应产教融合需求，进一步明确产业学院育人模式的目标定位、实施路径、评价体系、保障措施，是本研究的又一重点。

（二）研究难点

1. 产业学院的体制机制如何突破

产业学院必须实体化运行，才能真正实现产教深度融合，构建真正适应现代产业发展的育人模式，否则就将成为一个标签，没有实际产出。体制机制创新是产业学院实体化运行的重要保障，也是实现产教融合、产学研一体、校企协同育人的重要前提，更是产业学院的重要特征之一。然而，体制机制创新一直是我国教育领域的改革难点，同时也涉及教育领域之外的相关部门和机构。在产业学院的框架内，如何立足现有的政策、法律法规等，建构地方政府、产业园区、行业协会、行业龙头企业等深度参与职业教育的机制，如何以股份制、混合所有制、理事会制等方式鼓励资本、技术、管理等要素依法参与办学并享有相应权利，如何建立与多主体办学、协同育人相适应的决策、执行和监督治理机构，建立符合产业学院定位、适应产业人才培养需求的自主运行机制、绩效评价机制、激励和约束机制、监督保障机制和信息披露机制等，都是本研究的难点所在。

2. 产业学院的精准育人如何实现

产业学院育人功能的发挥既包括培养具有学历学位的技术技能人才，也包括培训掌握新技术新工艺的企业员工。要提升育人的精准度，一是要通过打造先进技术品牌专业为引领的专业群，对接人才链、产业链、创新链，动态调整专业结构。对接行业及龙头企业的最新标准、最新技术、最新要求、最新工艺、最新材料、最新设备，调整培养目标、细化培养规格、优化教学内容、创新育人模式、制定专业教学标准和课程标准，开展专业标准化、高端化、品牌化建设。二是要充分调动行业企业力量，深度参与教学改革。产教融合、校企合作融入人才培养各个环节，包括专业规划、课程设置、教材开发、教学设计、实习实训。三是要坚持立德树人，强化工匠精神、创新意识和创新思维培养，打造代表产教最高水平的育人平台，联合共建大师工作室、高新技术实训中心、先进技术众创空间等。实行现代学徒制、订单式、项目制等人才培养模式，实施学分制、弹性学制等。四是要以学习者为中心，围绕真需求、真项目、真情境，将企业生产岗位转化为合适的“学习性岗位”，将企业生产任务转化为“学习性任务”，向学生提供针对性、个性化的学习内容，高水平精准育人。由此可见，产业学院精准育人模式对职业教育提出了更高的要求，这也增加了研究的难度。

3. 产业学院中教学和生产如何协调

产业学院必须统筹兼顾育人要素和生产要素。一是通过建立产教联合师资团队，由行业龙头企业或地方重点企业派出兼职教师和院校派出的“双师型”教师组成师资团队，并由行业企业领军人才和有行业影响力的教学名师担当带头人，在教书育人和技术研发中发挥引领作用。二是通过打造科技创新平台，发挥行业企业高端人才聚集优势，围绕行业及龙头企业急需解决的重大核心技术、关键难题开展科技攻关，推动尖端技术创新和应用，引领行业技术创新与发展。加快科技成果的转化与推广应用，积极为行业及其他企业提供高新技术服务，推广先进技术，开展最新技术、工艺、设备等高端培训。由此实现教学和生产的相互促进。

（三）研究的主要目标

1. 明确产业学院内涵特征

本研究将产业学院定义为产业集群所在地政府、行业协会、产业园区、龙头企业及高职院校的相关优势专业（群）合作兴办的，集学历教育、技术研发、技能培训、生产服务为一体的新型高等职业教育实体化运行的产教融合联合体。通过研究，可以清晰勾勒出产业学院的“画像”，明确产业学院的内涵特征、构建形式及功能定位。

2. 探索完善产业学院体制机制

产业学院要实体化运行，必须具备创新的体制和多方共赢的长效机制，通过发挥行业企业主体作用，采用混合所有制、股份制、理事会制等产教深度融合的形式，与高职院校开展深度合作，以资金、设备、无形资产（专利、技术、品牌）、管理等要素依法参与办学并享有相应权利，建立与多主体办学、协同育人相适应的决策、执行和监督治理机构，实现多元办学主体对产业学院的共建共管。只有这样，才能保证产业学院产教融合的学历教育、技术研发、技能培训、生产服务等功能的实现。

3. 构建产业学院育人模式

以产教融合理念为指导，以产业学院的专业群与产业链高度对接为目标，根据产业发展需要及时调整专业结构、专业培养目标及课程体系。通过建立产业学院育人模式，有机地将产教融合、校企合作融入人才培养各个环节，融入专业规划、课程设置、教材开发、教学设计、实习实训中。通过大量的案例实践研究，来全方位构建含目标定位、实施路径、评价体系、保障措施等要素的产业学院育人模式。

4. 探索产业学院保障条件

产业学院是产教深度融合的联合体，其运行方式及条件有独特性。例如师资队伍是产教联合混编的师资团队，其中不仅有高职院校的专任教师及教学名师，还有行业企业的兼职教师以及领军人物，必须突出其职业性、教育性和高端性。此外，产业学院必须着眼于为技术研发与推广服务做贡献，为打造科技创新服务平台提供重要支撑条件，必须突出产、学、研一体。

五、 创新之处

（一）以产教融合作为产业学院育人的指导思想

本研究贯彻落实党的十九大关于构建职业教育和培训体系，以及《国务院办公厅关于深化产教融合的若干意见》，将产教融合落到实处，通过研究产业学院育人模式，为深化职业教育改革、发挥企业重要主体作用、促进人才培养供给侧和产业需求侧结构要素全方位融合提供理论支撑和政策依据。在研究领域，现有对产业学院的研究大多限于对产业学院概念、功能、体制机制方面的研究，对于具体的产业学院育人模式涉及的较少，随着政策的出台以及产业发展的需要，关于产业学院的研究也开始升温。因此，本研究具有前瞻性和先进性。

（二）将体制机制创新作为产业学院育人的前提条件

产业学院不能停留在“贴标签”的表层，必须将产教融合落实在实体化运行中。目前无论从学术研究上还是实践中，体制机制的突破是关键。本研究提出混合所有制、股份制、理事会制三种体制层面的创新，并建立决策、执行和监督治理机构及运行制度，实现多元办学主体对产业学院的共建共管，打破了传统单一主体的壁垒，才能保证产教融合于育人的全过程。

（三）以广泛的产业学院实践为研究对象

产业学院的实践范式目前研究较少，本研究基于广东丰富的产业学院实践，有着非常好的研究基础，例如古镇学院、机器人学院、华为学院、中兴学院、雷诺钟表学院、南方汽车学院等，都是本研究丰富而鲜活的研究对象。本研究通过梳理、提炼，总结出产业学院育人模式，并将这些成果提供给区域产业学院、高职院校、行业企业开展产教融合、构建育人模式、开展人才培养参考，起到了很好的“实践—理论—实践”的推动作用。

第二章 产教融合视阈下的区域产业学院定位

第一节 我国职业教育产教融合制度体系的构建

一、我国职业教育产教融合制度的历史、现状与问题

（一）历史与现状

产教融合是实现职业教育人才培养紧跟产业技术变革的必由之路，制度创新是推动职业教育领域内产教深度融合的长效机制。从 1991 年《国务院关于大力发展职业技术教育的决定》“提倡产教结合，工学结合”，到 2014 年《国务院关于加快发展现代职业教育的决定》提出“深化产教融合、校企合作”，我国职业教育领域“产”“教”关系从“结合”走向“融合”，从“提倡”走向“制度化”，制度建设的步伐不断加快，总体呈现如下特点：一是基础建设初步完成，以《中华人民共和国职业教育法》《国务院关于加快发展现代职业教育的决定》《国务院办公厅关于深化产教融合的若干意见》《国家职业教育改革实施方案》等为主的国家法律制度，初步明确了职业教育产教融合的法律地位，夯实了职业教育产教融合的实施基础。二是框架建设不断完善，围绕产教融合工作推进的制度安排（如产教融合型城市、产教融合型企业等）、基于产教融合理念创新的制度设计（如职业教育集团化办学、产业学院、现代学徒制、1 + X 证书制度等）组成了一个个产教融合制度单元，从产教合作办学、合作育人、合作测评等不同层面推动了职业教育产教融合的制度建设，明确了职业教育产教融合的工作方向及实施路径。特别是随着我国职业教育作为一种类型教育定位的确立，职业教育产教融合制度建设更具指向性、富有个性化。

（二）问题

改革开放以来，我国职业教育产教融合的制度建设取得了很大成就，但也存在因制度设计的主体多元、制度涉及的利益相关者众多而导致的制度边界不清、逻辑不明、协同不畅等问题，难以实现产教融合制度创新成效的最大化。如国家发展改革委员会、教育部、人力资源与社会保障部等分别牵头设计的产教融合制度中，制度间的逻辑关系是什么？制度间的协同如何保障？不同的制度单元如何构成一个产教融合制度体系？职业教育视阈下的产教融合制度边界又在哪里？即便是同一个主体设计的不同制度单元，也存在制度间的协同问题。这些问题的解决，需要我们跳出微观的制度单元视角，从更为宏观的制度体系视阈去思考、去审视。对我国职业教育产教融合制度研究的重点，也要在原有的基础建设、框架建设基础上，更加重视制度的体系建设。

二、 我国职业教育产教融合制度体系的构成方式

制度体系是指不同制度单元之间和同一制度单元内部不同要素之间的关联性及其与社会环境相互作用而形成的系统，其内在结构强调体系内不同制度单元间的联系，外在关系强化整个制度体系与环境间的互动。职业教育产教融合制度是在制度层面加强职业教育与经济社会的联系、促进教育与产业合作的重要举措，也是职业教育领域内产业界、教育界在彼此融合过程中共同遵守的规定和准则，不同的职业教育产教融合制度单元按照一定的秩序和内部联系组合而成的整体，构成了职业教育产教融合制度体系。职业教育产教融合制度体系与外部环境的互动关系，又强化了作为一个整体的制度体系边界及相对独立性。我国职业教育产教融合制度体系的构建，要在职业教育的话语体系下，一方面明确外部环境对职业教育产教融合制度体系构建的影响，另一方面理清不同职业教育产教融合制度单元间的逻辑关系，协同不同产教融合制度单元间的作用方式，划定整个产教融合制度体系的边界范围。

三、 我国职业教育产教融合制度体系构建的外部环境

职业教育产教融合制度体系与外部环境的互动关系，会丰富一个制度体系的内涵，强化作为一个整体的制度体系边界及相对独立性。作为与职业教育产教融合制度体系关联度最大的两个体系，产业体系、职业教育体系通过与职业

教育产教融合制度体系的能量交换，影响着制度体系的长期构建。作为与职业教育产教融合方式存在密切相关性的技能形成方式，其背后的技能形成制度在一定程度上影响着职业教育产教融合制度的生成。此外，在某一历史时期国家关于职业教育的战略安排，也会丰富特定时期内产教融合制度体系的形式与内容。

（一）产业结构的变化带来职业教育产教融合方式的变化

从宏观的产业结构变化视角看，产业结构的变化往往带来产教融合方式的变化，进而影响职业教育产教融合制度的价值取向。以劳动力密集型产业为特征的产业发展初期阶段，产业对技术和设备的依赖程度低，生产主要依靠大量的简单劳动力，职业教育产教融合的价值取向就是“满足职业岗位用人需求”，目标是简单技能劳动力的获取，方式则主要是校企合作开展人才的订单式培养（在这里，较低的技能需求使得企业只需明确用人规格，不必参与人才培养过程），产教融合制度设计的重点放在确保学校围绕企业需求制定专业人才培养方案，开设课程。如1991年《国务院关于大力发展职业技术教育的决定》提出“使大多数新增劳动力基本上能够受到适应从业岗位需要的最基本的职业技术训练”。随着劳动力密集型产业结构向技术密集型产业结构转变，以“技术革命的加速和新技术的集群突破”为特点的产业体系，迫使企业加快转型升级和技术创新，职业教育产教融合的价值取向由“满足职业岗位用人需求”转向“引领产业转型升级和企业技能革新”，目标由“简单技能劳动力的获取”转向“技术技能的生成”，方式则由“校企合作开展人才的订单式培养”转向“校企合作开展人才的双主体培养（在这里，技术技能培养的复杂性使得企业必须参与到人才培养的全过程，与学校共同开展技术技能人才的培养）”，职业教育产教融合制度设计的重点则转向“推动校企合作共建技术技能积累创新共同体”，如2014年《国务院关于加快发展现代职业教育的决定》提出“产教融合，特色办学。同步规划职业教育与经济社会发展，协调推进人力资源开发与技术进步，推动教育教学改革与产业转型升级衔接配套”。

从微观的职业岗位变动视角看，诸如职业岗位的细分、传统职业的消亡及新兴职业的诞生，也会带来职业教育产教融合方式的变化。如随着当前机器人和人工智能的兴起，从事工业机器人及工作站系统的安装与调试、维护与维修、技术与生产管理、服务与营销等工作的高素质技术技能人才需求激增，职业岗位的变化反映到职业教育领域，一方面推动了工业机器人技术等新兴职业教育专业的兴起，另一方面也使得校企共建专业成为职业教育产教融合的重要方式之一，成为职业教育产教融合制度设计的重要指向。如《国家职业教育改革实施方案》提出“强化地方引导本区域职业院校优化专业设置的职责”等。

（二）职业教育体系的特点决定职业教育产教融合的基本特点

1. 作为一种类型教育的职业教育具有产教融合的基因

《国家职业教育改革实施方案》明确提出，职业教育与普通教育是两种不同的教育类型，而作为一种类型教育的职业教育，其与普通教育的本质区别在于，职业教育自带产教融合的基因，包括职业教育要适应产业需求，职业教育要以产业与教育链接的整合需求为其生存发展的社会价值，职业教育要以学校与企业联姻的跨界合作为其协同育人的结构形式等①，由此也影响职业教育教学具有工学结合、知行合一等特点，这使得职业教育在办学、专业建设、课程教学、教材开发、实训基地建设等各领域的制度设计背后都具有产教融合的特点。

2. 作为一种体系教育的现代职业教育体系本质上也是产教融合体系

现代职业教育体系强调中职、高职、本科到研究生的有机衔接，职业教育、普通教育、继续教育的相互沟通。这种衔接和沟通不仅体现在学历层次的衔接、知识内容的融通，更是表现为产业体系内部低端与中高端的衔接、教育链与产业链的融通。以当前我国正在开展的本科层次职业教育试点专业设置为例，其体现的不只是与高职层次职业教育专业的知识内容衔接，更体现为不同层次职业教育所对应的职业岗位的技术技能等级衔接，这使得现代职业教育体系本质上也是不同层级产教对接的产教融合体系。

3. 职业教育制度体系本质上是一种产教融合制度体系

从产教融合的视角看，职业教育制度单元本质上也是产教融合制度单元，体现出产教融合的制度特性。如我国2019年开始的高职大扩招，不仅是纯粹的

---

① 姜大源. 跨界、整合和重构：职业教育作为类型教育的三大特征［J］. 中国职业技术教育，2019（7）：9－12.

职业教育招生制度，也是从人力资源供给侧结构性矛盾视角出发设计的一项产教融合制度，即通过高职大扩招，扩大高素质技术技能人才的有效供给，满足区域经济发展升级要求。职业教育产教融合制度体系的设计，不应脱离现有的职业教育制度体系去另起炉灶，而应基于职业教育现有制度，从“人才供给侧与产业需求侧全方位匹配”的视角去构建。

（三）技能形成制度影响着职业教育产教融合制度的生成

技能形成与产教融合是具有同一性但又不完全相同的两个概念，两者的本质内涵、形成方式、外延相同，产教融合是技能形成的手段与途径，技能形成是产教融合的目的。以技能投资制度、技能供应制度、技能资格认证制度、技能使用制度等为内核的技能形成制度，能为职业教育产教融合制度体系的生成提供良好的外部制度环境①，影响职业教育产教融合制度的生成。

（四）对职业教育的战略安排丰富了职业教育产教融合的内容

国家重大战略是我国建成社会主义现代化国家的蓝图性谋划。《国家职业教育改革实施方案》的出台，进一步明确了职业教育在国家战略体系中的地位，并把职业教育摆在教育改革创新和经济社会发展中更加突出的位置。国家对职业教育的战略安排，丰富了职业教育产教融合的内容。如为了更好服务国家脱贫攻坚战略、推进职业教育精准扶贫，拓展教育与产业双向对接的脱贫机制与脱贫路径，就成为职业教育产教融合的又一重要内容，也是职业教育产教融合制度创新的重要方向。

四、我国职业教育产教融合制度体系的内部机制

（一）制度单元安排：我国职业教育产教融合制度体系构建的要素

制度单元是构成制度体系的要素，职业教育产教融合制度单元应源于现有的职业教育制度单元及产教融合制度单元。根据当前我国产教融合领域内的核心制度文本《国务院办公厅关于深化产教融合的若干意见》、职业教育改革领域内的核心制度文本《国家职业教育改革实施方案》、职业培训领域内的核心制度文本《职业技能提升行动方案（2019—2021年）》中的相关制度安排

---

① 和震，李玉珠，魏明．职业教育产教融合制度创新［M］．北京：科学出版社，2018：19，2.

及当前我国职业教育正在实施的产教融合重大制度创新，可以认为集团化办学、混合所有制办学、现代学徒制、产业学院、产教融合型行业企业认证、高水平专业化产教融合实训基地认证、“1 + X”证书制度、职业技能培训等制度均是当前针对我国职业教育产教融合不同领域的重大创新性制度单元，这些制度单元间的联系，又构成了我国职业教育产教融合制度体系的基本内部结构框架。

（二）制度单元联系：我国职业教育产教融合制度体系构建的结构性难题

如前所述，制度体系内的制度单元不是孤立存在的，而是应形成某种结构性联系，组成制度体系的结构性框架。而当前我国职业教育产教融合制度体系面临的现实难题，恰恰是制度单元间的联系与协同不足、制度体系的整体性价值取向模糊，制度体系的构建存在结构性难题。

1. 制度单元间的协同难题

当前，我国产教融合制度单元的设计主体多元，导致制度单元间呈现分割实施而非整体推进的特点，制度单元间的协同难题亟待破解。如国家发展和改革委员会、教育部、人力资源和社会保障部三方从不同视角分别开展产教融合制度设计：国家发展和改革委员会基于“产业需求呼唤教育供给”的视角，以需求方为主体开展产教融合制度设计；教育部门基于“教育供给满足产业需求”的视角，以供给方为主体开展产教融合制度设计；人力资源和社会保障部门基于人岗匹配及人力资源二次开发的视角，从需求与供给两个方向同步开展产教融合制度设计。三种不同的制度设计方式带来的制度单元协同推进问题，还需要找到一个共同对话的平台加以统筹。

此外，即便同一个制度设计主体所设计的不同制度单元，也存在制度单元间的协同问题。以教育部门所设计的制度单元为例，一是在产教融合多元主体办学领域，集团化办学、混合所有制办学、产业学院办学等办学制度间的关系没有完全理顺，制度单元间没有实现有效连通。如在职业教育集团化办学过程中，以产业学院为平台和突破口，实施混合所有制办学，推进集团内部产权制度改革和利益共享机制建设，这是推动我国职业教育集团化办学由虚向实的重要抓手。但由于制度单元间的协同问题，当前并没有融合上述制度单元的指导意见或实施方案。二是在产教融合协同育人及就业领域，现代学徒制、产业学院、订单培养等不同的产教协同育人制度单元应如何协同，还比较模糊。如校企在采用现代学徒制开展协同育人的过程中，如何融入产业学院育人制度，依托校企共建的产业学院设计企业学徒课程、培养学徒师傅、实施企业岗位教学，解决企业学徒岗位不足、企业课程难开课等的难题，这在当前的现代学徒制实施意见、产业学院运行办法中都没有现成的方案。三是在产教融合精准培养与评价技能人才领域，虽然《教育部办公厅关于全面推进现代学徒制工作的通知》强调“在开展现代学徒制的专业率先实施‘学历证书+若干职业技能等级证书’制度试点”①，但现代学徒制与“1+X”证书制度在人才培养中如何协同，现代学徒制专业教学标准与“1+X”证书中的职业技能等级标准如何融合，哪些职业技能等级证书的能力模块可交由企业通过学徒岗位培养的方式开展等，这些制度单元间的协同问题还需要进一步思考。

2. 制度单元的整体性价值取向模糊

随着我国产业结构由劳动力密集型向技术密集型转变，“技术进步下的职业技能生成及向现实生产力的转化”就成为产业转型发展对产教融合的重要诉求。然而，我们在很多产教融合案例中看到，校企合作虽然得到了强化，但是合作的目的好像并不在于技能生成，而更多偏向于劳动力的获取②，产教融合的真实价值取向在某些校企合作实践中被模糊化。这在某种程度上提示我们，要在职业教育产教融合制度体系中更加明确“职业技能生成”这一基本价值取向，进而统合各个产教融合制度单元及指导产教融合实践的方向。

五、对我国职业教育产教融合制度体系构建的思考

职业教育产教融合制度体系的构建是一个自适应与他适应同步进行的过程，其既要适应职业教育体系的内部运行规律，又要基于外部产业体系及技能生成方式的变化不断调整产教融合制度体系构建的方向，实现动态的人力资源供求平衡。如果我们将一个制度体系比喻成一幢高楼，那么我们可以通过“夯实基础、划定边界、提供平台、统一话语、完善框架、强化协同、围绕技能、补齐短板”的方式，构建职业教育产教融合制度体系（见图2-1）。

① 教育部办公厅．教育部办公厅关于全面推进现代学徒制工作的通知［Z］．2019-05-15.

② 王星．制造产业升级路径与产业工人技能形成［J］．高等职业教育探索，2019（3）：2.

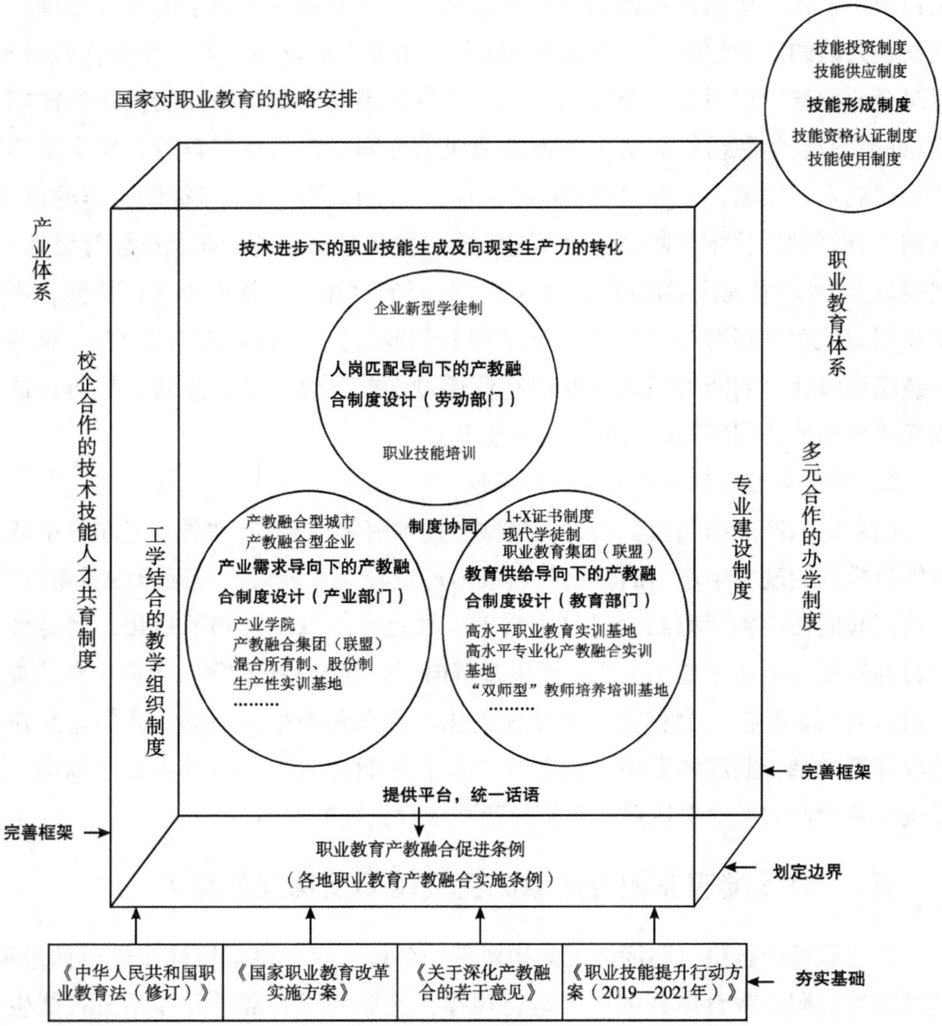

图 2－1　我国职业教育产教融合制度体系框架

（一）夯实基础，划定边界

要夯实职业教育产教融合的法律基础。法律具有的规范性、强制性特点使得其可以成为相关工作推进的重要保障。《中华人民共和国职业教育法》是我国职业教育改革、发展及依法治教的法律保障，同时也是当前我国职业教育产教融合实施的法律基础，但该法自 1996 年制定后便再未修订，其对产教融合的要求也仅停留在“职业学校、职业培训机构实施职业教育应当实行产教结合”的建议层面，推进方向不清、主体责任不明、实施力度不够，亟须修订完善。全国政协委员、民建广东省委副主委许玲为此建议，加快修订职业教育法，确立产教融合的法律责任，以法律的形式明确学校、企业、行业协会等产教融合各方主体的法律责任和义务，规定各级政府推动落实产教融合的法律责任①。鉴于法律所具有的宏观性、抽象性等特征，在《中华人民共和国职业教育法》对产教融合进行总体性要求及实施主体基本责任划分的补充修订基础上，应进一步完善与《中华人民共和国职业教育法》相配套的下位性的产教融合专门法规和区域法规。

要逐步划定职业教育产教融合的制度边界。《国务院办公厅关于深化产教融合的若干意见》是我国推进产教融合的重要制度性文件，但该制度主要从“人才培养供给侧和产业需求侧之间的矛盾”视角审视产教融合，并未对职业教育领域内的产教融合制度加以专门设计和安排，也未划定职业教育产教融合的制度边界。为此，应加快制定《中华人民共和国职业教育法》的下位性的产教融合专门性法规《职业教育产教融合促进条例》及相应的实施细则，以该条例为依据，确定职业教育产教融合的内容、形式，明确职业教育产教融合的基本制度单元，明晰各制度单元之间的逻辑联系及协同方案，划定职业教育产教融合的制度边界。

（二）提供平台，统一话语

在划定职业教育产教融合制度边界的基础上，针对不同主体开展产教融合制度设计的不同话语体系，建立专门性平台，统一与职业教育产教融合制度体系相关的各类话语体系。建议以《职业教育产教融合促进条例》作为不同产教融合制度单元融通的统一平台，通过该条例，立足从职业教育的话语体系统筹不同的制度安排。

（三）完善框架，强化协同

完善职业教育产教融合制度体系的框架，就是立足职业教育的话语体系，从工学结合的教学组织制度、校企合作的技术技能人才共育制度、“专业—产业双集群”的产教融合协调发展制度、多元合作办学制度等四个层面搭建职业教育产教融合制度框架。② 职业教育产教融合制度体系内的制度单元设计，均需基于上述框架展开。

---

① 建设社会主义现代化强国 需要千千万万能工巧匠［N］. 人民政协报，2018-09-04.

② 和震，李玉珠，魏明. 职业教育产教融合制度创新［M］. 北京：科学出版社，2018：19，2.

强化职业教育产教融合制度单元间的协同。一是在职业教育的话语体系下，实现不同主体制定的产教融合制度协同。如人社部门牵头制定的企业新型学徒制与教育部门牵头设计的现代学徒制是同一制度框架下的两种技术技能人才培养探索和创新，两种模式只是在培养对象、实施主体、培训模式上有所不同，其核心目的都是提高人才培养质量，提高劳动者技能水平和职业素质，两种模式可以共同推进、相互借鉴、互为补充。① 现代学徒制可借鉴企业新型学徒制关于学徒补贴标准的具体举措，建立健全学徒的培训投入机制。围绕企业新招用员工和新转岗员工群体需求，职业院校与技工院校建立统一的学徒信息平台，和企业一道同步推进现代学徒制和企业新型学徒制。二是对同一主体制定的不同产教融合制度加以统筹协同。以教育部门制定的现代学徒制与“1 + X”证书制度的制度单元协同为例，《教育部办公厅关于全面推进现代学徒制工作的通知》强调“在开展现代学徒制的专业率先实施‘学历证书 + 若干职业技能等级证书’制度试点”，现代学徒制专业教学标准与“1 + X”证书中的职业技能等级标准如何融通，哪些职业技能等级证书的能力模块可交给企业通过学徒岗位培养的方式开展等，这些都是制度协同需要考虑的问题。我们可以将“1 + X”证书制度中的职业技能等级标准与现代学徒制职业能力分析表比照，分析在“职业能力分析表”中哪些能力有，哪些能力没有，对于没有的能力，确定需要补充的“X”培训课程，从而将学徒岗位能力课程与“X”证书的培训课程融合。

（四）围绕技能，补齐短板

基于“技术进步下的职业技能生成”这一当前我国职业教育产教融合制度体系的整体性价值取向，有必要围绕技能生成及向生产力转化的规律开展未来的制度单元设计，补齐可能存在的制度单元短板。如技能具有岗位生成性规律，职业教育产教融合制度单元设计有必要充分关注企业的职业标准，从企业生产岗位的实际需求出发，围绕工学结合的教学组织制度去设计相关的教师及学生培养（培训）制度、方案、教学模式。又如在细化现代学徒制的制度方案时，特别注意对学徒岗位所需求的能力模块进行分解，强化学徒岗位能力模块转化为教学内容的有效性。在技能向现实生产力转化上，要不断强化技能人才培养与技术服务的同步性。

---

① 桂杰. 人社部：企业新型学徒制呈现三大特点［N］. 中国青年报，2015 - 08 - 10（11）.

第二节　产教融合育人的国际经验与区域探索

当今世界，新一轮科技革命深度改变了知识的生产、传播和应用方式，国际形势也出现逆全球化的变局，世界地缘重心东移，中国步入国际舞台中心。同时，我国实施创新驱动战略，着力“打造科技、教育、产业、金融紧密融合的创新体系”①，加速产教融合，“建设中国特色、世界水平的工程师培养体系”②。宏观上讲，产教融合主要涉及高等教育与产业经济两大系统③，而在知识社会，人才培养与科学研究的关系越来越密切，学者们呼吁高等教育研究者超越传统的高等教育研究思路，更加关注科学方面的研究，发展“知识视角”的高等教育研究。④ 根据世界知识产权组织 2021 年的全球创新指数报告，科技集群最多的国家是美国、中国、德国和日本，其中，中国集群的科技产出增长纪录最高，且近年来持续攀升。在科技集群中，东京横滨地区表现最好，其次是深圳、香港、广州，圣何塞—旧金山地区和纽约市名列第五和第九，⑤ 均位于世界四大湾区。以它们为例比较解析高等教育与产业、科学之间的关系，对于找准产教融合的育人方位，探索本土育人路径，具有极为重要的意义。

一、创新生态系统——产教融合育人的理论基础

在科学社会学视角下，学界对于创新过程的理解随时代发展而变化。1994

---

① 习近平. 习近平：在经济社会领域专家座谈会上的讲话［EB/OL］.（2020-08-24）. http://www.xinhuanet.com/politics/leaders/2020-08/24/c_1126407772.htm.

② 教育部. 产教融合追求卓越 加快培养新时代卓越工程师：卓越工程师产教联合培养行动正式启动［EB/OL］.（2020-03-25）. http://www.moe.gov.cn/jyb_zzjg/huodong/202203/t20220325_610710.html.

③ 李玉倩，史献芝. 资源理论视角下产教融合创新生态系统的构建研究［J］. 江苏高教，2021（8）：60-65.

④ 沈文钦. 科学学与高等教育研究的交集与互动：学术史的回顾与展望［J］. 北京大学教育评论，2022，20（1）：72-100，190.

⑤ World Intellectual Property Organization. Global innovation index 2021: tracking innovation through the COVID-19 crisis［M］. Geneva: World Intellectual Property Organization, 2021: 35, 203.

年，迈克尔·吉本斯（Michael Gibbons）等人提出知识生产新模式理论①，认为知识生产存在形式、理念、方法、价值以及规范的变革，并以“模式1”和“模式2”来区分这种变革。在“模式1”中，高校以科学卓越为价值导向进行知识生产。在“模式2”中，高校、产业和政府共同生产知识以解决问题，人员和组织显现出异质性和多样性。一年后，亨利·埃茨科威滋（Henry Etzkowitz）与劳埃特·雷德斯多夫（Loet Leydesdorff）提出三螺旋理论，阐述了知识经济时代，政府、大学、企业之间的跨界互动关系，认为它们是社会创新的三个主体要素，根据市场要求而连接起来，形成三种力量交叉影响的三螺旋关系。② 在此基础上，伊莱亚斯·卡拉雅尼斯（Elias Carayannis）和大卫·坎贝尔（David Campbell）于2006年提出“模式3”的假设，之后据此建构了四螺旋理论，在政府、大学、企业三个创新主体之外，将“基于媒体和文化的大众”视为创新和知识生产的第四个主体，认为文化和价值观，以及媒体如何建构和传播“大众现实”，影响着每一个国家创新系统，恰当的“创新文化”是促进先进的以知识为基础的经济的关键，媒体所传播和解读的大众话语是社会给予创新和知识（研究、技术和教育）最高关注的关键。四大主体之间在知识生产链条中并非基于分工的线性传递关系，而是在多节点网络上平等参与、竞争合作和协同创新，并形成一个多层次、多形态的创新生态系统，以协调不同知识和创新模式的共同演进。③

这一理念的变化反映在实践领域，表现为对科技活动主体组织分工的理解也由线性向非线性转变。通常，国际上采用研究与试验发展（R&D）活动的规模和强度指标反映一国的科技实力和核心竞争力，并将其分为基础研究、应用研究和试验发展三种类型。最初，基础研究被认为是科技进步的先驱，科技成果转化则是将原始的科学发现转变为产业生产力的主要方式，从原理发现、技术转移到规模生产是单向度的线性模式。随后，一些学者意识到，单向度的线性关系无法概括创新的复杂过程，基础研究和应用研究也绝非对立关系。在线

① GIBBONS, LIMOGES, NOWOTNY, et al. The new production of knowledge: the dynamics of science and research in contemporary societies [M]. London: Sage, 1994.

② LEYDESDORFF L. The triple helix-university-industry-government relations: a laboratory for knowledge-based economic development [J]. Glycoconjugate journal, 1995, 14 (1): 14-19.

③ CARAYANNIS E G, CAMPBELL D F J. “Mode 3” and “Quadruple Helix”: Toward a 21st century fractal innovation ecosystem [J]. International journal of technology management, 2009, 46 (3/4): 201-234 (34).

性模式下，基础研究由政府主导的科研机构和高等教育机构来承担，试验发展由企业承担。然而，在创新生态系统视角下，这些科技创新主体的分工不再泾渭分明，而是协同构建科技创新网络和知识集群。

这意味着高等教育机构和企业的组织关系需要重构，以更有效地培养科技创新人才。作为当前主要的高等教育组织，大学最初被认为是生产高深知识的地方。随着知识生产和应用的地点和方式逐渐多元，大学与社会的相关度逐渐增强。高等教育集群则被认为具有明显的集聚—溢出效应，如纽约湾区的高水平大学和学科数量在四大湾区中遥遥领先，形成了“大而强”的群体发展模式，区内各学校在办学基础实力的各种量化指标方面也较为突出且均衡，很好地满足了湾区经济社会的发展，有力地支撑了湾区科技创新和高新技术产业的发展。① 在旧金山湾区，尤其是硅谷地区，则形成了“大学—产业—政府—资本”四轮驱动的区域创新生态系统②，科技、产业与教育相融合的育人体系浑然天成。换言之，在这些湾区，产教融合本身是一种天然的育人模式，是区域创新生态发展的结果，也是教育与区域经济社会高度关联以解决本地区科技创新发展人才需求的不二之选。

湾区由一个或多个海湾、港湾、临近岛屿组成，具有良好的交通运输条件和居住环境等区位优势，易于产生人和物质资源的聚集效应，带来较好的经济效益，形成独特的区域生态，同时成为具有特定社会含义的概念。在我国，“粤港澳大湾区”从学术界讨论发展为地方性概念，再上升到国家发展战略，历时20余年，和旧金山湾区、东京湾区、纽约湾区一起成为当今世界具有领先经济社会地位的四大湾区。学界认为，国际四大湾区经历了以装卸运输为主导的港口经济、以临港工业为主导的工业经济、以现代服务业为主导的服务经济和以新兴产业为主导的创新经济四个发展阶段。③

我国粤港澳大湾区的创新生态呈现出与三大湾区类似的产教融合发展趋势。2020年，我国内地（未包括香港、澳门和台湾）R&D经费投入24 393.1亿元，同比增长10.2%，投入强度（与本地区生产总值之比）为2.4%，其中，基础

---

① 向兴华，李偲．国际一流湾区高水平大学综合实力比较［J］．高教发展与评估，2021，37（6）：55－64，121－122．

② 马晓澄．解码硅谷：创新生态及对中国的启示［M］．北京：机械工业出版社，2019．12．

③ 杨静，赵俊杰．四大湾区科技创新发展情况比较及其对粤港澳大湾区建设的启示［J］．科技管理研究，2021，41（10）：60－69．

研究、应用研究和试验发展经费所占比重分别为6.0%、11.3%和82.7%，同比增长率分别为9.8%、10.4%和10.2%。企业、政府属性的研究机构、高等学校R&D经费支出所占比重分别为76.6%、14.0%和7.7%。① 其中，粤港澳大湾区的广东省R&D经费投入全国第一，共3 479.88亿元，比排名第二的江苏省多474亿元，投入强度为3.14%；而珠江三角洲的R&D经费占全广东省R&D经费的95.8%，同比增长12.3%，投入强度为3.72%。基础研究、应用研究和试验发展经费所占比重分别为5.9%、9.2%和84.9%，同比增长率分别为43.9%、29.4%和9.1%，各类企业、政府属性的科研机构和高等学校R&D经费支出占比分别为86.2%、5.2%和5.8%。② 同年，香港地区R&D经费约为228.84亿元，投入强度为0.99%。③ 这些数据表明，粤港澳大湾区珠江三角洲地区的R&D经费投入数量和强度均显著高于全国水平。其中，该地区的试验发展经费是基础经费研究支出的数十倍，同比增长率则不到其1/4，这一点与全国的平均水平相比有显著差异，即该地区基础研究经费在R&D经费中所占的比重在提高，主要由高等学校和政府所属研发机构承担，而R&D研究经费主要来源是企业和政府。这意味着，在粤港澳大湾区，科技活动将政府及其所属科研机构、企业和高等院校等主体连接起来，构成了一个创新生态系统，产业和教育的关系紧密，只是新的组织形态尚不明晰。

二、 全球三大湾区育人——产教融合育人的国际经验

在纽约湾区、旧金山湾区和东京湾区，创新生态系统各主体深度融合育人，表现在以下四个方面。

（一）创新文化浸润

科学技术发展的一个前提假设，是人类有能力征服自然界，认识和创造出任何事物。这种自信，是伟大梦想、独创精神和务实精神的产物。在湾区，优越的自然禀赋给予了早期定居者运用自身能力来征服自然获取回报的信心，这

---

① 中华人民共和国科学技术部．2020年全国科技经费投入统计公报［EB/OL］．（2021－09－22）．http://www.most.gov.cn/zxgz/cxdc/.

② 广东省统计局，广东省科学技术厅，广东省财政．2020年广东省科技经费投入公报［EB/OL］．（2021－10－29）．http://stats.gd.gov.cn/tjgb/content/post_3628152.html.

③ 香港特别行政区政府统计处．研究及发展［EB/OL］．（2023－12－21）．https://www.censtatd.gov.hk/sc/scode580.html.

种气质随着领土的开发不断衍续，成为该地区的精神主导。同时，随着湾区的繁荣，国内外人才在此地区频繁流动，多元文化碰撞，逐渐形成了敢于冒险、追求实效、开放包容、密切合作的创新文化，表现形式则因地区而异。在美国两大湾区，叛逆精神和与众不同的想法在科技领域受到重视，这鼓励了人们标新立异，将不可能的想法转化为伟大的现实，引领全球科技进步和经济发展；在东京湾区，工匠精神受到尊崇，人们在工艺细节上精益求精，并且将不同区域特点兼容并蓄、合作创新，产业链自成体系。

（二）科教深度融合

科技活动以人才为核心，高等教育机构有着吸引人才的强大磁场，二者在湾区交融。例如，在旧金山湾区，无论是20世纪初期电报、无线电通信等电子工业技术的兴起和发展，第二次世界大战后半导体产业的萌芽与兴盛，还是20世纪90年代互联网和移动社交行业的起步，均得益于斯坦福大学毕业生的创业活动，以及该校管理者、老师对这些活动的支持。70年代兴起的风险投资产业，衍生于半导体行业的运作，为科技创新活动提供资金支撑，并获取回报。该校的技术许可办公室则为确保技术更有效地为社会所用而开展了卓有成效的工作。在这个过程中，政府的作用主要在于提供科创资金和立法规则。斯坦福大学通过输出创业型人才、设立大学工业园、建立荣誉合作项目、设立技术转移办公室、建立研究院，与产业深入融合，促进了人才、技术、信息和资本四大创新要素的互动。

（三）组织变革活跃

在与科技、产业融合的过程中，湾区高等院校采取了一系列策略以积极应对组织环境的变迁。在旧金山湾区，高等院校通过与“科创型湾区”良性互动，形成了匹配的多层、多样、多制的高等教育种群格局，涵盖研究型大学、综合性院校、社区学院、专业院校和营利性高等教育机构等，实现了湾区产业集群与高等教育种群高度融合①。东京湾区的高校则侧重区域经济社会发展需求和政府制度安排，成立高校联盟，并通过明确联盟建设目的、研制管理制度、嵌入区域发展网络及设置严格自评和他评等机制来确保联盟的顺利运行。② 这些组织

---

① 焦磊，赵庆年．“科创型”湾区需要怎样的高等教育系统：基于组织种群视域［J］．高等工程教育研究，2021（4）：141－146，157.

② 卓泽林，罗萍．日本东京湾区高校联盟建设的动力、运行机制及其启示［J］．大学教育科学，2021（4）：32－38，96.

变革为创新要素在不同层面的互动提供了制度保障和资源支撑。

（四）国际化程度高

与外部世界交流顺畅、贸易往来频繁、不断获得世界知识以及国际意识，是湾区人国际化的重要表现。有意识的国际化教育主要靠教育机构和科研机构推动，围绕全球的经济分工和发展战略，引入最先进的理念和教学模式，培养具有国际化视野的人才，掌握最先进的技术。美国两大湾区的高校非常注重对学生全球领导力的培养，为学生提供全球教育课程和海外短期访学等跨文化交流机会，同时注重融入世界各国的研究，吸纳所研究地区的外国专家学者来此进行学术访问、交流与合作。纽约湾区对欧洲等地区的国际研究实力强大，旧金山湾区对亚太地区的研究和教育非常丰富。日本文部科学省于 2014 年启动“超级国际化大学计划”，为提高日本高等教育的国际化兼容性和竞争力，通过设立新项目来优先支持那些引领日本教育国际化的大学，鼓励和深化它们与世界顶尖大学之间的互动和伙伴关系，改革人事和教育制度，以帮助学生发展全球化行动的能力。在该项目所筛选出的 37 所高校中，东京湾区占 18 所，超级国际化大学率约 48.6%①，为本地区学生创造了有利于提升国际竞争力的教育环境。

三、 区域探索——粤港澳大湾区产教融合育人困境

（一）粤港澳大湾区的创新生态布局

与前述三大湾区相比，粤港澳大湾区有着独特的创新生态系统。在政府方面，“一国两制”全世界绝无仅有。大湾区既有深圳社会主义先行示范区的制度创新，又有实行资本主义制度的港、澳特别行政区，有着自由贸易和独立关税制度，同时包括三个关税区、三种货币、三种法律制度。在产业方面，扎根中国本土，腹地广阔。作为国际通商门户，大湾区背靠幅员辽阔的中国内陆，植根于经济长期发展而形成的技术创新土壤，产业基础好，市场庞大，基础设施建设极具规模，产业资源整合便利，借助大湾区内大量生态企业，科技创新成果可以直接在内部变成产品和服务，形成世界上最健全的产业体系和链条，产业体系顶天立地。在高等院校方面，体量大、质量优，为高中低端全方位的产教融合奠定了良好的基础。一方面，教育规模庞大。广东省普通高等学校规模

---

① Ministry of Education, Culture, Sports, Science and Technology. Top global universitites Japan [EB/OL]. (2022-04-02). https://tgu.mext.go.jp/en/index.html.

全国第二，职业教育规模全国第一，香港和珠江三角洲地区均有一批紧密结合当地优势产业发展的高水平职业院校。另一方面，教育水平拔尖。根据全球高等教育研究机构 QS2022 年世界大学排名，仅香港就有 5 所大学进入世界一百强，大湾区 10 所高校位列世界五百强。

但是，粤港澳大湾区同时也面临挑战，主要表现为产业发展不平衡不充分。珠江三角洲地区的产业经历了从劳动力密集型转向技术密集型，到工业 4.0，再到智能制造、机器换人、新一代移动通信技术的发展，从点到面到链，再到初步形成一种产业生态高端发展格局，湾区内拥有一批高端产业的创新型龙头企业，产业往高端转型升级，趋势明显，但相对于其他三大湾区，科技创新能力尤其是高精尖科技研发水平不足，科技成果转化能力欠缺，高端产业发展水平受到制约。香港也同样面临以服务业和金融业为主体的产业结构向多元化、科技化转型难题。澳门产业的联系相对松散，本地市场和高学历技术性人力资源较为薄弱。

为此，《粤港澳大湾区发展规划纲要》综合布局了大湾区的创新生态，如图 2 - 2 所示。内部发展多样性是粤港澳大湾区创新生态最显著的特征，“一个国家、两种制度、三个关税区、四个核心城市、五个万亿级城市”的配置，使得大湾区极具创新生态的多样性，人才、资本、信息、技术等创新要素在以“广州—深圳—香港—澳门”为核心的科技创新走廊融通和流动，带动珠海、佛山和东莞等节点城市实现战略新兴产业布局和传统产业以及制造业的转型升级，进而辐射到珠江三角洲其他地区，发展当地特色产业，推动未来城市建设和城镇管理等体制改革，并带动粤东西北和周边省市的发展。这意味着，港澳与广州、深圳在创新要素上的融合是大湾区创新生态的核心支撑，会引起区域发展生态的连锁反应。

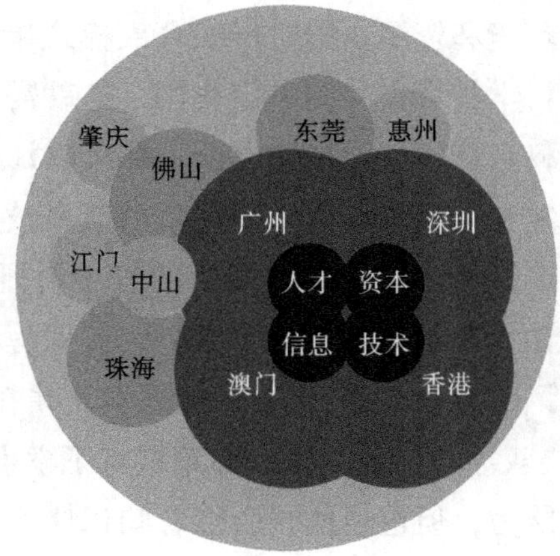

图 2 - 2　粤港澳大湾区创新生态布局

（二）创新生态系统中的产教融合育人困境

从创新生态布局来看，促进以人力资源为核心的创新要素在大湾区融合是大势所趋，也是当务之急。高端数字化转型使得大湾区产业逐渐融入多种跨领域技术，复合型特征明显，新技术、新业态、新的劳动力培养组织方式深入发展，迫切需要复合型、创新型高端人才，基于当前完备的产业体系，将高端科技成果转化成现实的生产力。这倒逼教育供给侧改革，重新定位育人目标，变革教育组织方式。为此，粤港澳大湾区着力打造高水平研究型大学和职业院校，强化港澳与珠江三角洲高校合作办学，建立产教融合的科研体系和育人体系，但也存在如下困境：

1. 缺乏相适应的育人模式

广东省于2009年开启现代学徒制研究与探索，凝练出以“双元育人、双重身份、交互训练、工学交替、岗位培养、在岗成才”为内涵的广东特色现代学徒制人才培养理论①，而且通过《广东省职业教育条例》在全国率先以法规形式确立职业教育校企双主体实施的合作机制，以保障产教深度融合的效果。② 然而，以往技能型育人定位偏重于产业的中低端，缺乏适合产业高端人才培养的环境和资源，同时传统育人模式单一，分科教学。由于湾区的产业模式是多种科学技术在共同发生作用，这就需要育人模式总体从分科向多学科融合、跨学科合作转型。在这方面，部分珠江三角洲研究型高校与香港高校合作，为培养复合型领军人才开展新工科教育改革，组建多学科交融、具有良好国际背景和丰富企业资深研发经验的教学科研队伍，参照国际国内对工程师培养的要求，设计专业人才培养方案，编制课程教学内容和教学目标，制定学生的学习成果评估方法，采用项目制教学，并在育人过程中与企业合作，实行学术和企业“双导师”制。这一改革锻炼了学生主动学习、团队合作和解决现实产业问题的能力，但也使他们面临着知识体系的困惑和专业发展的迷茫。学生在完成项目过程中需要补充多学科的基础知识，并使其发生交叉融合的化学反应，挑战极大。

2. 组织与资源支撑不足

当前粤港澳大湾区兴起了许多产教融合型组织，但是哪一种组织更加有效，现在还在探索中，缺乏公认的产教融合组织形态。如2020年，广东省共成立职

---

① 赵鹏飞，李海东，张志，等．广东特色现代学徒制实践探索与未来趋向［J］．中国职业技术教育，2019（20）：1－8．

② “现代学徒”在广东［EB/OL］．（2021－12－20）．https://xhpfmapi.xinhuaxmt.com/vh512/share/10467791．

教集团 80 家，培育产教融合型企业 878 家，校企共建了包括华为 ICT 产业学院在内的一大批专业对接产业的特色产业学院，成立了包括“粤港澳大湾区职业教育产教联盟”在内的一大批职教联盟，同时积极与香港开展职业教育产教融合的合作，但是在此过程中，产生了管理体制不顺影响产教融合的资源投入和利益分配、基础能力薄弱影响校企合作效果、师资队伍素质满足不了企业技术要求、区域产教融合水平不平衡等问题。这是因为，粤港澳大湾区的教育组织规模庞大，等级森严，组织内部管理形式以科层制为主，人才培养体系围绕学科专业领域来建构，发展模式很难打破；产业组织则更侧重行业链、产业链，需要在链条里形成人才培养体系。产教组织体系有交叉，但不完全交叉，容易构成合作障碍，存在于三个方面：一是公办教育组织转型方面，产教融合需要一种比较灵活的组织方式，但是现在的公办教育组织较为循规蹈矩，转型不易；二是师资队伍方面，公办学校的教师虽为双师型，但是实践经验相对企业员工来说有所不足，企业的人员也相对缺乏教育理念，教师难以在学校和企业间实现双身份的转变；三是资源配置方面，传统的人才培养主要依靠学校的师资、教室与实验室等教学空间，但是在创新生态系统视角下，育人资源可能不仅仅在学校，而是在企业，甚至在云端，如企业建教学工厂、培训车间，以及信息技术支持下的云工厂、云车间等全天候立体式的资源配置，相关机制尚未健全。

3. 产教人才的评价标准不一致

产教融合育人是出于社会发展需要，有着较强的市场和就业导向，注重人岗适配。然而，在与产业的关系上，高等教育内部存在矛盾心态，比如科学社会学视角下的“公共利益知识制度”和“学术资本主义知识制度”之争，以及高等教育哲学层面的认识论与政治论之争。学者们或将大学看作是研究高深学问的场所，强调追求闲逸的好奇，主张大学与社会现实之间要有明确界限，或认为大学应该服务于国家和社会变革，强调大学对环境的适应。从学生的视角来看，随着高等教育大众化，接受高等教育的人越来越多，导致学历贬值，学校文凭成为市场识别人才的强烈信号。为争取从事产业高端工作资格，学生需要付出持久的努力，但是这些努力并非完全投入到提升自身的素质与技能中，而是内卷到争取升学和被名校录取的资格和机会上。市场和高等教育之间急需一致认可的标准来对人才及其培养质量进行更有效的评价。

四、 创新生态系统视角下湾区产教融合育人探索

上述困境是我国后工业化时代产业升级转型问题在大湾区高等教育中的折射，也是创新生态系统主体关系矛盾的外化。粤港澳大湾区各地政府及其所属研究机构、产业和高等院校在前沿科技知识的生产、传播和应用上存在高度依赖，产生了融合培养复合型、创新型高端人才的现实需求。这类人才的培养，需重构当前以学科门类为集合的知识体系和教育组织边界，而这套基于理性的、成体系的知识系统，以及支撑它的组织体系经历了人类社会长期的创造和积累，要打破重建并非易事。更何况，高端产业创新本身即是建立在一套成体系的科学技术之上。因此，大湾区的产教融合育人要解决的不再是生产流程的衔接问题，而是将非线性的创新网络和知识集群更加有效地融合起来，创造非线性的育人组织形态，通过育人活动实现各主体的水乳交融，以知识和创新为节点，促进高等院校与政府、企业以及基于媒体和文化的大众构成协同共进的命运共同体。对比国际湾区产教融合特点，基于本土独特的创新生态，其育人之路可以文化和科技力量为支撑，从育人目标、组织、评价和国际化生态四个方面着力。

（一）将中国特色社会主义价值观教育贯穿育人全程，树立文化自信

自信是人类探索自然、科技创新的心理前提。习近平新时代中国特色社会主义文化为自信的建立提供了丰富的营养，尤其是自古以来凝聚我国人民智慧的“德”，既蕴含着大湾区产教融合育人的价值追求，又是其内容和方法论，是调和大湾区创新生态系统矛盾、促进各主体和谐可持续发展的纽带，滋养着人们勇敢追求梦想、团结协作，实现个人和社会价值。根据马克思的定义，人的本质在其现实意义上是一切社会关系的总和。促进人的发展和促进社会的进步是不可分割的。① 粤港澳大湾区的产教融合育人培养的是社会主义建设者和接班人，以共同富裕为经济社会发展目标，以促进人的全面发展为教育目标。因此，大湾区的教育和产业发展必须考虑公共利益，必须有助于人民生活的改善，产教融合育人也必须服务于这一目标，将习近平新时代中国特色社会主义文化和价值观教育贯穿育人全过程，坚持立德树人根本任务。

（二）利用科技力量打破线性育人组织模式，打造学习型湾区

科学技术的发展大大提升了高等教育的生产力，使得学习突破了时空的局

① 石中英．破除“唯分数论”，切实立德树人［J］．光明日报，2022－3－26．

限，人们能够顺利通过云端进入工厂，甚至进入虚拟工厂、元宇宙。学校、企业和个人生活之间的界限逐渐模糊，学习者、教育者和教育资源之间的组织关系正在发生根本性变革。在此背景下，产教融合育人的组织使命是创造一种受教育环境，使得人们不再一劳永逸地获取知识，而是保持终身更新自己知识体系的热情和习惯。这样的组织要能够实现校企人力资源、教学资源、环境文化、育人方式的匹配，确保教师能够在学校和企业之间流动，学生从封闭式培养转向开放式培养，走出校园的围墙，走进世界发展前沿地区，了解产业进程和动态，甚至能够为产业服务，为毕业后胜任工作岗位、在各个产业发挥作用打下基础。产教融合育人组织资源的整合应秉持一种立体、开放的思路，打破教育与企业的围墙和空间限制，产业跟学校水乳交融，产中有教、教中有产，综合配置相关教育资源，并把产业资源引入教育，以产业的最新发展动态来引领和推动教育的变革，推动课堂革命，推动元宇宙等虚拟仿真技术在人才培养活动中的应用。为此，需要跳出现有产业与教育组织形态的局限，在学习型社会的背景下，基于普通教育与职业教育融通、大中小幼一体化等理念，对接粤港澳终身教育资历框架，充分利用新科技、黑科技、硬科技，打造能够真正满足当今时代个人和集体愿望和需要的学习型湾区形态。例如，广东省重点领域研发计划项目“5G＋智慧教育”由教育研究机构协同学校和信息技术龙头企业，依托新一代通信与网络领域的技术研发优势，利用先进信息技术与教育教学的深度融合，促进教育质量监测与改进，提高产业和教育资源的配置效率，以满足教育部门、学校、教师、学生和家长等不同利益相关者的教育需求。

（三）营造具有国际适应性的教育生态，构建知识/创新型国际教育枢纽

科学研究和产业发展离不开全球力量的推动。粤港澳大湾区也致力于成为具有全球影响力的国际科技创新中心，其国际教育示范区建设也是我国在全球化和逆全球化共存的背景下打造教育对外开放的战略重点之一。从国际国内比较来看，知识/创新国际教育枢纽的定位适用于粤港澳大湾区的国际教育示范区建设①，也符合其当前发展趋势。一方面，境内外合作办学项目活跃，如有着英国教育传统的香港高校与深圳、广州、佛山等地合作办学，深圳与俄罗斯、英国等国合作办学，加深了粤港澳大湾区的高等教育与境外教育师资、理念与方法的融合。另一方面，大湾区良好的经济发展形势和社会治理效能吸引来大量

① 陈先哲．打造教育对外开放新高地：全球视野与中国行动［J］．比较教育研究，2021，43（10）：3－11.

高层次留学归国人才。随着这些人群的集聚，区域内的教育国际化适应问题引人关注。对此，教育部门和产业部门需要充分整合国际化教育资源，协同制定符合前沿教育与人才发展需求的质量监测指标，改革人才培养方案，组建师资队伍等，同时营造多元友好的社会氛围和保障体系，以促进国际人才的适应融入、自我发展和协同工作，促进以人才为核心的创新要素在大湾区的自由流动。

（四）丰富产教融合的人才评价话语，启蒙教育社会思想

产教融合的育人评价要兼顾产业和教育的双重属性。从产业属性来说，要在遵从教育规律的基础上，跳出教育，从产业的视角去看待教育的建构，将产业的需求和要素融入教育，尤其粤港澳大湾区有较好的手工业基础、企业文化和商业氛围。产业既追求效率和利益最大化，又有注重精神价值的部分，如精益求精的工匠精神、开拓创新的企业家精神等，以及手脑结合、工学交替等育人方法。就教育属性而言，它不同于职业技能培养，有着自身的价值判断标准和立场。在传统教育理念中，有体现与产业融合的部分，如“学以致用”“知行合一”“做中学”等，但是也存在相悖离的部分，如“重道轻艺”“学而优则仕”“劳力者治于人”等，注重学历和理论性知识胜过实践，倾向于精英教育和学术化学习，对技能型学习存在歧视和刻板印象。这些评价性思想以语言为载体，在家庭、学校、企业和媒体中流转，塑造着大众的认知。因此，要融合产业和教育对人才及其培养的先进理念，以丰富人才评价的话语，并借助新闻媒体对产教融合制度的顶层设计、实践工作与理论反思和公众进行对话，在回应公众疑问、解决人们诉求和难题的过程中，分享利益相关者的愿景与行动。

第三节　产教融合视阈下粤港澳大湾区产业学院定位与发展

在当前世界经济不确定、不稳定因素增多，保护主义倾向抬头，国家宏观经济形势严峻和产业经济发展艰难的背景下，区域经济成为稳定我国经济发展的重要支柱之一。特别是随着《粤港澳大湾区发展规划纲要》等区域发展总体战略的深入实施，以及区域供给侧结构性改革的深入推进，区域经济将进一步成为推动国内全面开放新格局、建设创新型国家的重要引擎。区域经济的发展需要区域人力资源的支撑，产业学院是区域经济发展到一定阶段的产物，肩负着围绕区域产业需求开设专业、建构课程，为区域发展培养人才的重任。站在

粤港澳大湾区发展视阈来审视区域产业学院发展模式，对于深化区域产教融合、打造具有国际竞争力的湾区现代产业体系具有十分重要的意义。

一、从产业链到产业生态圈：粤港澳大湾区产业实现高阶化发展

（一）从区域经济发展趋势看粤港澳大湾区经济发展形态

从全球区域经济发展趋势看，区域经济发展涵盖一个从低水平均衡到非均衡，再到高水平均衡的成长过程。以珠江三角洲区域经济发展为例，改革开放前，全国一盘棋吃大锅饭，珠江三角洲经济落后并呈现低水平均衡态势，区域内各地经济发展水平均较低，人均收入始终在低水平徘徊。改革开放后，珠江三角洲创造了区域经济发展的奇迹，成为广东乃至我国投资环境佳、经济增长快的重要区域，广州和深圳则是这一区域的关键极核。这一时期珠江三角洲经济发展呈现的非均衡状态，既指珠江三角洲区域与广东省内非珠江三角洲区域的经济发展非均衡①，也指珠江三角洲内部作为极核发展的广州、深圳与珠江三角洲其他地市发展的非均衡②；《规划纲要》提出要组建包括香港、澳门和广东省广州市、深圳市、珠海市、佛山市、惠州市、东莞市、中山市、江门市、肇庆市在内的“9+2”世界级城市群③，其实质是在珠江三角洲城市群的基础上纳入了香港和澳门，珠江三角洲9市与2个特别行政区共同开启一体化发展的局面。由此，区域内经济发展将更加协调，并辐射带动泛珠江三角洲区域发展。从区域经济发展趋势看，粤港澳大湾区经济发展形态将与纽约、旧金山、东京三大湾区趋同，大湾区经济将在原有珠江三角洲区域经济发展的基础上，与香港、澳门连片发展并呈现区域内经济高水平均衡，区域内产业多层次、多样化、立体化发展特点，现代产业体系成为区域经济发展的重要支撑，因而是原有珠江三角洲区域经济及产业发展模式的高阶化。

---

① 2017年，珠江三角洲9市总面积55 368.7平方公里，占比全省31.2%；总人口5 962.67万人，占比全省53.35%；经济总量75 809.74亿元，占比全省79.67%。

② 2017年，广州、深圳经济总量达43 941.54亿元，占比珠江三角洲9市的57.96%。

③ 从区域覆盖范围看，粤港澳大湾区是在原有珠江三角洲9市的基础上增加了香港与澳门，一定程度上与原有珠江三角洲区域产业发展有接续。但从产业发展方向看，原有珠江三角洲产业更强调对内辐射，带动腹地发展；湾区则更强调对外连接，抢占全球产业链的制高点，产业高阶化特征明显。

（二）从产业链到产业生态圈：粤港澳大湾区产业高阶化发展的表征

1. 产业生态圈：区域产业高阶化发展的标志

区域产业从无到有，往往是从一个企业、一个点开始，通过发展上下游产业，变成一条产业链；然后前后左右发生联系，再变成一个产业集群；最后从一个产业发展到相互支撑的多个产业，并形成多层次、多样化、立体化的产业生态圈。产业生态圈的出现，往往是区域产业高阶化发展的标志。所谓产业生态圈，即指某种（些）产业在某个（些）地域范围内业已形成（或按规划将要形成）的以某（些）主导产业为核心的具有较强市场竞争力和产业可持续发展特征的地域产业多维网络体系，体现了一种新的产业发展模式及产业布局形式。与产业链、产业集群相比，产业生态圈形成了一种包括生产维、科技维、服务维、劳动维、公共维在内的多维立体网络体系，不仅聚焦现有区域产业的发展，更是着眼于未来产业的布局。

2. 粤港澳大湾区产业生态圈的特点

改革开放初期，作为“世界工厂”的珠江三角洲企业只负责贴牌生产，产品研发、设计、销售等均无须投入，区域产业链不够完整，应对国内外经济环境变动的能力较差。近年来，珠江三角洲致力于构建完整的产业链及产业集群，在珠江东岸，以深圳、东莞、惠州及广州为主体，形成了全国著名的电子信息产业走廊；在珠江西岸，以佛山、中山、珠海、广州为主体，形成了电器机械产业集群。珠江三角洲业已基本形成从基础产业、技术研发到市场拓展在内的完整产业链条，其发展具有强烈外向型经济特征，通过抢占全球产业链制高点取得优势，并构建完整的现代产业体系。但仍缺少涵盖低端、中端、次高端、高端等在内的单个产业的完整形态，特别是尚未形成包括研发、制造、供应、销售、技术服务、公共服务等在内的立体多维的产业生态布局，而这正是粤港澳大湾区当前急需着力打造的产业生态。

总体上看，粤港澳大湾区所应呈现的产业生态圈特点包括：

（1）同一产业内高中低端并存且自成体系。生态系统是生态要素间相互作用的统一体系，是生态圈中最突出的特点。如森林生态系统以乔木为主体，同时也包括少量灌木和草本植物，森林生物之间相互作用，并产生能量转换和物质循环，这是森林生态圈中最突出的特点。与之类似，粤港澳大湾区既有发达的高端产业，也有作为高端产业支撑和配套的中低端产业，高中低端产业自成一体，共同构成一条完整的“微笑曲线”。如粤港澳大湾区内的信息技术产业，上下游供应链完备，产业生态系统完善，既包括高端研发及品牌营销，又包括中低端加工制造。这种“高低多元”且“自成体系”的产业层次，既是湾区产业生态系统的特点，又是湾区产业发展的优势所在。

（2）不同产业间错位发展且互补性强。珠江三角洲区域经济起步时代，区域内各个城市产业独立规划、分别发展，产业重复性建设、同质化竞争严重。佛山市政协委员陈小霞在《关于加强珠江三角洲国家自主创新示范区建设的几点问题及建议》中指出，珠江三角洲9市中工业结构相似系数超过90%的有5对，9市的工业产值47%以上集中在食品、纺织、机械工业、电气机械、电子及通信设备等5个行业，“诸侯经济”的思想壁垒导致产业规划资源浪费严重。粤港澳大湾区将珠江三角洲9市与香港、澳门2个特别行政区统一规划，重在实现广州、深圳、香港、澳门四大城市产业间错位发展并形成互补关系。如深圳的科技企业加上香港的融资市场，能促进整个大湾区高新科技产业链的形成；珠海横琴和澳门在休闲旅游产业发展中错位分工，共同建设世界休闲旅游中心；广州及周边城市群制造业基础雄厚，对外贸易发达。而佛山、惠州、东莞、中山、江门、肇庆等城市则是四大城市第一、第二产业外迁的聚集地。整体上看，湾区内产业结构以先进制造业和现代服务业为主，300多个各具特色的产业集群互补性较强，形成湾区特殊的综合竞争优势。

（3）产业协同发展位居全球产业链制高点。与珠江三角洲区域产业发展定位不同，粤港澳大湾区通过参与国际产业分工，占据全球产业链制高点，湾区内产业发展格局更加开放，在国际产业分工中具有更大的影响力。如湾区移动通信技术产业具有全球领先的科技含量，深圳华为正在获得全球5G产业链中间环节（网络设备提供商领域、移动设备领域）的主导权。通过占据全球产业链高端，湾区GDP总量已相当于一个中等发达国家的水平。

（4）产业整体发展的生态环境良好。当前，国家正从生态文明、环境治理和修复的角度，推动粤港澳大湾区产业生态的发展，主要目的是通过创新制度环境、政策环境，在更大范围内实现区域资源整合、生产要素整合，形成区域产业环境治理的大框架，即以创新发展的方式，实现湾区产业生态文明的建设、发展。

二、从人才链到人才生态系统：粤港澳大湾区人力资源生态环境的变化

（一）从区域人才需求变化看粤港澳大湾区人力资源结构

区域产业结构调整、转型往往带来区域人才需求的结构性变化，导致区域人才的技能层次需求不断上移、能力类型需求更加多样。以珠江三角洲为例，随着“两头在外、中间加工”的加工制造业向智能制造、高端服务业、高端金融业和高科技产业转型升级，珠江三角洲人才需求结构逐步由“扁平形”向“金字塔形”转变，在以技能型人才为塔基的基础上，创新型、科技型人才的需求比例逐步增加，构成人才需求结构的金字塔尖。在原有珠江三角洲产业转型发展的基础上，大湾区进一步提出经济共同发展基础上的区域整合，着力构建国际科技创新中心，相应地，大湾区人力资源结构则由“金字塔形”向“梯形”转变，创新型、科技型等原有金字塔尖人才需求不断扩充，并与技能型人才一道呈现梯形结构。

总体而言，粤港澳大湾区人力资源结构呈现底部抬高、顶部扁平、一体贯通、开放包容的特点（见图2-3）。

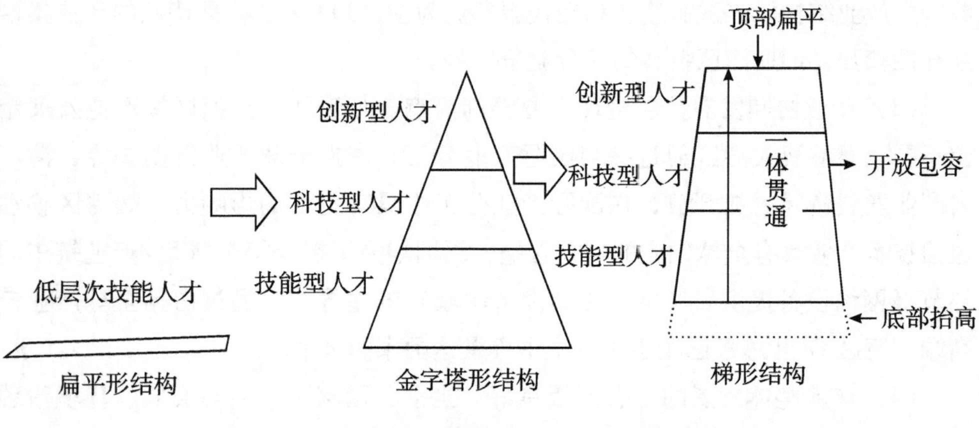

图2-3 粤港澳大湾区人力资源需求结构变化图

1. 底部抬高

与珠江三角洲人力资源需求结构相比，技能型人才虽然也是湾区人力资源结构的重要组成部分，但人才的技能层次明显提升，原来简单重复的手工劳作和低端的技能劳动越来越不适应湾区产业发展。作为科技转化为生产力的中间

环节，高技能人才成为推动湾区技术创新和科技成果转化的重要力量，作为塔底的技能型人才层次明显抬高。

2. 顶部扁平

粤港澳大湾区定位于建设世界级城市群和国际科技创新中心，原来作为金字塔塔尖的创新型、科技型人才数量必将大大扩充，顶部扁平的人力资源结构更能满足湾区对创新型、科技型人才日益增长的数量需求。

3. 一体贯通

与珠江三角洲割裂培养的不同层次人力资源特点相比，湾区不同层次、不同类型的人力资源呈现一体贯通培养的特点，即技能型人才、科技型人才到创新型人才层次相互衔接，人才培养和成长路径更加一体化和贯通。

4. 开放包容

与珠江三角洲人力资源培养主要面向区域内部需求不同，湾区在人力资源配置上更加强调国际视野，并直接面向国际产业分工与竞争，人力资源配置更加开放和包容。

（二）从人才链到人才生态系统：契合粤港澳大湾区产业生态圈的人力资源生态环境

人才生态系统，即指在特定的区域与时间内，所有各类人才群体与其生存环境（包括自然环境、社会环境、经济环境、政治环境和科技环境等）所形成的有机复合体。如果说长期以来珠江三角洲重点打造与产业链相对应的人才链，重点关注的是人才链中不同层次技能人才的培养，那么在粤港澳大湾区产业生态圈构建的背景下，未来湾区打造的人才生态系统将把视线投向人才与环境的协同发展。从人才与地理环境的关系看，湾区通过构建以高速铁路、城际铁路和高等级公路为主体的城际快速交通网络，实现主要城市间1小时通达，为人才在湾区的自由流动提供便利；从人才与制度环境的关系看，粤港澳大湾区内法律和体制的差异，使得市场机制在人力资源配置中作用的发挥受到一定限制，应直面大湾区制度性分割带来的困难，着力破解人才自由流动的体制障碍；从经济环境看，粤港澳大湾区各城市均具备各自的优势行业，且能形成较好的互补关系，四大中心城市通过明确定位，可以解决多年的同质化竞争、结构不平衡等问题，从而推动湾区内人力资源错位配置、一体化发展。契合粤港澳大湾区产业生态圈特点，湾区人力资源不宜采用传统的点对点配置方式（即针对某个固定岗位开设专业、设置课程、培养人才），而应更加注重整体规划、立体培养，即在湾区产业生态系统的背景下重新规划人力资源结构，面向全产业链、岗位群多角度、全方位培养技能人才、科技人才和创新人才。

三、从专业学院到产业学院：粤港澳大湾区视阈下区域产业学院发展的若干思考

（一）从点对点到面对面：粤港澳大湾区视阈下区域产业学院的生成逻辑

1. 点对点：职业院校专业学院技能人才培养的通行模式

职业教育是技术技能人才培养的主要途径。如果说粤港澳大湾区产业生态圈的构建需要人才生态系统的支撑，那么职业教育生态系统就是人才生态系统的重要子系统。长期以来，我国职业教育重点发展职业学校教育，职业院校依托专业（群）建院（即“专业学院”），采取一个专业对应一个岗位，或一个专业对应多个岗位的点对点人才培养模式，培养的人才被高度分割且不成系统，虽在特定产业条件下能精准对接特定工作岗位，但随着区域产业高阶化发展及区域人力资源需求结构的变化，专业学院内的专业（群）往往难以紧跟区域产业发展进程，不能满足产业生态圈对人才生态系统的要求。

2. 面对面：粤港澳大湾区视阈下区域产业学院的生成逻辑

产业学院以服务相关产业集群、满足产业生态特点为出发点，关注技术技能人才培养背后的生态环境要素，依托产业集群建设专业群，依托产业生态系统构建人才培养系统，弥补了职业院校专业设置盲目、人才培养模式单一等缺陷，是职业教育生态系统中的重要元素。与专业学院相比，产业学院依托粤港澳大湾区现有的产业生态圈重新规划专业群，基于产业生态系统建构人才生态系统，更加符合湾区人才整体规划、立体培养的特点，是对原有专业学院人才培养模式的重要补充。依托产业学院的人才培养采用面对面、面对链的方式，形成基于人才生态系统的人才整体规划，是能满足粤港澳大湾区产业生态圈要求的重要人才培养方式。从专业学院到产业学院，体现了作为湾区人才生态子系统的职业教育正在系统升级和趋于完善。

（二）粤港澳大湾区视阈下区域产业学院承担的特殊使命

1. 产业学院是实现湾区职业教育制度创新的沃土

制度创新指的是能够使创新者获得追加或额外利益的、对现存制度的变革。以《国家职业教育改革实施方案》的出台为标志，我国职业教育高质量发展的驱动力由资源投入转向制度创新，诸如现代学徒制、混合所有制、产教融合实

训基地、终身教育资历框架、"1+X"证书制度等制度创新举措相继在职业教育领域内快速推广，意在通过调整职业教育生态系统内部要素间的关系，增强职业教育发展活力及办学质量。然而，制度创新往往需要有利于创新性要素发挥作用的特定环境，产业学院以其灵活的办学体制、相对独立的运行机制及多样化的教学模式，为湾区职业教育制度创新提供了平台。如佛山市顺德区中等专业学校依托与佛山恺智教育科技有限公司联合创办的中恺汽车产业学院，大力推进混合所有制办学改革。由于该产业学院定位为民办非营利机构，学校与企业在其中各占股50%，这使得该产业学院自产生起便带有天然的混合所有制性质。也有学者认为，产业学院是由不同所有制属性资本混合注入的实行市场化独立运作的高职二级学院，其具有服务明确产业的综合性功能和混合所有制属性①；又如深圳职业技术学院与华为共建的"华为ICT学院"，将职业院校学历教育课程、信息通信技术龙头企业的技能等级证书相融合，课证共生共长成为湾区"1+X"证书制度的模板等。

2. 产业学院是构建湾区"梯形"人力资源结构的重要平台

位于产业链、教育链、创新链融合处的产业学院，承担着促进互补性知识流动、共享、整合、创新、应用和传播的功能，通过优势互补实现互利共赢，这是其产生和发展的深层次机理和逻辑。所以，产业学院建设必须以区域产业链的价值活动分析为基础，紧密围绕产业价值链结构调整、转型升级和高质量发展的需求，部署创新链和教育链。② 湾区产业学院直面湾区产业生态圈及梯形人力资源需求结构，一是面向湾区自成体系的产业生态，打造高中低端并存的人才培养链条。如广州科技贸易职业学院依托广州市教育局与广州开发区管委会合作共建的动漫游戏产业学院，面向湾区自成体系的动漫游戏产业，打造涵盖动漫设计（产业链上游）、动漫产品及影视产品制作（产业链中游）、动漫游戏产品的展览与营销（产业链下游）的人才培养链条。二是针对湾区底部抬高、顶部扁平的梯形人力资源结构，不仅围绕中高端产业及产业中高端，不断提升底部技能人才培养层次，而且通过联合科技创新型企业，注重人才培养的科技、创新要素，加大科技创新人才培养比例。前者如佛山职业技术学院依托与中峪

① 朱跃东. 高职混合所有制二级产业学院建设的实践之惑与应对之策［J］. 中国职业技术教育，2019（1）：61－67.

② 胡文龙. 论产业学院组织制度创新的逻辑：三链融合的视角［J］. 高等工程教育研究，2018（3）：13－15.

智能增材制造加速器有限公司共建的3D打印产业学院，将传统打印提升到更加智能化、便捷化、通用化的3D打印模式，通过重点培养打印行业人才的3D打印技术、材料开发、3D打印机生产研发等能力，提升人才培养层次及技能水平；后者如广州番禺职业技术学院依托广州市教育局与广州开发区管委会合作共建的区块链产业学院，面向湾区培养区块链产业相关人才。正是因为产业学院与湾区产业生态圈及人才资源需求结构有这种密切关系，才使得其能够成为构建湾区梯形人力资源结构的重要平台。

3．产业学院是助推湾区占领国际产业链制高点的重要驱动力

湾区产业学院是与湾区产业生态紧密对接，集学历教育、社会培训、技术研发与服务等功能于一体的教育实体机构。在当前湾区产业整体发展抢占全球产业链制高点的背景下，湾区产业学院必然通过积极参与国际产业分工，引入产业发展的国际先进标准，并将标准引入教学内容，培养适应产业链高端的技术技能人才，因而是助推湾区占领国际产业链制高点的重要驱动力。

4．产业学院是实现湾区内技术技能人才贯通培养的重要路径

传统职业教育话语体系中的技术技能人才贯通培养，往往关注的是中职、高职、应用型本科纳入同一个技术技能人才培养体系下的学历层次贯通，而忽略了更为重要的基于技术技能复杂程度的技能贯通。湾区产业学院跳出原有职业教育内部层次贯通的局限，更多地依托产业内部高中低端人才技能特点及衔接特征，来开展技能人才贯通培养，更加符合技术技能人才成才规律，因而是实现湾区内技术技能人才贯通培养的重要路径。

（三）粤港澳大湾区视阈下区域产业学院建设的方向

与职业院校主要依托自身教育教学资源建设专业学院不同，产业学院以服务区域产业集群发展为宗旨，一般临近产业集群，或在产业集聚区内办学，从而解决产学双方信息不对称的问题。粤港澳大湾区视阈下区域产业学院服务湾区产业生态，其建设须重点关注：

1．统筹布局，合理规划

围绕湾区现有的产业生态布局，建议在原有区域职教集团的基础上进一步整合产业及教育资源，统筹产业学院建设布局，通过以若干个产业学院支撑一个职教集团的方式，实现人才高端培养的由虚向实。如围绕湾区内新一代通信技术及5G移动互联网发展，依托华为技术有限公司等龙头企业，建立华为通信产业学院、中兴通讯产业学院等，以上述实体性的产业学院为基础，建立并完善湾区通信技术职教集团，并围绕通信技术产业需求规划产业学院内部专业群，

建构课程体系，确定教学内容与方式，真正成为集“项目化平台、嵌入式课程、混合式教与学”三元为一体，致力于实现理论与实践相结合培养实用型人才的办学机构。①

2. 中高贯通，一体培养

基于湾区产业生态系统内高中低端并存且自成体系的特点，可在对标产业高中低端的基础上，依托产业学院实施中高贯通、一体培养。如依托高职院校与行业企业共同建立的产业学院、应用型本科高校与行业企业共同建立的产业学院，打通技术技能人才在产业的高中低端流动的通道，基于产业内技术技能的复杂程度，实现技术技能人才的贯通培养，培养覆盖产业需求的高中低端的人才。技工学校、技师学院也可通过与行业企业共建产业学院的方式，与职业院校融合并打通技术技能人才贯通培养的通道。

3. 着眼需求，高端培养

聚焦湾区产业参与国际竞争、抢占全球产业链制高点的需求，重点培养适应全球高端产业链的人才。如广州市教育局与黄埔区、广州开发区针对湾区产业高端发展的需求，联合打造集“人才源、创新源、技术源与信息源”为一体的“产教融合示范区”，通过建设智能制造产业学院、区块链产业学院、物联网产业学院、食品工程产业学院、动漫游戏产业学院、康复医疗产业学院、石油化工产业学院等7个产业学院，培养高端技术技能人才。

4. 服务战略、体现特色

服务战略，即指湾区内产业学院要服务国家大力推进的“1+X”证书制度、现代学徒制、高职扩招等职业教育重大制度及战略。一是服务国家“1+X”证书制度，鼓励产业学院与行业企业联合培训评价组织在专业培育职业技能等级证书，使湾区产业学院成为课证融通的重要平台；二是服务国家现代学徒制战略，鼓励职业院校、企业依托产业学院共建公共实训中心，鼓励行业企业将工作场地设在产业学院，使产业学院成为学徒在岗培养的重要基地；三是服务国家高职百万扩招战略，鼓励职业院校、行业企业依托产业学院扩充职业教育与培训资源，使产业学院成为针对农民工、退役士兵、下岗职工开展职业教育与培训的适切地点，成为实施职业教育百万扩招计划的重要支点。

体现特色，即指湾区内产业学院要围绕湾区构建世界级城市群的特点，通过承接社会培训、开展技术服务，成为支撑湾区产业生态圈的重要动力。

---

① 刘国买，何谐，李宁，等. 基于“三元融合”培养应用型人才：新型产业学院的建设路径［J］. 高等工程教育研究，2019（1）：62-66.

第三章 产业学院办学机制与多元治理结构研究

第一节 产业学院办学机制与多元治理结构的理论分析

产业学院的多样化发展，为产教融合、校企合作提供了协同育人创新模式，促进了职业教育的高质量发展。事实上，产业学院办学机制与多元治理结构背后的理论基础非常相似，都属于多主体共治共管范畴，主要围绕地方政府、行业、企业和学校，开展不同形式、不同程度的合作，采用不同的管理方式，呈现丰富多彩的产业学院协同育人景象。

一、产业学院办学机制与多元治理结构的理论依据

产业学院办学机制，是指组织运营各主体的相互作用过程与搭配方式，主要包括制度、执行和评估等各种相互支撑的子运营系统。在产业学院办学机制的形成过程中，制度改革涉及政策权力的释放，其核心支柱力量是制度建立与执行，关键因素是办学参与方的人力资源投入，人的因素影响了制度的完善程度、执行程度、激励力度和约束力度。因此，办学机制的完善过程，是合作主体通过解决问题不断提升制度有效性的过程，进而形成良性循环的长效合作机制。

产业学院的多元治理结构，主要服务于高效率的办学机制的形成，通过主体间的合作与制度创新，搭建技术技能成才的平台，促进产业的创新发展，促进业界人才在实践经历中养成技术技能。从理论上讲，产业学院办学机制与多元治理结构之所以能够实现，主要依靠多元协同创新理论、多中心治理理论和利益相关者理论，三者从不同角度支持产业学院的萌芽、发展与茁壮成长。

（一）多元协同创新理论①

随着科技与知识网络社会的发展，独立循环的社会子系统内部创新速度难以满足经济与社会发展的需要，因此产生了协同创新理论。该理论从更高的社会格局上重新调配创新资源和要素，突破创新主体之间的壁垒，深度合作以充分释放“人才、资本、信息、技术”等创新要素的活力。通俗地讲，就是跨界深度合作，以产生社会创新成果。协同创新的关键部门是大学、研究机构与企业的知识与技术创新，联动吸引地方政府、金融机构、创新孵化平台和其他非营利性组织共同参与，形成网络创新模式，促进社会创新资源的重新组合，产生多功能植入与系统叠加的创新应用系统。协同创新理论的特征，一是形成新的创新生态系统，是整体性的循环系统，目标与功能呈现一致性；二是形成动态平衡的生态系统，是生成并不断变化的结构，多主体共同参与，共担责任、共享成果，比如大学、研究机构、企业、政府、中介机构和用户等群体为了实现某种目标而开展的深度合作的组织模式。

（二）多中心治理理论②

多中心治理理论，借鉴了新制度主义学者埃莉诺·奥斯特罗姆的多中心理论。该理论认为，要解决社会某些单一机构难以完成的公共命题，可以构建多中心的治理结构，完善公共服务体系，允许多层次、多权威中心和多服务中心并存，通过竞争和协作给予公民更多的选择权和更好的公共服务，强调制度的自发秩序、复合层级、单元交叉。多中心体制是复杂的适应性系统，是与人类社会的复杂性相适应的制度安排。多中心治理的理论基础还有合作治理与网络治理。合作治理是指多种治理主体在平等、主动、自愿的原则下共同参与社会公共事务治理的方式，强调多元治理主体之间的合作关系，而非领导、指挥、控制、雇佣等强制性关系。而网络治理则主张通过国家、市场、社会与个人共同建立起网络结构，对公共事务进行治理，所有行动主体具有相互依赖的利益，共同协商，相互妥协，通过集体行动解决问题，是多元主体间的合作、协商、博弈等关系，最终达到共赢的善治目标。

---

① 陈劲，阳银娟. 协同创新的理论基础与内涵［J］. 科学学研究，2012（2）：161－164.

② 张克中. 公共治理之道：埃莉诺·奥斯特罗姆理论述评［J］. 政治学研究，2009（6）：83－93.

（三）利益相关者理论[①]

利益相关者理论在20世纪80年代后影响了英美等发达资本主义国家的公司治理模式。随着后工业化时代的到来，物质资本在生产和经验中的地位呈现弱化趋势，因此物质资本所有者的地位也相应弱化，反而强调利益相关者的重要性，例如企业的股东、债权人、员工、消费者、上下游供应商等产业链条上的交易伙伴，还扩大到地方政府、本地居民、媒体、环保主义者，甚至包括自然环境和人类后代等相关者。该理论指出，这些群体有的分担了企业经营的风险，有的为企业的经营活动付出了代价，有的对企业进行监督和制约，企业的经营决策必须要考虑他们的利益或接受他们的约束。从这个意义上，人的因素成为企业生产经验的重要因素与动力，企业是智力资本和管理专业化的制度安排，企业的生存和发展依赖于对各利益相关者利益要求的回应的质量，而不仅仅取决于少数大股东。因此，企业的社会责任、经营伦理等作为企业绩效与管理的中心，对企业的社会价值创造方式产生了根本性的变革，也为企业绩效评价奠定了基础。

二、 基于多元协同办学与多元治理结构的产业学院组织逻辑

产业学院作为产教融合与校企合作的实体平台，其办学机制与多元治理结构的根本特征是教育性、实践性和创新性。多元治理结构通过各主体的协同合作，呈现不同的治理形态。从组织逻辑起点看，主要有以企业为核心的产业学院治理结构、以行业为核心的产业学院治理结构和以学校为核心的产业学院治理结构三种组合模式。还有学者认为，以政府为核心的产业学院也是一种模式，但事实上，政府以财税政策、财政拨款、土地政策和国有资产等形式引导与支持产业学院建设的情况更多，政府是统筹层面的公共服务主体力量，属于间接建设主体，更多通过委托授权与举办大学的方式参与建设产业学院。

（一）以企业为核心的产业学院组织逻辑

企业从发展战略目标出发，通过与学校合作组建职业教育集团，建设若干服务企业甚至整个行业人才供给的职业教育与培训服务系统，在技术技能的标准化、人才供给方面做出长远的发展战略。例如，广东省某学校的白天鹅酒店

---

① 陈宏辉，贾生华．利益相关者理论与企业伦理管理的新发［J］．社会科学，2002（6）：53－57.

学院，自1996年白天鹅酒店与学校合作订单培养开始，企业逐步加大投入人力、财力和实践场地等资源，在合作办学共同育人的实践过程中逐步形成了“七双一合多证书”工学结合人才培养模式，构建了以工作过程、岗位能力为核心的酒店管理专业核心课程体系，建立了白天鹅、香格里拉、万豪酒店等一流酒店实习基地网络，打造了校企互通的师资队伍，建立了适合工学结合的教学管理制度和校企合作机制。①

（二）以行业为核心的产业学院组织逻辑

以行业为核心组建产业学院，有两种情况：一是行业企业规模不大，但是凝聚力强，行业协会基于会员企业发展的需要，主动与学校合作组建产业学院；二是受政府相关部门委托，针对地方战略性新兴行业，成立支持行业企业发展的产业学院，政府采用申报或者招标等方式，引导行业与学校合作兴办产业学院。以行业为核心的产业学院，不局限于某个企业，而是面向行业会员企业，为其提供人才培养和输送、技术服务、员工培训等行业技术技能人力资源提升的整套解决方案。例如某学校与跨境电商行业协会合作举办的跨境电商产业学院，行业协会将会员企业的真实项目进行整合，在产业学院内实现教学做一体化人才培养模式改革，提升了电商、国贸、会计、物流等专业人才培养的质量，同时也解决了企业人力资源不足的问题。

（三）以学校为核心的产业学院组织逻辑

学校为了提高专业（群）建设水平，主动与龙头企业、地方大型国企、创新型企业合作组建产业学院，校企合作推动“双精准育人”，提高人才培养质量，增强学校服务地方经济发展能力。学校制定《产业学院设置管理指导意见》《产业学院建设发展评价实施方案》《校企合作管理办法》等内部文件，在地方政府的场地、设施等支持下，与地方特色产业融合发展，积极对接区域的领军企业，探索适合学校的特色产业学院。如中山职业技术学院的“一镇一品一院”②，广东轻工职业技术学院的“一群一院一联盟”等，积极探索校企混合所有制办学模式，推动产教共享资源、共建师资、共育人才，为企业提供技术服务和培养创新型技术技能人才，为行业提供在岗人员培训。

---

① 李国杰. 多元主体参与办学模式下产业学院内部运作机制研究［J］. 教育科学论坛. 2020，(18)：37-40.

② 易雪玲，邓志高. 探索“专业镇产业学院”高职教育发展新模式［J］. 中国高等教育，2014 (15-16)：59-61.

三、 基于多元协同办学与多元治理结构的产业学院运营制度

尽管产业学院建设的理论基础坚实、建设理想目标形态新颖，然而多主体合作多元治理的产业学院很重要的事情是健全运营制度。多主体合作意向与协议要通过产业学院的运营制度落实执行，因此，在产业学院的建设过程中，成功的案例都是把运营制度当作重要抓手，通过制度的建立与健全来保障产业学院的高效合作办学，以达成理想中的多主体协同育人目标。运营制度根据职能主体分为权力决策、教学管理、研发培训和绩效评价等四类，通过不同的组织机构协同达成良性运营状态。

（一）产业学院的权力决策运营制度

产业学院的决策运营机构主要是多主体参与的理事会或者董事会，运营制度是通过多方合作协议拟定框架，授权产业学院运营组织机构制定相关制度，尤其是以各主体在人力、物力、财力、场地等方面的出资比例为依据，进行产权分配，在权力结构上强调权责对等，通过协商扩大合作方的利益共赢范围，以促进各主体长期持续投入产业学院的建设与运营工作。人的因素在权力决策运营制度中非常重要，理事成员的选任、理事会议制度的执行和其他相关重要决策政策的制定、理事会章程的制定与完善、产业学院内外部治理的重要决议及日程推进等相关制度建设，都需要执行效率强的人员持续沟通与推进，以保障产业学院智囊决策机构的运行。产业学院的决策运营机构通过开展顶层制度设计、人力物力和财力资源的调配、信息资源的流通，描绘产业学院发展蓝图，并逐步实现其各种职能。

（二）产业学院的教学管理运营制度

产业学院是协同育人的教育机构，教学管理运营制度也非常重要，主要包括学历教育系统、技术技能证书系统、创新创业培训系统等核心系统，通过完善的管理制度，将产业学院的教学运营开展起来。无论是以企业、行业还是学校为核心组建的产业学院，学历教育系统的招生都要遵循教育部和省教育厅的相关制度，在立德树人与学生德智体美劳全面发展方面依据相关规定，全面开展教育教学活动，确保产业学院的社会主义办学方向；同时以社会主义核心价值观为引领，强调立德树人与工匠精神培育。在教育教学改革方面，重视课程思政元素与专业课程的融合，培养德智体美劳全面发展的社会主义建设者与接班人。

产业学院教学管理运营制度以学校为主导，在招生专业申报、人才培养方案制定、教育教学管理与改革等方面，借鉴现代学徒制的管理制度，并根据实际情况做出调整，以适应产业学院的教育教学工作。产业学院依据教学管理制度、教室与实训室管理制度、课程与教材建设制度、师资培训制度、实训实习制度等落实落细各项工作，确保产业学院的学生享受到与其他在校生同等的教学管理待遇。产业学院组织开发技术技能证书培训与考证系统，校企共同研发技术技能标准，并根据行业企业的相关技术技能资格开展培训工作，敦促与辅导学生获取相关技术技能证书。在教学内容创新方面，产业学院采用行业企业最新技术技能标准，将其融入课程与教学内容，凸显产业学院在育人方面的技术技能实践性优势，为技术技能人才提供强有力的培训资源。

在学生日常行为规范管理方面，学生在学校就读期间，必须遵守学校的各项管理规定，平等享有思想政治教育、心理健康教育、体育、创新创业教育、国家奖学金、企业奖学金、学生各类竞赛与荣誉称号等活动的权利；学生在企业培养期间，必须遵守企业相关管理制度，依据合作协议平等参与企业组织的各种竞赛与奖励活动。

（三）产业学院的研发培训运营制度

产业学院的技术研发与社会培训制度，主要在于技术技能的创新应用，以及相关人才的技术技能培训。产业学院是协同创新的平台，汇聚了学校与企业的研发人才，根据行业攻关难题与企业技术难题，组建各种研发攻关团队，借助学校省级以上工程中心、协同创新中心和校企合作研发中心的设备，共同开展促进行业企业技术升级、产业进化迭代的技术研发工作，产出超越学校与企业局限性的超级研发成果，促进行业与企业的技术实力提升。社会培训主要是面向业界新进人员、企业转型转岗人员和其他有意向的待业人员，提供行业企业标准化的技术技能培训服务，以提高专业技术人员的能力，使其适应产业经济迅猛发展的需要。构建跨机构交流合作的研发与培训制度，以超越各主体组织边界，形成真正的系统创新攻关团队，以解决产业发展的重大难题。因此，制度的创新性与合作框架协议的包容性与超越性要非常强，才能体现产业学院这种多主体治理的制度优势。

（四）产业学院的绩效评价运营制度

产业学院的绩效评价运营制度，是依据底线思想设置的刚性质量保障制度，也是价值引导的反馈制度，是确保产业学院不偏航的关键性制度。绩效评价运营制度主要包括三种类型：办学主体退出机制、办学负面责任清单和教育评价保障制度。多主体共同治理的前提是自愿、共治和共享，参与主体难以持续合作时，则给予退出的机制，以确保参与主体的意愿以及执行能力。因此，在产业学院的办学机制与治理结构中，设置办学主体退出空间，同时给予新增主体入场空间，以保障产业学院的运营不受影响。产业学院是教育机构，在制度设计上要有底线思想，设置办学负面责任清单，以刚性的纪律保证教育教学的价值性和教育性。产业学院的教育评价保障制度，将成果导向性评价、过程性评价、增值性评价、绩效自评报告与第三方评价等多元评价方式相结合，以确保教育教学质量。

四、 基于多元协同办学与多元治理结构的产业学院成本风控

产业学院属于多主体合作，在办学机制和治理结构上本身就面临诸多复杂的问题，比如沟通时间成本、信息解读误差成本和各种不可预测的风险成本。因此，在产业学院建设的顶层设计中，要做好建设的成本控制和风险防范，主要从学习政策法规、建立信息协同共享制度、降低多主体合作内部交易成本、调配办学直接资源与间接资源等方面，做好运营的成本风险控制。

落实从国家到地方产教融合与校企合作的政策。深度学习国务院、省政府和地方政府关于产教融合和扶持地方企业发展的政策，产业学院的办学方向要与地方支柱产业、战略性新兴产业和国家创新发展方向相一致，站位高远，能够为地方经济和国家的技术技能创新、技术技能形成做出贡献。将政策资源运用到位，获得成长与发展的机会，避免选择产能过剩的赛道或者方向，这就在战略定位上避免了成本风险。在专业方向的设置上，紧贴地方产业的同时，要做差异化的发展战略，做差异化的技术技能开发，走差异化、细分化和精专化的创新发展之路。

构建流畅的多主体协同创新信息化共享平台。信息流在社会创新中成为关键要素，随着“互联网 + 产业”的发展，大数据使信息共享成为可能，也为企业决策带来很多新的方向。产业学院的多主体共同治理结构，要保证信息流的安全、快速、高效的传递过程，以降低产业学院的运营成本，确保各种资源的调配。各主体在各自的责任时间内做出行动，确保产业学院运营系统的正常工作。在多主体共同治理的结构中，各主体了解总体目标值、当前进度值和面临的问题等信息，就会减少无效与重复的行为。而致力于实现总体目标的行为，能够为进度缓慢的主体提供相关的辅助工作，从整体上提升组织效率。

构建成本分担的责任机制，降低内部交易成本。产业学院的建设跨越组织单位、空间环境和中长期的时间维度，很多项目处在试点阶段，难以形成规模效益以降低成本，因此建立办学成本的分担机制格外重要。如果按照商业化的项目运营，学生小班化入住产业园区的培养成本相当高昂。因此，产业学院的人才培养方案，就要反复论证学生的学习时间与空间，在2~3年的培养过程中，明确哪些主体负责哪些具体的培养成本，做好成本预算与合理安排，以降低培养过程中的成本风险。

设置资源等级，利用好直接资源与间接资源。产业学院的资源主要是多主体共同投入的场地、资金、人力等各种资源，这属于直接资源，是产业学院办学的一级资源；还有更多的是各主体的其他公共资源，属于办学的间接资源，是产业学院办学的二级资源，需要提前申请使用；还有社会公共的教育教学资源，是产业学院办学的三级资源，属于办学的辅助资源，需要提前协商与预约使用。

尽管产业学院的办学机制和多元治理结构尚在探索阶段，存在很多复杂的问题，包括面临高昂的运营成本问题，但只要各主体通力合作，通过预先方案的反复协商、论证和信息交换，分级配置资源降低人才培养的成本风险，就能够确保产业学院的长期运营。

五、 基于多元协同办学与多元治理结构的产业学院育人成效

产业学院多元协同办学与多元治理结构的实践，促进了产教深度融合，为校企合作开创了新模式。从育人成效视角，产业学院创新了治理制度，促进了产业技术技能的科普培训，促进了新兴产业的人才培养。参与建设产业学院的学校获益更多，多元协同办学促进了专业（群）建设中高水平专业的发展，提升了“双师”素质和整体师资实力，促进了学生技术技能的发展，支持学生参加世界级技能竞赛等，部分专业总结提炼的教学成果还获得了国家级教学成果奖。

（一）提升协同育人成效

产业学院的多主体治理本身就是对治理制度的创新。通过多主体跨界合作组建学院，从更大的社会范围内调动社会资源，促进人才、资源、信息和技术技能等创新要素的重组，提升职业教育对新兴产业和新技术技能的创造、传播与推广，让更多群体能够接受更高的技术技能教育与培训，营造社会技术技能

成才的氛围，提升职业教育的产教融合深度，拓展校企合作的广度，促进人才的技术技能转型升级，同时也有效促进地方支柱产业和战略性新兴产业的可持续发展。例如广州开发区区块链产业学院，协办了主题为“区块链：技术创新与生态构建”的技术沙龙，研讨了区块链底层技术、技术研究新进展、“区块链+”技术创新与模式创新、行业应用、社区生态构建等内容，开展了相关内容的科普活动。这类活动促进了行业专家和从业者开展相关的研究与学术交流，推动产业技术技能创新应用与协同育人。

（二）促进专业向高水平高质量方向发展

产业学院的建设促进了学校在专业人才培养方案、专业群课程设置等全方位的改革活动，促进专业向高水平与高质量方向发展，还推动了专业群内其他专业的平台基础课程的改革，促进专业的转型升级。例如广州区块链产业学院的建设促进了广州番禺职业技术学院信息工程学院专业群的建设，为软件技术专业、计算机网络技术、计算机应用技术、大数据技术与应用、物联网应用技术等专业的学生，开设了职业通用能力课（平台课）“新一代信息技术”，其中设计了区块链技术专题内容；在修订新的人才培养方案中，增设了“区块链应用技术”和“区块链案例实践”两门职业拓展能力课程。从教育教学改革实践角度，将新技术技能融入专业、融入人才培养方案、融入课程，并根据教育教学改革需要培训相关的师资队伍，促进专业教师的能力转型与发展，推动学生接触并掌握行业前沿的技术技能，提升专业的建设质量与水平。

（三）提升师资素质与团队整体实力

从教师个体发展角度，参与产业学院建设的教师在“双师”素质和新技术技能进修方面，获得了很大的成长与发展，不少教师表示突破了职业发展的平台期。通过接触产业界新的技术技能，开展了新方向的科研项目，取得了教育教学和科学研究的相关成果，能力得到提升，考评了更高级的职称。从师资团队整体实力提升方面，产业学院项目促进了师资团队的成长与发展；通过校企共建“大师工作室”，还能够优化师资队伍结构。例如，广州卫生职业技术学院的康复医疗产业学院核心团队，按批次选派专业骨干教师参与各种新知识与新技术的培训，分批前往医院以及企业实践，多次邀请教学名师、专业大师开展研讨指导工作；还引进了罗俊卿独龙针及龙门正骨技能大师工作室、陈卓铭康复技能大师工作室、龚又明炮制大师工作室、覃军中药鉴定技能大师工作室等，将国医大师学术传承人引入产业学院，开展一系列院内中药炮制、识别等药学技能大赛周活动，吸引了多家企业前来观摩大赛，为培养中药鉴定、中药炮制人才奠定了基础，也为校企合作拓宽了平台。

（四）促进学生信念与技能同步发展

对学生理想信念的教育不仅在课堂与教材里，还在技术技能的实践过程中，学生们通过生产场景中精益求精的技能大师、兢兢业业的师傅们的身教言传而获得。产业学院对促进学生的职业理想信念、职业伦理实践和服务贡献他人和社会实践培养起到良好作用。生产劳动的氛围能够激发和带动学生的热情和积极性，也能够促进学生对社会生产服务的认知能力，让学生在技术技能的学习成长中，感受到实践之美、实践之力和实践之价值。例如，广州市开发区区块链产业学院开展“未来技能国际训练基地”建设，牵头申报了2019—2020年度广东省职业院校技能大赛学生专业技能竞赛新增赛项“区块链技术应用”，两名学生赴俄罗斯喀山参加了与第45届世界技能大赛同期同地举行的2019喀山未来技能大赛“基于区块链的解决方案”赛项。

第二节 多元主体参与下的产业学院内部运作机制研究

高等职业教育是面向职业岗位，培育适应现代产业高质量发展需要的技术技能人才的教育。随着发达国家再工业化趋势的加速，以及国际贸易保护主义势力抬头，我国产业需要转型实现高质量发展，以满足消费者对产品质量和功能的更高要求。产业劳动力结构需求变化为高质量的技术技能人才培养提出了迫切的要求。我国职业教育三十多年的发展证明，只有跳出教育办教育，办好教育促产业，将教育与区域经济社会发展大局紧密联系起来，地方政府、高校、行业、企业协同发力，才能实现教育链、人才链与产业链、创新链有机衔接，促进产业和教育的高质量协调发展。

一、现状——产业学院成为“政校行企”协同育人的创新载体

从20世纪80年代至今，我国现代意义上的高职教育走过了从起步到外延扩张再向内涵发展的三个时期，特别是在近十年，从示范（骨干）校建设到一流校建设再到“双高计划”，紧密围绕“产教融合、校企合作、工学结合、知行合一”的本质特征，不断促进职业教育办学模式的改革，提升办学质量，培育了

一批优质学校。在此阶段，产业学院的产生、探索、发展，标志着我国职业教育从政府办学向“政校行企”协同办学的深刻转变，这既是助推职业教育从量变到质变的创新载体，也是职业教育办学模式改革的重要实践探索。

（一）政府主动作为，加快产教融合政策支持

2014 年，教育部等六部门编制的《现代职业教育体系建设规划（2014—2020 年)》提出“坚持产教融合发展”；2015 年，教育部《关于深化职业教育教学改革全面提高人才培养质量的若干意见》提出要“完善产教融合、协同育人机制”；2017 年，党的十九大报告提出“完善职业教育和培训体系，深化产教融合、校企合作”。“产教融合、校企合作”上升为我国加快发展现代职业教育的国家战略。同年，国务院印发《关于深化产教融合的若干意见》，对国家深化产教融合各项工作进行具体部署，提出“深化产教融合，促进教育链、人才链与产业链、创新链有机衔接”“将产教融合作为促进经济社会协调发展的重要举措，融入经济转型升级各环节，贯穿人才开发全过程，形成政府企业学校行业社会协同推进的工作格局”，并提出了“全面推行校企协同育人，用 10 年左右时间，教育和产业统筹融合、良性互动的发展格局总体形成，需求导向的人才培养模式健全完善，人才教育供给与产业需求重大结构性矛盾基本解决”的时间表。2019 年 3 月，《政府工作报告》提出“支持企业和社会力量兴办职业教育，加快产教融合实训基地建设”“我们要以现代职业教育的大改革大发展，加快培养国家发展急需的各类技术技能人才”。

（二）学校积极推进，加快人才培养模式改革

近年来，随着以“云物大智”为代表的科技与产业革命快速迭代，人才结构化矛盾凸现，现代产业体系对职业院校人才培养质量提出了更高的要求。在产业基础较好的区域，一些高职院校为跨界整合产业资源，深化校企合作推动“双精准育人”，提高人才培养质量，增强学校服务地方经济发展能力，加快校企协同人才培养模式改革，制定了《产业学院设置管理指导意见》《产业学院建设发展评价实施方案》《校企合作管理办法》等文件，同时积极对接区域产业的领军企业，探索适合学校的特色产业学院。如威海职业技术学院与山东万斯达建筑科技股份有限公司共同出资建设的具有独立法人地位的万斯达学院，又如中山职业技术学院的“一镇一品一院”，广东轻工职业技术学院的“一群一院一联盟”等，这些产业学院积极探索校企混合所有制办学模式，推动产教共享资源、共建师资、共育人才，为企业提供技术服务和培养创新型技术技能人才，

为行业提供在岗人员培训。

（三）行业积极参与，指导企业发展

一些行业基于服务会员企业发展的需要，积极参与到产业学院的建设中。这些行业的凝聚力往往较强，并在内部企业规模不大、单个企业用人需求不多的情况下，通过行业的第三方作用，整合企业资源与职业院校开展合作，创办行业型的产业学院。行业型产业学院往往不局限于某个企业，而是面向行业会员企业，为其提供人才培养、技术服务、员工培训等行业技术技能人力资源提升的整套解决方案。如广东轻工职业技术学院与广东跨境电商行业协会合作举办的跨境电商产业学院，行业协会将会员企业的真实项目进行整合，在产业学院内实现教学做一体化人才培养模式改革，提升了电商、国贸、会计、物流等专业的人才培养质量，同时也为企业解决了人力资源不足的问题；学院还与广东省工业设计协会合作，通过引协会入校搭建产品设计产业学院平台，将企业真实的设计项目融入课堂教学，学生的学习成果又可以转化为商品，让市场进行检验，同时获得教学质量的客观评价，实现“工学商”一体化人才培养模式的改革。行业积极参与职业教育，大大促进了行业整体创新性发展水平。

（四）企业主动融入，发挥校企合作的资源优势

产业学院办学离不开企业主动发挥作用。比如，广东轻工职业技术学院与全国首家五星级酒店白天鹅宾馆共建的白天鹅酒店学院，其最初是学校在 1996 年开始与白天鹅酒店建立订单培养合作，企业积极投入人力财力和实践场地等资源，在合作办学共同育人的实践过程中逐步形成了“七双一合多证书”工学结合人才培养模式，构建了以工作过程、岗位能力为核心的酒店管理专业核心课程体系，建立了白天鹅、香格里拉、万豪酒店等一流酒店实习基地网络，打造了校企互通的师资队伍，创新了育训结合的学徒制人才培养模式，建立了适合“工学结合”的教学管理制度和校企合作机制，为企业培养了一批以全国党代表为典型的优秀员工。学校获得国家教学成果二等奖，专业人才培养质量得到酒店行业高度认可，酒管专业毕业生供不应求。企业也得到了高质量发展需要的人才。又如广东轻工职业技术学院与广州市天意有福数字创意有限公司合作的产业学院也来自于十多年前的人才订制班，学校为企业输送了近 600 名优秀毕业生，企业也由一家小型印刷公司发展为在业内有影响力的数码印刷行业上市公司。

二、 问题——产业学院建设水平还不能较好适应高质量发展的需求

通过对省属院校、地方院校、行业院校举办的32家特色产业学院进行调查访谈，收集相关资料进行研究整理发现，产业学院经过一轮发展，为产教融合、校企合作育人积累了较为丰富的实践经验，一定程度上实现了教育链与产业链的衔接，提高了人才培养质量，为产业输出了一批对路的技术技能人才。但同时，产业学院也面临着体制机制不顺、合作动能不足、可持续性不强等问题。

（一）校企合作深度不足，产业学院需要创新发展

产业学院是实现“四链有机衔接”的载体，而当前的产业学院校企协同育人的层次还不高，现代学徒制和订单班的协同育人模式还需要有更大的突破。一方面，学校本身专业师资还不能有效融入企业技术创新流程，校企联合技术研发平台较少，质量不高，对于一些工科专业的创新型技术技能人才培养支撑力度不足。另一方面，产业学院基于某一个产业链的人才需求与学校的基于某一个专业的人才培养存在错位，产业学院在跨专业实施企业需要的复合型创新型人才培养方面需要对现有人才培养模式进行优化升级，在人才培养方案、课程体系、学分制改革、跨界师资队伍聘用、学生管理等方面需要创新。

（二）行业作用发挥不够，产业学院需要引领发展

《国务院办公厅关于深化产教融合的若干意见》明确提出，“行业主管部门要加强引导，通过职能转移、授权委托等方式，积极支持行业组织制订深化产教融合工作计划，开展人才需求预测、校企合作对接、教育教学指导、职业技能鉴定等服务”。当前，我国行业组织在协调引导产业学院建设方面作用发挥不明显。一方面，行业组织发展水平参差不齐，部分行业缺乏专业的研究和评价组织，指导服务能力不足，难以承接政府、学校、企业相应的咨询指导业务，在产业学院建设方面难以站在整个行业发展的宏观面提出建设性的方案。另一方面，主管部门需要为行业组织参与行业人才需求预测、搭建校企合作桥梁、参与技能鉴定等方面提供政策的支持，并对行业进行考核评价和激励。

（三）学院治理水平不足，产业学院需要规范发展

产业学院作为多元主体参与的办学形式，迫切需要基于“校企命运共同体”理念建立健全相应的体制机制。一方面，如何建构在地方政府领导下，产业园区、行业协会、行业龙头企业等深度参与的办学机制，以混合所有制方式鼓励

资本、技术、管理等要素依法参与产业学院办学并享有相应权利，需要建立相应的体制机制。另一方面，产业学院相关方如何实现可持续发展，如何建立动态的协调运作机制、资源共建共享机制、发展评价机制以及产业学院激励机制等，都存在着诸多问题，这些问题若不解决，将难以调动相关各方的积极性。

三、策略——多元主体参与办学模式下产业学院内部治理机制的创新

上述问题的解决，需要政策法规的优化，也需要以问题为导向，“政校行企”协同推进产业学院治理体系创新，探索行之有效的内部运作机制。

（一）构建“互利共赢”的决策机制

正确的决策需要明确组织内部的权力关系。产业学院作为多个主体共同合作形成的新的组织，每一项决策必然涉及合作各方的利益，因此权力的主体是合作相关方。为确保决策的有效性，要实现一定的权力分散化，即实现决策的民主性。比如，在通常情况下，在不建立独立法人结构的产业学院，可以建立利益相关方参与的理事会制度，以保障内部决策的科学化、民主化，进而充分发挥参与各方的积极性和创造性。然而，多利益主体决策在实现决策民主化的同时，也可能会影响决策的效率。为此，有必要建立科学高效的决策机制，相关各方共同按照责权利关系，明确决策的规则（如理事成员结构、理事会召开的时间、审议通过程序等），同时明确决策的内容（如产业学院的发展规划、年度发展计划、年度发展报告、内部管理规章制度、年度预算、人员聘任、激励方案、监事会问询等）。

（二）完善“多元协同”的组织机制

基于当前我国绝大多数产业学院为非独立法人产业学院的现状，为了保障决策的有效实施，在执行层面，需要建立多元协同的组织架构和运行机制。一是根据产业学院的功能定位设置组织架构。比如产业学院发展初期，可以设置院长、教学培训副院长、科技文化副院长、办公室主任，以及聘用若干项目负责人，并明确相应的岗位职责，在此基础上，要健全组织运行机制，保障相关各方的利益。二是建立专项资金管理机制。在纳入学校财务统一管理的前提下，企业用于合作办学的资金要作为专项资金，按照高效易行、权责统一的原则，实行有别于财政资金和其他预算资金的管理办法。学校与企业基于共建产业学院的框架共同约定专项资金使用范围、审批程序和支出计划。三是建立资源共建共享机制，共同组建师资团队，共同制订人才培养或培训方案，共同开发培

训课程，共同建立技术创新平台，共同建设实训实习基地，共同开展人才培养质量的考核评价。四是建立协调运作保障机制。按照专业设置与产业需求对接、课程内容与职业标准对接、教学过程与生产过程对接、创新创业与企业技术创新项目对接的要求，建立相应的专业建设指导委员会，将产业发展趋势与学科专业知识创新相结合，将理论与实践相结合、学校专业教育与企业岗位培训相结合、实验实训教学与实践训练相结合，将企业基于岗位技术技能职业要求的培训课程进行分解整合，嵌入学校人才培养方案中。

（三）优化“社会评价”的控制机制

为确保共建执行能够达到预期的效果，需要建立基于利益相关方的评价机制，以期对产业学院的发展进行控制。一是建成专业质量监控体系。产业学院可通过学校、行业、企业、学生、家长合作建立“第三方评价委员会”，采用“回应—协商—共识”的建构型方法，依循“学校自评—家长评价—学生评价—企业评价—行业评价—专业改进”的步骤，构建以学习成果获得的条件保障、过程控制、结果输出、服务对象体验为核心的专业评价指标体系。二是建立运行成本监控体系。产业学院可成立由学校教师、企业职工、学生三方参与的监事会，定期对学院运作情况，如年度预算、资金使用、双方投入等进行审议，对产业学院出现的问题，提请学院院长做出说明，必要时向学院理事会提交议题。三是建立发展评价机制。校企应共同研究建立产业学院发展评价机制，依据“产学研创训转”设置评价标准，每年开展一次评价，依据评价结果做出相应的调整改革方案，推动产业学院高水平发展。

（四）创新“利益驱动”的激励机制

产业学院的可持续发展离不开举办各方利益的可持续获得。一是地方政府要结合地方情况落实国家有关产教融合促进政策，配套制定操作性强的产教融合实施办法，在产教融合型企业评价与激励方面给予参与办学的企业税收、用地、财政、贷款等方面的优惠。二是政府要为学校减压。在国家出台混合所有制办学的制度设计前，地方政府应在区域产业发展规划时统筹兼顾职业教育的发展，对高职院校基于提高人才培养质量的初心探索混合所有制形式办学，应给予鼓励、支持，建立校企合作负面清单制度、容错与纠错制度，激发学校办学的活力。三是学校和企业要建立相应的激励机制。对于发展评价结果良好的，应及时对该管理团队进行奖励。四是建立产业学院内部激励机制。产业学院通过向社会提供技术、培训等服务，有偿获得一定收入和对收入的支配权。

第三节　依托智慧园区的产业学院多主体共同治理模式案例研究

智慧产业园区，是新建产业园区和旧园区改造的新方向。有研究者认为，智慧园区的建设不是纯粹意义上的信息化装备过程，是智慧技术、产业、管理模式的孵化过程。① 有研究者指出，从产业园区开发商的角度来看，所谓智慧园区，是指融合新一代信息与通信技术，具备迅捷信息采集、高速信息传输、高度集中计算、智能事务处理和无所不在的服务提供能力，实现园区内及时、互动、整合的信息感知、传递和处理，以提高园区产业集聚能力、企业经济竞争力、园区可持续发展为目标的先进园区发展理念，其特征是以人为本、全面感知和内生发展。② 还有研究者认为，现代智慧产业园区是由"生态圈"构建而成的，可定义为某种（些）产业在某个（些）地域范围内业已形成（或按规划将要形成）的以某（些）主导产业为核心的具有较强市场竞争力和产业可持续发展特征的地域产业多维网络体系，体现了一种新的产业发展模式和一种新的产业布局形式。③

综上所述，智慧产业园区是随着高科技信息技术如物联网技术、大数据技术等应用而产生的新型产业园区，是从信息技术装备应用到智慧产业社区建设，不断提升工业生产智能化程度，进而提升产业附加值，同时植入资本、政策、孵化、培训和人才供给等各种软价值驱动的服务内容，是拥有复杂功能的多元化产业发展模式。它是城市产业规划中重要的组成部分，承载了区域高新技术企业成长、传统企业转型升级等职能。其发展遇到的问题是技术技能人才短缺问题，缺乏能够为企业提供具有核心竞争力与打破技术壁垒的技术技能人才。为解决人才问题，产业园区的管委会、行业组织、企业和地方高职院校合作，通过建设产业学院这种新型产教融合组织，以现代学徒制和企业新型学徒制等方式，多方合作协同培养急缺的高端技术技能人才。这种模式受到地方政府、地方发展基金、高职院校和学生的青睐，形成了多方共赢的格局。

---

① 何飞. 智慧园区：产城融合的先行者［J］. 装备制造，2013（11）：92－93

② 周世义. 中国智慧园区发展报告［J］. 中国房地产，2017（17）：36－39.

③ 雷健. 现代智慧产业园区"生态圈"构建［J］. 城市开发，2009（6）：64－67.

一、 依托智慧园区的产业学院多主体共同治理模式简介

在经济供给侧改革背景下，区域经济转型升级为城市提供了创新发展的新机遇。不同城市发展面临的问题不同，采取的改革举措也不尽相同。2016 年，广州市政府发布了供给侧结构性改革总体方案和 5 个行动计划，为城市经济的转型升级提供了具体政策。2017 年，为深化落实供给侧结构性改革政策，建设产教融合示范区，广州市教育局和开发区管委会合作开展解决企业人才问题的调研活动，经过与学校、企业多次调研沟通与商议，探索出政府、管委会、企业和学校多主体共同治理的产教融合模式，其载体主要是多主体共同治理的产业学院。

多主体共同治理的产业学院，是在产教融合实践中探索出来的创新成果。经过前期充分的调研与商议，落实广州市产业发展规划中的大力发展先进制造业的政策，2018 年，广州番禺职业技术学院的“智能制造产业学院”和“区块链产业学院”等 7 个产业学院进驻产业园区。[①] 事实上，这是智慧产业园区搭建合作平台、引入多家市属院校、对接多家企业的关键技术技能岗位，通过合作协议和共建方案等具体合作项目，建设产教融合新载体。为此，智慧产业园区管委会开展了制度与模式创新，按照市场化方式运营，成立了广州产教融合信息服务有限公司，为企业、院校和人才提供专业化服务，将学校人力资源、企业技术资源、资本和其他社会资源凝聚起来，重组创新要素，培养产业发展紧缺的高端技术技能人才。

依托智慧园区的产业学院是政府引导、学校和企业协同共建的产业学院模式。政府提供场地、资源、政策和服务支持，学校提供师资、招生、人才培养、技术服务和产学研合作等软价值资源，企业提供技术技能需求、岗位、人才素质需求和实践师资队伍，从实践层面解决人才培养的技能不足问题。这也是目前实体运营的产业学院常见且成功的实例。其中有社会资本参与产业学院建设的情况，以非营利性的公益资本和地方发展基金为主。

依托智慧园区的产业学院多主体共同治理的成效显著。首先，产业学院开展了与行业相关的学术研究与科普活动，让更多人了解先进制造业和新一代信息技术的基础常识与发展前景，开展了职业启蒙教育。其次，通过现代学徒制为园区的企业开展人才定制化培养项目，为人才培养提供创新路径。学生通过

---

① 广州高技能人才培养出新招［N］. 南方都市报，2018－10－25，(GA04).

掌握相关先进技术技能，就业选择多、质量高、薪资水平高。再者，通过参与产业学院的建设及开展师资培训项目，教师的技术技能有了较大提升。最后，通过试验性开展专业群平台基础课程，促进整个专业群的发展，提升了专业群相关专业的整体实力，推动其他传统专业的人工智能升级和数字化转型，甚至推动相关专业建设内涵的整体实力提升。

二、依托智慧园区的产业学院多主体共同治理运行机制

依托智慧园区的产业学院内部组织架构（见图3－1）包括由理事会领导下的教学与培训组织、研发与服务组织、管理与服务组织三个组织机构。理事会成员主要由地方政府职能部门相关人员、教育主管部门相关人员、园区管委会相关人员、行业企业协会人员、地方发展基金会中小企业处相关人员、学校教师等各方建设主体构成，共同负责产业学院的规划、方案论证和执行监督等职责。教学与培训组织，主要是学校和企业的专兼职教学人员，开展教育教学运营、师资培训、技术技能培训等相关工作。研发与服务组织，主要是学校和企业的专兼职研究人员，针对行业企业当前普遍的技术技能问题，开展攻关研究与相关的技术专利申请等工作。管理与服务组织，主要负责多主体间的沟通或研讨交流、会议召开、公文往来以及法律事务等各种管理与服务工作。

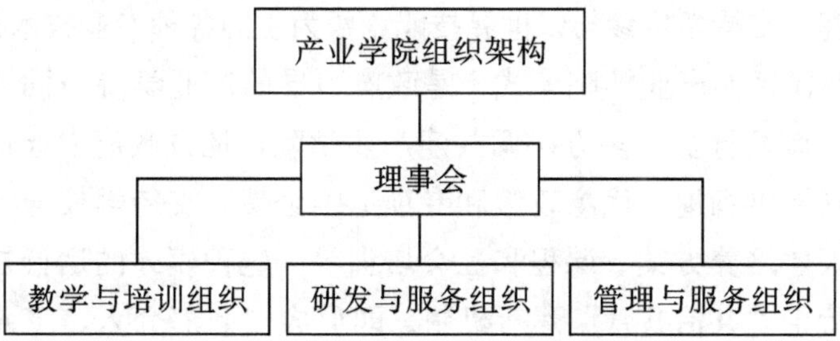

图3－1　产业学院组织架构图

产业学院办学机制最大的特色是多主体参与的共享共治机制，即“多主体共商、理事会运行、要务共同决策”机制。其招生计划与指标依托高职院校的二级学院，人才培养方案是与企业共同研制，通过理事会的审议，由学校和企业共同组织实施。在人才培养成本的分担方面，主要有地方政府教育专项经费、生均拨款经费、学费、企业投入经费等多种来源。为降低培养成本，智慧产业园区、学校和企业都提供相应的资源和人力，为人才成长提供资源帮助。产业学院通过三种组织机构实现教学与培训、研发与服务、管理与服务等职能，满

足人才培养培训、企业技术攻关和多主体沟通等需求。多主体共同治理主要依靠合作协议，通过协议明确各主体职责与权利范围，以保障各主体的诉求得到满足，形成良好的合作机制。

产业学院的育人模式，主要是校企行多主体协同育人模式。在专业设置方面，专业设置对接产业规划中的战略性新兴产业及产业高端的新兴岗位（群），按照教育部专业指导目录，发展新方向符合新技术发展前沿方向。在课程设置方面，课程设置重在实现立德树人根本要求，按照德智体美劳全面发展开齐开足教育部规定的公共基础课程。在专业特色方面有较大的创新，主要是新技术内容、企业岗位能力需求内容和校企合作研发等新内容，既有技术含金量特色，又务实接地气，能够解决企业真实项目的技术技能问题。在师资团队建设方面，师资团队是学校专任教师和企业指导教师联合组成的双师双能教师，产业学院通过开展师资培训，支持教师在新技术、教育教学改革等方面的创新发展。在实训基地方面，根据就近原则组织实施实训教学，学生在学校期间安排校内实训基地的实训实习，在园区学习期间则安排企业实训实习，根据培养方案组织学生到红色教育基地、美育教育基地和其他大学生校外实习基地进行学习。在教学组织形式方面，基础课程采用线上线下混合式教学，专业课程在常规的课程之外采用项目化课程与教学，支持学生参加创新创业课程及中国“互联网 +”创新创业大赛，支持学生参与以世界技能竞赛为主的各种专业技术技能竞赛。

依托智慧园区的产业学院模式，是政府引导的产业学院协同育人模式，其主要特征是“政校行企”多方协调共建产业学院。地方政府发起倡议，与教育主管部门共同提供场地、优惠政策和专项运维经费，支持学校与行业协会、企业合作提供人才培养方案、课程和社会培训等。这种模式的运行机制，是产业学院的政校行企“共治共管”运行机制，即形成“政府介入、多元共建”的校企合作办学体制，形成“多主体共商、理事会运行、要务共同决策”机制。产业学院的建设将促进人才培养与产业需求全方位深度融合，有力支撑产业发展，全面提升区域战略性新兴产业领域的人才培养、技术创新、就业创业、社会服务和文化传承能力。

三、 依托智慧园区的产业学院多主体共同治理保障机制

（一）组织保障

从组织保障方面，依托智慧园区的产业学院多主体治理基于自主自愿合作

原则，根本目标是促进产业经济的转型升级与社会价值创造，在这个过程中实现技术技能人才的成长。在依托智慧园区的产业学院中，各主体合作意愿强烈，合作共识与目标一致，在组织机构保障和人员保障方面，有相关组织的场地、人力和财力保障，主要是各主体通力合作，将主体的优势呈现出来，共同促进人的发展与社会价值创造活动的开展。通过产业学院理事会的统筹领导，三个主要职能机构由不同主体主导，其他主体协助并发挥各自优势，分工合作、各司其职，形成良好的社会资源创新要素重组与流动，实现人才的创新成长、企业的创新发展和产教融合示范区的建设。

（二）政策保障

在政策保障方面，2017 年，国务院颁布《关于深化产教融合的若干意见》①，提出要解决人才供需结构、质量、水平不适应问题，构建教育和产业统筹融合发展格局；2018 年，教育部等六部门联合发布《职业学校校企合作促进办法》②，为校企合作提供更详细的政策引导；2019 年，国务院发布《国家职业教育改革实施方案》③，指出职业教育基本完成由政府举办为主向政府统筹管理、社会多元办学的格局转变，由追求规模扩张向提高质量转变，由参照普通教育办学模式向企业社会参与、专业特色鲜明的类型教育转变，大幅提升新时代职业教育现代化水平，为促进经济社会发展和提高国家竞争力提供优质人才资源支撑。

从国家的发展战略来看，产教融合已经上升为推动社会基层组织创新发展的战略。在这个战略背景下，各省、市、自治区都在探索地方产教融合发展试点、总结经验并形成区域政策。2017 年，广州市人民政府发布《产教融合示范区建设方案（2018—2020 年）》。2020 年，广东省人民政府发布《广东省产教融合建设试点实施方案》，明确支持广州、深圳等市试点建设国家产教融合型城市，组织开展省级产教融合试点。到 2025 年，在珠江三角洲 9 市中至少培育 5 个市级试点城市，在粤东粤西粤北地区至少各培育 1 个市级试点城市；建设培育 1 000 家以上的产教融合型企业；重点打造 200 个以上的产教融合创新平台和实训基地。

事实上，地方政府推动产业发展的政策，还包括为中小微企业提供服务券、

---

① 国务院．关于深化产教融合的若干意见［Z］．2017 - 12 - 19.

② 教育部等六部门．职业学校校企合作促进办法［Z］．2018 - 5 - 23.

③ 国务院．国家职业教育改革实施方案［Z］．2019 - 1 - 24.

金融培训服务和融资服务，以及对高职院校设计的产教融合与校企合作政策，这一系列相辅相成的政策促进了各主体开展产教融合项目的进程，为人才的培养、员工的在职培训和企业的成长性创新发展提供了有力的政策保障，也为各项合作工作提供相关的合法性基础，并为多主体共同治理产业学院提供了政策保障。

（三）制度保障

在理事会授权下，三个运维组织负责产业学院的制度建设与执行保障，确保产业学院的正常运转。教学与培训组织负责教育教学管理制度建设，根据企业生产经营需要通过大小学期交替进行的方式，确保学生 40 个教学周的年度学习时间，校企交替进行学习与实训，依据教育教学规律安排教学与实训制度。研究与服务组织负责科研与项目化管理制度建设，推动教师团队带领学生开展真实项目的技术技能研发服务项目。管理与服务组织负责行政管理与治理制度建设，通过扁平化和现代远程协同系统解决多主体治理问题，降低管理沟通成本，提高产业学院的运营效率，保障产业学院的长期可持续发展。

（四）资金保障

产业学院属于小班化定制教育项目，运营成本比普通高职院校高很多。在资金保障方面，主要来源于财政生均拨款、专项经费拨款、学费、企业投入等多种渠道。在国家大力发展职业教育、扩招高职教育的背景下，建设资金有保障。在建设过程中，各建设主体通过内部资源配置合理分担培养成本，充分降低非必要性资金的使用，通过多方合作与师生研发创新服务等增加社会资金来源，以确保资金流动通畅，为产业学院发展提供生命活力。

四、案例研究：多主体共建共治的广州市开发区区块链产业学院①

（一）多主体共建共治产业学院育人模式的诞生

2018 年 11 月 30 日，广州市教育局和广州开发区管委会印发了《广州市产教融合示范区建设方案（2018—2020 年）》，决定共建“广州市产教融合示范

① 落实习近平总书记重要指示，做实区块链人才培养，广州番禺职业技术学院在行动［EB/OL］. https://cas.gzpyp.edu.cn/xxgcxy/xgdt/2019-10/26/content_c705004dce514fab8e23a35575e79d93.shtml.

区”，具体形式为市属高校相关优势专业与开发区企业共同组建若干产业学院。其中，广州番禺职业技术学院牵头申报了区块链产业学院，并入选首批产业学院建设单位。事实上，在2017年初，依据广州番禺职业技术学院的专业群动态调整机制，信息工程学院筹备开设区块链技术相关专业，陆续开展了区块链行业企业调研、区块链产业学院建设方案论证、区块链师资队伍培养等相关工作。2018年，以区块链产业发展以及产业学院申报为契机，广州番禺职业技术学院开始探索区块链产业学院建设的实践之路。

（二）“政校行企”共建区块链产业学院的主要特征

1. 政府发起并提供场地、优惠政策和专项运维经费

广州开发区管委会和广州市教育局合作推动区域产业发展和促进就业，提供运营场地和专项运维经费，联合制定有利于企业和产业工人的优惠政策，并对办学定位、办学规模和人才培养规格提出相关要求。

2. 学校与协会、企业合作提供人才培养课程与培训

合作协会包括广州市大数据行业协会和广州市区块链行业协会等，合作企业包括盈盛智创科技（广州）有限公司、广州泰迪智能科技有限公司、广州云测信息技术有限公司、中软国际（广州）信息技术有限公司等。学校联合协会、企业共同培养与培训相关师资，以学校为主体开发相关课程和培训教材，以协会和企业为主体开展技术创新，多层次多主体交叉互动开展区块链技术相关科普、学术研讨会、学术沙龙、人才培养方案和课程标准制定、技能竞赛以及相关技术技能资格认证等工作。

3. 区块链产业学院的价值使命与对接服务产业

广州开发区区块链产业学院，依托广州番禺职业技术学院信息技术专业群（该专业群以大数据技术与应用专业为龙头，包括软件技术、物联网技术与应用、计算机应用技术、计算机网络技术专业），主要为开发区的区块链、人工智能、大数据、软件和其他如电子商务等相关产业服务。区块链产业学院通过促进人才培养与产业需求全方位深度融合，有力支撑相关产业发展，全面提升学校信息技术领域人才培养、技术创新、就业创业、社会服务和文化传承能力。

（三）产业学院的政校行企“共治共管”运行机制

广州开发区区块链产业学院形成了“政府介入、多元共建”的校企合作办学体制，不仅有政府深度介入和支持，提供土地、资金和政策等资源，还吸引了社会资本投资共建区块链产业学院。产业学院是由多元主体、多种资本混合

共建的教育机构，以定向服务功能为主，不断拓展综合型的服务功能。区块链产业学院在融资模式和资产管理上，实现国有资源和社会资源的融合；在功能定位上，适应开发区区块链、大数据与人工智能、软件产业和众多中小微企业（而不是一个企业）需求，具有人才培养、技术研发、培训进修、决策咨询等综合性服务功能。

广州开发区区块链产业学院形成了“多主体共商、理事会运行、要务共同决策”机制。一是不同出资主体通过组建董事会（或理事会）实现对产业学院的章程修订、发展规划、院长聘任和审核预决算等重大事项共同决策。二是院长在董事会的领导下享有管理自主权，负责产业学院的具体运作和管理，负责整合资源和引入合作企业参与教学，在经费使用、人员配置等方面具有充分的自主权，形成“共治共管”的运作机制。三是在制度体系上成立产业学院教学管理机构，健全院长负责制和教育教学运行管理等制度，保障各方面工作有序开展。

（四）区块链产业学院的社会职能与社会效益

1. 开展区块链技术学术研究与科普活动

2018 年，产业学院院长先后受邀在全国工业和信息化职业教育教学指导委员会 ICT 产教融合专业建设研讨会、IE2018 中国 IT 教育博鳌论坛上分别作“‘政校行企’共建广州开发区区块链产业学院”和“产教融合背景下区块链产业学院建设思路”的主题报告，分享了区块链产业学院的建设思路和做法。2018 年 11 月，区块链产业学院协办的 CSDN 区块链技术沙龙（广州站）召开，主题为“区块链：技术创新与生态构建”，邀请了北京、上海、湖南、广东等地的 5 位区块链领域技术专家，研讨了区块链底层技术、技术研究新进展、“区块链 +”技术创新与模式创新、行业应用、社区生态构建等内容，吸引了广东地区关注区块链技术的开发者、爱好者以及师生近 200 人参加。①

2. 组织区块链产业学院专业建设研讨会等

一是召开产业学院建设研讨会。2019 年 1 月，召开了广州市区块链产业学院建设研讨会，广州市教育局、华南理工大学、IBM 系统部、香港“一带一路”区块链协会创会及联席会相关人员参加研讨会。研讨会上，代表们对区块链技术发展、区块链产业实践和应用、区块链产业学院运行机制、粤港澳大湾区区

---

① 广州市区块链产业学院在我校启动［EB/OL］. https://cas. gzpyp. edu. cn/xxgcxy/xgdt/2019－07/22/content_ be82eeeaf921456f83874ecf497f19cc. shtml.

块链人才培养以及产教融合、创新创业、成果转化平台建设等议题展开了热烈研讨。

二是开展企业实地调研。2019 年 2—4 月，区块链产业学院先后组织相关教师到盈盛智创科技（广州）有限公司、广州产教融合信息服务有限公司、中国（广州）智能装备研究院等多家企业开展深度实地调研，了解广州地区的区块链产业发展现状。

三是举行可行性论证会。2019 年 5—6 月，区块链产业学院分别聘请校内专家和校外专家，对广州市区块链产业学院建设项目进行可行性研究，对区块链产业学院计划开展的场地建设和教学与创新设施建设的设备购置方案进行论证。

四是促进专业群课程改革。区块链产业学院的建设促进了信息工程学院在人才培养方案、专业群课程设置等方面的改革。2018—2019 学年第二学期已在信息工程学院 2018 级所有专业（软件技术专业、计算机网络技术、计算机应用技术、大数据技术与应用、物联网应用技术）中开设了一门职业通用能力课（平台课）“新一代信息技术”，并在其中设置了区块链技术专题内容。2019 年 6 月，在修订 2019 级人才培养方案的过程中，信息工程学院所有专业均增设了两门职业拓展能力课，分别是 36 学时的“区块链应用技术”和 54 学时的“区块链案例实践”。

3. 探索多主体治理机制与人才培养创新实践

产业学院积极开展理事会与人才培养研讨会。2019 年 7 月，在广州番禺职业技术学院广东省智慧职业教育大数据工程技术研究中心，举行了广州市区块链产业学院启动仪式暨区块链人才培养研讨会，政校行企的专家包括来自省内 21 所高职院校的 50 多名专业教师参加会议。会上，举行了广州市区块链产业学院揭牌仪式，宣读了广州市区块链产业学院理事会成立文件和理事名单，并聘请政校行企专家任专家咨询委员会委员。

4. 培训师资并组织学生参与世界级技能竞赛

一是开办区块链技术及应用师资培训班。2019 年 7—8 月，区块链产业学院在广州市开发区举办了 2019 年高职院校教师素质提高计划项目“区块链技术及应用骨干师资培训班”，来自广东省内 19 所高职院校的 25 位教师参加培训。培训班开设区块链知识普及、技术编程和项目案例实战等专题模块，通过“理论 + 实践 + 项目实战”相结合，由企业资深专家与校内经验丰富的专业教师共同授课和指导实践，引入真实项目案例，由企业工程师面对面直接指导。

二是指导学生参加世界级技能竞赛。2019 年 8 月，信息工程学院的两名学生在教师带领下，赴俄罗斯喀山参加了与第45届世界技能大赛同期同地举行的2019喀山未来技能大赛“基于区块链的解决方案”赛项，学生首次登上世界级技能竞赛的舞台。2019年11月，广州番禺职业技术学院以广州市区块链产业学院为依托，同步开展“未来技能国际训练基地”建设工作，还牵头申报了2019—2020年度广东省职业院校技能大赛学生专业技能竞赛新增赛项“区块链技术应用”。

五、 存在问题及破解路径

（一）存在问题

1. 多主体共同治理的松散型权力关系导致组织凝聚力不强

多主体共同治理[①]强调制度的自发程序、复合层级与多元交叉，是一种复杂的适应性系统，是一种各主体在平等、资源共享的原则下共同参与的公共事务管理模式。从权力关系上看，它是松散型的权力关系，而非领导、指挥、控制、雇佣等权力型关系，所以在合作治理过程中，由于各主体的利益点不同，理事会成员也都是兼任状态，很容易导致组织凝聚力不强、各主体责任不够明晰、后续工作推进难度较大等问题。

2. 多主体共同治理的跨区域培养导致人才培养成本超预期

多主体共同治理的产业学院人才培养跨越学校和产业园区，学生的学习与实训交叉进行，学校与企业前期投入大量资金进行协同培养，仍然面临培养成本远超在校生成本的问题，甚至出现产业学院的学生从园区退出返校培养的情况。

3. 多主体共同治理的校企合作长效机制形成存在实现难题

多主体共同治理的产业学院建设中，很多企业最初的热情很高，对参与人才培养也很积极，然而校企合作培养人才的共赢成果很难在1—2年内显现，而学校与合作企业的协议又是有一定期限的，这就对多主体共同治理的校企合作长效机制提出了难题，即如何通过产业学院的制度设计，搭建校企合作平台，通过平台的自由进出机制，让校企合作形成长效机制。

---

① 张克中. 公共治理之道：埃莉诺·奥斯特罗姆理论述评［J］. 政治学研究，2009（6）：83-93.

（二）破解路径

1. 打造产业学院的组织文化凝聚力

多主体共治的产业学院，其凝聚力主要依靠价值引领与价值创造，通过吸引社会资源附加进来，使各主体与合作方都能够在一定时间内获得实在的利益。产业学院的建设目标要融合多方的利益点，在治理过程中做到管理与服务、研发与服务、教学与培训等落到实处，让参与方都能够获得人才的成长、技术的创新、专利成果的转化等各种实质性益处。

从理论上讲，产业学院的组织文化凝聚力，能够产生内生性的合作动力，弱权力关系型组织，通过各主体的自愿组合、灵活退出机制，能够在合作过程中产生创新的高价值附加的产品。尽管产业学院的多主体治理属于探索性的治理模式，在初期确实存在愿景与实践间的差距问题，但是，多主体合作一旦形成价值核心共识，就能够以高度黏合的非权力影响力，促进多主体长效合作文化的形成，进而形成具有高度凝聚力的教育培训组织。

2. 建立“开源节流、资源共享”的产业学院经费管理制度

建立“开源节流、资源共享”的产业学院经费管理制度，通过经费预算和节省经费使用过程，降低运营成本。在建设过程中各主体都出让部分资源与利益，用以维持产业学院的运营，尽量采用信息化手段、无纸化办公和电视、电话、视频会议等方式解决跨区域的沟通交流成本；引入地方发展基金、教育基金会和各种竞赛的奖金等补充人才培养经费的不足部分；千方百计降低产业学院主体间的内部交易成本，让办学经费用在教学、培训、研发等重要项目和活动上。此外，还可以通过教师带领学生团队为企业和园区创造经济价值等形式，增加企业的盈利能力，或将与企业合作产生的专利产品数量的一半给企业等。

3. 搭建“自愿参与、能进能退”的产业学院校企合作平台

产业学院搭建的校企合作平台是一对多的信息服务平台，通过信息服务渠道引入合作企业，根据企业需求与共同利益点构建学院与企业的定制型合作项目，让企业从合作中获得技术技能服务、人力资源的注入和创新技术产品的研发与孵化等实质性利益；对于难以开展合作的企业可允许其自由退出，建立企业自由进出机制；在长期开展合作的企业设立“固定＋流动”实习实训岗位，确保长期有学生跟进相关项目，促进校企合作的技术积累与成果呈现。

校企合作平台要充分尊重企业的盈利的根本需求，为企业解决实际问题并培训相关人才，让企业有主动参与的意愿和能动性。大多数长期与学校建立合

作关系的企业，对学校的人才培养系统性、知识传递过程和各种培养环节也很尊重，在参与人才培养方案修订的过程也能提出建设性意见，并合作探索行业企业发展前瞻性布局。校企合作平台正是要留住这些企业，维持长期的合作培养关系，毕竟企业是产业学院的终端型合作主体，主要提供社会资本、企业导师、实训设施设备、学生以及创新创业问题和技术技能环境。

总之，依托智慧产业园区的多主体共同治理的产业学院，借鉴了奥斯特罗姆的多中心治理理念，探索以政府、行业、企业、学校四方为主体，其他社会资本和人力资源参与投入的以政府为主导的产业学院治理模式。其根本目标还是要缓解劳动力市场结构性矛盾问题，为战略性新兴产业、高新技术企业和中小微企业培养实战力强的高素质技术技能人才。

第四节　基于利益契合的产业学院多元协同治理案例研究

产业学院是我国职业教育产教融合的新型组织形态。2017 年印发的《国务院办公厅关于深化产教融合的若干意见》提出，鼓励企业依托或联合职业学校、高等学校设立产业学院和企业工作室、实验室、创新基地、实践基地。此后产业学院发展步伐加速。2019 年，《国家职业教育改革实施方案》提出“鼓励和支持社会各界特别是企业积极支持职业教育，着力培养高素质劳动者和技术技能人才。经过 5—10 年左右时间，职业教育基本完成由政府举办为主向政府统筹管理、社会多元办学的格局转变”。同年，教育部、财政部联合发布的《关于实施中国特色高水平高职学校和专业建设计划的意见》提出“吸引企业联合建设产业学院”的改革发展任务。

在各级政府的大力推动下，产业学院办学模式在全国得到了快速发展。产业学院迎合了地方经济转型升级和区域职业教育发展的需求，人才培养契合行业产业需要，在提高技术技能人才培养质量方面显示出巨大优势，但由于产业学院包含了多元的利益主体及复杂的利益关系，持续推进过程中还面临着不少的困难，建设推进缓慢，出现合作浅层化、形式化和短视化等问题。本节以利益分析为基本研究方法，综合运用多学科理论，厘清产业学院办学主体及其利益关系，探讨影响产业学院合作的制度因素和行为因素，构建相应的理论分析框架，提出产业学院办学行动逻辑和治理策略，为促进产业学院建设和深化产教融合提供理论借鉴。

一、利益冲突：产业学院发展的内在矛盾

中国的产业学院是高等院校与行业企业、地方政府、产业园区等主体合作举办的职业教育或者技术教育共同体。① 从公共政策的视角分析，产业学院是一项涉及政府行政、非政府组织、市场机构等多元办学主体组织的公共社会活动，反映高等职业教育“全口径”服务于国民经济的特性，与所在区域的产业发展紧密相连。但由于当前国家相关法规体系不完善，产业学院在办学体制、治理结构、产权制度、收益分配等方面缺乏明确的制度设计和规定，政府、学校、企业追求的利益诉求不尽相同，不同的利益诉求必然导致利益冲突，主要体现在以下三个方面。

（一）办学管理的主导权与自主权之间的冲突

教育体制的核心主要是举办主体、投入机制和产权制度。② 当前，政府依然是职业教育的举办方，政府投入职业教育的经费占比还是比较高的，社会力量参与职业教育办学的活力还没有释放出来。在此背景下，地方政府依然是产业学院的主要办学主体，其根据自身利益需求，通过政府行政干预，对产业学院公共教育利益进行配置调整。在中国教育行政体制中，贯彻执行中央及地方政府各项政策指令，是学校的重要工作和基本职责。③ 职业学校是培养技术技能人才的公益教育组织，而企业是一种营利性的经济组织。无论学校还是企业都处于参与办学的从属地位，缺乏产业学院决策话语权。地方政府及教育行政部门和学校、企业之间主要是一种命令与执行关系，产业学院合作中学校和企业的办学自主权还没真正确立。产业学院内部不同办学主体掌握资源、争取利益的能力存在较大差异。从公共政策视角来看，在产业学院合作方案构建、合作协议制定、协议内容执行、合作效果评价的全过程中，始终贯穿着利益矛盾。现阶段，产业学院政策制定主体与政策执行主体、政策目标群体之间存在显著的利益冲突。

---

① 周红利．把产业学院建成企业人力资源的共享中心［N］．中国教育报，2020－05－19.

② 吴全全，殷新红，闫智勇．职业教育深度改革政策的体制转向和机制转型［J］．职教发展研究，2020（1）：23－28.

③ 于晨，肖艳婷．基于利益分析的我国中职招生政策失真解释框架［J］．中国职业技术教育，2017（24）：26－32，61.

（二）教育供给的公益性与私益性之间的冲突

我国《教育法》明确规定，“教育活动必须符合国家和社会公共利益……以财政性经费、捐赠资产举办或者参与举办的学校及其他教育机构不得设立为营利性组织”。公益性是产业学院的基本属性，这一点是无可否认的。但产业学院又是职业教育混合所有制改革的一种创新形式，涉及社会资本的进入、运营以及企业（集团）关联交易与合作。随着政府财政资金进入和企业资本的介入，必须面临资产产权关系厘清、国有资产与民营资本盈利的比例划分、国有资产损耗估算以及公办职业院校教师参与产业学院所得收益分配等重要问题。① 这些问题如得不到政府政策上的支持与解决，产业学院公益性和企业功利性一旦出现冲突，各方的利益需求得不到合理满足，投入与参与的积极性减弱，产业学院发展将受阻。

（三）利益主体的投入成本与预期收益的冲突

企业作为自负盈亏的经济组织，必然会从投入成本与预期收益两个方面来权衡是否与地方政府、高职院校共同开展产业学院办学。产业学院涉及政府、学校、企业、学生四方利益，在企业与学校之间，两者之间的权利责任关系难以明确界定，即使在合作中进行了约定，但由于监管不明确，仍存在合作风险。企业与学生之间，由于政策保障条款不明晰，可能存在违约风险，人才培养收益存在很多不确定性因素，比如毕业生毕业后选择其他企业就职等。投入与收益的不平衡，直接影响企业参与产业学院合作的积极性。投入与收益不平衡、办学合作存在风险，同样影响政府和学校参与产业学院合作，如政府部门担心国有资产流失问题、高职院校担心人才培养效果问题，等等。在当前产业学院法人地位还不明确、市场运营机制缺失、产权关系界定存在困难等困境下，如何评估合作投入成本和预期收益，规避资本风险，建立风险共担的利益保障制度至关重要。

二、 利益解构： 产业学院合作的价值要素

利益是指人们为了生存和发展所需要的资源和条件。任何组织和个人，都需要生存和发展，就必然需要实现生存和发展的资源和条件。学者丁煌认为：“所谓逐利，简言之，即追逐利益，逐利不仅是人类最基本的人性特征之一，而

① 黄文伟，郭建英，王博．混合所有制产业学院的生成逻辑与制度建设［J］．职业技术教育，2019，40（13）：35－39.

且也是当今社会最常见的一种人类行为。作为一个人，无论他处于什么地位，其人的本性都是一样的，都以理性地追求个人利益，使个人的满足程度极大化为最基本的动机，亦即假定人都具有理性逐利人的特性。”① 本节将利益分析作为产业学院内部治理研究的基本方法，其首要的问题是明确利益主体及其利益需求。因此，要破解当前产业学院发展困境，需要对办学主体的作用和利益进行全面解构，厘清利益结构。

（一）地方政府在产业学院合作中的作用和追求的利益

地方政府是产业学院办学的当前主体。地方政府作为社会利益的“掌舵者”，既是产教融合、校企合作的统筹领导者，也是公共政策的制定者、参与者。在深化产业学院建设过程中，政府利用自己的行政公权，依法为产业学院形成互惠共赢合作机制提供支持。产业学院是迎合当地社会经济、产业发展的需求而组建的，教育的公益性和企业的逐利性决定了必须由政府出面推进学校和企业之间的合作。政府是一种力量的协调与均衡，具有强烈的公共利益取向，促进校企平等地位的实现，为企业参与学校的人才培养做好兜底工作。② 政府在产业学院办学中的职责和作用是政策引导、资源配置、宏观管理和依法依规监管。政府的介入可使产业学院建设力度进一步加强，促进产业学院建设由自发、分散和无序运行，向有组织、整体和有序的方向转变。地方政府通过制定产业学院相关政策追求教育领域的公共利益，搭建多方合作平台，促进社会经济发展、区域产业转型、教育质量提升与劳动人口就业。除此之外，地方政府也是具有一定利益诉求的，可能会需要实现政府自身利益与其他办学主体间的利益博弈。

（二）高职院校在产业学院合作中的作用和追求的利益

高职院校是产业学院办学的中心主体，具有人才培养优势和科技研发优势。产业学院实质上是高职院校探索产教融合的新模式，将工学结合、校企合作等“外在性合作”进一步向纵深发展，成为实体性的生产要素的“内在性联合”③，对现有的人才培养、技术创新、产教融合、技术技能平台进行资源整合，组建产教融合综合体，培养产业技术技能人才。高职院校作为一个教育组织，其活动特征是进行集体选择，实现教育领域的学校集体利益。高职院校在产业学院

① 丁煌．政策执行阻滞机制及其防治对策［M］．北京：人民出版社，2002：59.

② 梁晨．多元治理结构视域下职业教育校企双元育人的利益主体与路径框架［J］．成人教育，2020，40（6）：41－46.

③ 周群华．区域创新体系中的产学研合作行为与机制研究：以江西省为例［M］．吉林：吉林人民出版社，2017：132.

合作中的教育利益体现在：通过与地方政府、企业行业合作，创新学校治理体制，拓宽教育经费来源，扩大教师收入，改善学校办学条件，营造良好育人环境，提升办学效益，为社会培养高素质技术技能人才。

（三）企业在产业学院合作中的作用和追求的利益

企业是产业学院办学的结构性主体，具有资源投入、经费支持、技术设备、实训条件等优势。企业立足经济关系，以经济利益最大化的原则，追求经济效益，实现资源共建共享，主要体现在：一是企业期望与地方政府、高职院校合作，建立良好社会声誉，吸纳优秀人才，获得最新的行业发展动态，并依靠高职院校人才培养优势，解决企业人力资源匮乏的问题，增强自身市场竞争力。二是企业期望通过合作，优先获取高职院校的科研及技术成果，依托地方政府部门及高职院校，加强内部企业职工的培训和技术人员继续教育，实现企业的可持续发展。三是企业争取成为产教融合型企业，可享受抵免应缴教育费附加和地方教育附加等优惠。取得显著成效的企业，还可享受地方政府给予的“金融 + 财政 + 土地 + 信用”的组合式激励政策。企业以产业学院为载体，与学校合作共同开展人才培养，可以有效促进教育链、人才链与产业链、创新链的有机衔接，推进人力资源供给侧结构性改革，形成校企双赢局面。

三、 利益契合： 产业学院协同治理的分析框架

2017 年 10 月，党的十九大提出了“深化产教融合、校企合作”的要求。同年 12 月，国务院办公厅发布了《关于深化产教融合的若干意见》，对深化产教融合、促进教育链、人才链与产业链、创新链的有机连接提出了指导意见，并明确提出了“开展产教融合建设试点”。2019 年 4 月，教育部、财政部发布《关于实施中国特色高水平高职学校和专业建设计划的意见》，明确提出“吸引企业联合建设产业学院”的改革发展任务。

截至 2020 年，广东省各高职院校积极借鉴英国“产业大学”建设模式，全省建成切合中国国情、独具特色的产业学院 200 所，覆盖 20 多个产业领域。① 广州作为国家重要中心城市和粤港澳大湾区核心城市，近年来正以势如破竹之力，积极推动职业教育发展，构建现代职教体系，深化产教融合。2018 年，广州市教育局与黄埔区政府、广州开发区率先联合打造集“人才源、创新源、技

---

① 蒋新革. 产教融合视域下产业学院治理体系建设研究［J］. 职业技术教育，2020，41（24）：30－34.

术源与信息源”为一体的产教融合示范区，建设政校行企四方联动、人才供需精准对接、资源集聚融合发展的国家一流产教融合示范基地，由广州卫生职业技术学院成立的广州康复医疗产业学院等7个产业学院进驻示范区。广州康复医疗产业学院根据《广州市产教融合示范区建设方案（2018—2020年）》要求，依托示范区基地12万平方米的实训教学资源，以及开发区行业协会、企业、研究院等平台，构建政、校、行、企、院多方联动，多元治理，协同推进的办学格局，实现精准对接、精准育人的目标。产业学院依托专业及专业群，与产业园区健康医疗企业共同进行人才培养和职业培训，为企业输送技术技能人才；依托产业园区健康医疗企业共同建立人才健康驿站，为园区人才提供健康咨询、服务与管理；与产业园区健康医疗企业共同建立大学生创新创业孵化基地，扶持大学生创新创业。广州康复医疗产业学院的探索实践形成了政府、学校、企业等各方共建、共用、共享、共赢的平台。产教融合示范区的建设是现代职业教育改革的创新，既有利于推动产业转型升级，又有利于高职院校学生发展成才，形成了地方政府统筹规划、企业和学校双主体推进的“三位一体”产业学院协同治理的新模式。

通过产业学院实践探索和对研究文献的梳理，本节基于上述“理性逐利人”理论提出一个以“利益契合”为核心概念的分析框架，围绕政府主导的公共关系和追求的公共利益、学校着眼的教育关系和追求的教育利益、企业立足的经济关系和追求的经济利益来构建治理体系（见图3－2）。

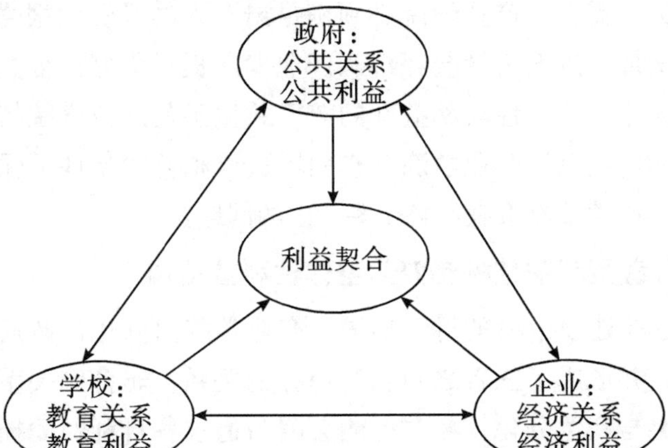

图3－2　产业学院“利益契合”理论模型

“利益契合”分析框架下产业学院内部治理的特征有以下三个方面。

（一）从单一的政府管制转变为规制与解制并行

深化产教融合战略落到实处，需要社会各界的共同努力，更需要政府充分发挥自身功能。在过去计划经济体制下，教育的公益属性是通过由政府垄断公共教育，利用政府的强力干预来实现的。虽然在产业学院实践中出现了公共事务权力由政府领域向市场和社会领域的横向转移的萌芽，如教育中介组织、产教融合服务公司等，但这类中介机构还没获得与其社会作用相称的法律地位，还没有从法律的高度提出向社会领域与市场领域放权的问题。① 产业学院本质上独有的组织内涵和特性，决定了与之相适应的管理方式是治理，而不是层级控制或者市场自治。单纯依靠政府管制，显然无法适应产业学院混合所有制改革的需求。要实现混合所有制改革，必须要重建产业学院公共权力体制，规制与解制双轨同行：一方面要重新界定政府在职业教育混合所有制改革治理中的职能，明确在产教融合社会条件下政府的教育责任；另一方面在确保产业学院教学和管理秩序平衡有序的前提下，尽量减少不必要的行政干预，努力释放产业学院办学活力。

（二）从单纯公益性转变为公益性和私益性并存

教育是一种具有公益性特征的活动，追求公共利益是教育的基本价值取向，通过教育活动追求公共利益是政府的责任。产业学院以培养高素质技能人才为己任，必然继承教育公益性的固有基因。② 同时，因为社会资本的融入，要兼顾资本营利性的天然需要。产业学院必须满足出资人的投资回报需求，才能吸引资本投资持续增加，进而为社会经济和产业发展提供更好的公共教育产品，使教育公益性最大化。公益性与私益性的兼容共生正是产业学院持续发展的重要基础。因此，如何在允许产业学院合作领域追求私益的条件下保证实现教育的公益性，成为产业学院政策制定必须要考虑的问题。

（三）从分散型利益结构转变为整体性利益结构

随着产业学院建设进程的持续推进，产业学院内分化出政府力量、学校力量和市场力量，并形成了三者之间相互博弈的关系。非合作关系的博弈有可能会导致利益冲突与利益分化，各方可能会因为追求各自利益而损害其他方面的

---

① 刘复兴．教育政策的价值分析［M］．北京：教育科学出版社，2003：248．

② 张艳芳，雷世平．论混合所有制产业学院的内涵、地位及属性［J］．中国职业技术教育，2018（34）：50－55．

利益。产业学院利益结构呈分散状态。从整体上看，产业学院的人才培养符合区域经济发展和产业需求，是一种整体性利益，政府、学校和企业都是利益分享者。但在产业学院办学活动中，政府、学校、企业等各种利益主体具有不同的角色、作用、活动特征，共同构成了一个多元化的利益体系，按照“理性逐利人”理论，产业学院既有合作的利益基础，但也有不同的利益诉求，要实现多元办学主体整体性利益结构，必须具有平衡各方利益的模式。

四、 利益保障：产业学院协同治理的路径选择

基于上述提出的“利益契合”分析框架，必须整合政府、学校、市场和社会等各种力量和手段，建立“制度—机制—责任”协同治理路径与策略，形成地方政府统筹规划、企业和学校双主体推进的“三位一体”产业学院协同治理新模式。

（一）转变地方政府职能，建立制度化赋权增能体制

地方政府职能发挥的首要问题是地方政府的角色定位问题。纵观国家职业教育政策发展沿革，从2002年《国务院关于大力推进职业教育改革与发展的决定》到2019年《国家职业教育改革实施方案》，政府角色已经从过去的“主导”转变为“推动”。要完成由政府举办为主向政府统筹管理、社会多元办学的格局转变的目标，需要政府从体制层面，主动向学校、企业、市场适度赋权，原来由地方政府承担的一些公共管理职能交给学校和企业来承担，形成一个“地方政府统筹、校企双主体自主办学”的产业学院公共事务权力体制。第一，建立完备的法律法规体系。各级政府对合作过程中产生的权责界定、利益分配、长效机制建设等重大事项要做出明确的法律规定，确保学校与企业的合作有法可依。加快修订《职业教育法》，明确混合所有制产业学院的法律属性，赋予其合法的身份和地位；或出台《产业学院建设管理办法》等专门法规，为产业学院主体作用的发挥提供法律保障。第二，深入推进教育领域“放管服”改革。加大办学主体赋权增能力度，制定赋权清单，实现内部管理事权“应放尽放”，赋予产业学院更大改革自主权。政府不再充当职业教育办学主体，不再过多介入具体的微观的职业教育活动，而是充分利用政策与法规的约束和激励机制，发挥其在职业教育发展过程中的重要推动作用，实现“政府推动，市场引导”产业学院办学原则。第三，落实企业主体办学地位。将企业真正纳入并作为职业教育发展的基本要素，从企业经济立场权衡，在决策中充分考虑整合各利益群

体的需求，为企业建立利益保障机制，使职业教育人才培养真正与企业自身发展融为一体。第四，实施理事会领导下的院长负责制治理模式，塑造权力多元化制衡的议事组织和议事程序。理事会由政府、学校、企业、行业人员组成，是产业学院重大事务管理的权力机构和决策机构，共同审议、监督和指导产业学院建设过程中经费投入、利益分配、专业建设、人才培养等重大事项。

（二）发挥市场配置资源作用，建立多元化利益协调机制

随着社会资本进入产业学院办学，市场机制在配置教育资源时发挥越来越多的作用，产业学院内部分化出管理者（政府）、举办者（企业）、办学者（学校）等不同的角色。在另外一个层面来看，传统上作为公共利益的教育以产业商品的方式进入市场。在市场机制中，利益冲突是产业学院诸多困境产生的根源。建立治理主体间的利益协调机制，目的是对冲突的利益进行有效调节，化解利益关系过度失衡，促进集体行动的协同。

产业学院的协同治理，亟待建立健全以下利益协调机制：一是信息披露机制。建立完善治理主体的信息公开制度，主动发布产业学院公共事务信息，保障涉及公共利益的重大问题的知情权。二是利益表达机制。健全利益表达渠道，要开辟多层次全方位的利益表达渠道，及时反映利益群体的诉求，并对这些利益进行协调、整合。例如，举办听证会等，保证教师、家长、学生、社会各界人士共同参与管理并进行权力监督。三是利益流向确定机制。研制职业院校国有资产管理制度，完善教育产权交易市场，形成产业学院产权的流动与收益分配机制，实现投资者（企业）的利益回报。同时职业院校通过校企合作、产业学院等所得收入，可按一定比例作为绩效工资来源。四是利益冲突调解机制。完善政府、学校、企业和社会行业组织调解仲裁程序，在利益冲突各方无法自行达成妥协的情况下，发挥第三方调解的价值中立作用，有效调解矛盾。

（三）强化社会责任意识，建立科学化考核评价体系

产业学院各办学主体要通过加强目标协同、理念协同、文化协同、精神协同、使命协同等顶层设计，通过建立共同的目标和愿景，引导办学主体对合作的认同，激发自我实现与发展的需求。在产业学院内部治理结构形成过程中，除了发挥正式制度或正式规则的刚性整合作用外，还需要发挥非正式制度的柔性整合作用。

必须明确产业学院视域下办学主体的教育责任，强化办学主体的社会责任意识，建立社会责任报告制度。地方政府应进一步积极引导校企合作，提倡产

学研人才培养模式的创新，完善有利于公共利益维护与增进的制度安排，以保障教育的公益性；职业院校须主动变革，加强专业人才与产业需求的契合度，着力培育优秀教师资源和提升学生培养质量，吸引高质量的企业深入参与到人才培养过程，厘清企业主体的利益诉求，建立制度体系，推动校企合作长久运行；企业要树立人才培养的战略意识，以更主动的态势参与高职院校人才培养，履行相应的社会责任，从而为人力资源的长期储备打下基础，最终获得长久的效益。①

此外，考核、评价对于规范产业学院办学主体合作行为具有强大的推动作用。按照中共中央、国务院印发的《深化新时代教育评价改革总体方案》要求，产业学院要构建政府、学校、社会等多元参与的评价体系，建立健全教育评估监测机制，发挥专业机构和社会组织作用。积极探索基于质量目标为导向的绩效考核体系建设，委托相关机构对产业学院的合作质量进行系统评估，对产业学院的合作过程进行督导调节，推动形成政府、学校、企业、学生等主要利益相关者共同参与的多元评价运行机制。发挥政府的问责职能，建立职业院校产业学院专项督导评估制度，加强对市场领域和社会领域权力的监管，定期进行过程监督，以规范产业学院各办学主体的合作行为。

① 全守杰，谷陈梦．从缺位到共治：基于利益相关者的高职院校人才培养模式建构［J］．现代教育管理，2020（4）：96－102.

第四章 地方政府主导下的产业学院育人研究与实践

第一节 地方政府主导下的产业学院育人模式研究

地方政府主导下的产业学院是顺应《国家职业教育改革实施方案》要求，深化办学体制改革和育人机制改革，实施由政府举办为主向政府统筹管理，社会多元办学的格局转变，鼓励有条件的企业举办高质量职业教育，鼓励发展股份制、混合所有制等职业院校和职业培训机构的有效尝试。这一模式探索，一般是由地方市政府根据当地产业发展现状，选取优质职业院校和一定规模的骨干企业，给予土地、政策、资金等方面支持，建成的产教融合实体组织。本章重点关注地方政府主导下的产业学院，剖析地方政府主导下的产业学院的特征、构建模式、运行机制、办学体制及育人模式，同时以地方镇政府主导下的产业学院育人模式实践以及中恺汽车产业学院育人实践为实践案例，探索当前地方政府主导下产业学院的相关理论与实践。

一、 地方政府主导下的产业学院的特征与构建模式

地方政府主导下的产业学院是产业学院的一种类型，是地方政府统筹推动地方产业发展，为区域经济发展培养实务人才，推动技术技能人才培养深度转型而创设的改革试点机构。地方政府在产业学院构建中，主要通过政府立法、政府出台相关条例、政府统筹经费、政校企共建产业学院、组建职教集团等方式构建。

（一）地方政府主导下的产业学院的特征

一般而言，地方政府的主导作用体现在使产业学院紧密对接区域内产业的发展和规划，该类型产业学院区别于其他类型产业学院的特征，主要体现在政府主导作用、产业前瞻性、产业针对性以及组织灵活性。

1. 政府主导作用

从经济学角度看，产业学院是利益相关主体之间的契约集合，属于一种正式制度安排。而改变一种正式的制度极有可能会碰到外部性和“搭便车”问题。由于外部性和“搭便车”问题的存在，政府的主导作用在制度创新中就尤为重要。众所周知，我国在市场化改革中，一方面，把很多经营决策权下放到地方政府；另一方面，又设计了地方政府间就经济业绩进行分散化竞争的制度框架，以GDP、财政收入等考核指标作为官员晋升或是否留任的基本依据。在这一“刺激—反应”机制下，地方政府便具有了公司化的倾向，有了创新制度、提升经济业绩的激励。从实践情况看，一般产业学院的建立过程主要分两步：首先，职业院校与产业集群所在地方政府签订校地合作办学协议，双方共同出资，形成产业学院的二元投资主体结构，承担产业学院基本建设。其次，在政府主导下，吸收行业、企业、科研院所等投资或捐赠，购置或更新教育教学设备设施以及其他固定资产，构建产业学院运营资金的政校企多元投资主体格局。在法律制度尚不完善的社会，产业学院的制度创新能够得到地方政府的支持或推动，将大大降低制度创新的成本。

2. 政策前瞻性

产业学院是职业教育深入推进产教融合的重要形式，“产业”二字即明确了产业学院区别于一般的二级学院。产业学院面向特定的产业或产业集群，具有特定的产业服务面向和明确的产业服务对象。而对于地方政府主导的产业学院，采取的是以政府为主导、行业企业积极参与、学校协作办学的“政校行企”四方联动的合作模式，在地方政府政策的引导下，其直接对接区域产业发展的规划，保证人才培养与产业发展的一致性，进一步加大对接地方产业的力度，面向当地产业链人才需求，实现人才培养模式、师资队伍建设、课程体系构建、应用技术研发平台、行业标准制定、社会服务等方面的创新。

3. 产业针对性

产业学院面向地方特定的产业或产业集群，有精准的地方产业服务面向。产业学院的专业设置、课程体系、教学内容、教学模式、教学场所、教学评价与产业密切联系，不以职业分类为基础进行专业设置，而是针对地方产业链条上的环节（流程）对应的岗位群设置专业。可以根据产业的上、中、下游分段组建专业群，因此专业群组可能是在同一个专业大类，也可能是跨专业大类的。可以说，产业学院的专业群设置较之于传统的二级学院更为灵活，产业的针对性更强。专业课程体系设置是根据地方产业链中的相关岗位核心技术技能要求构建的，课程内容与对应产业的最新技术紧密衔接，凸显人才培养模式和培养过程中的产业特征，同时也能提升人才培养过程中的产业参与度。

4. 组织灵活性

中国高校的组织管理中，二级学院的组织架构是基于“直线职能制”的组织模式。“直线职能制”产生于工业化时代，强调专业化的劳动分工，各个等级严格分工，形成一条严格的等级指挥链，上级依靠权威领导下级，基层成员按照程序执行任务。高层经过层层授权，形成金字塔形的管理体系。长期以来，高职院校尤其是公办的高职院校，内部运行机制相对等级化，一定程度上制约了职业教育产教融合的深化。地方政府主导下的产业学院在实践探索中，已经形成了富有柔性和创造性的扁平化的矩阵式管理结构，这使得产业学院在组织灵活性上具有得天独厚的优势。矩阵式管理结构适应多变、复杂的外部环境，能够对教学资源在不同的项目之间进行灵活分配。

矩阵式的组织管理架构下，地方政府主导下的产业学院一般以地方政府为核心，行业企业、学校多方的关键组织成员的角色定位则是维持组织灵活和高效的重要因素，包括顶层决策者、矩阵主管和成员。顶层决策者的主要职责是维持矩阵主管中的行政主管和项目主管之间的平衡，能够使得行政主管和项目主管信息共享和协调。

（二）地方政府主导下的产业学院的构建模式

部分拥有城市立法权的城市可以出台有效扶持产业学院构建的地方性法规，但立法权并非所有城市的“标配”，因此，除了出台相关法规政策等宏观手段之外，还可以通过提供初期建设经费、场地，由职业院校和产业核心企业共同运营，构建起政校企的多方利益共同体。地方政府主导下的产业学院多采用董事会制度或理事会制度。这些模式的构建多是地方政府根据产业和企业的需要，设计并主导的一种组织形式。

经过多年来对地方政府主导下产业学院的探索与实践来看，理事会模式下政府主导建设的产业学院的构建相对阻力较小，而董事会模式是探索混合所有制下的产业学院构建的创新之举。

1. 董事会制度下地方政府主导下的产业学院的构建模式

董事会是发达国家高校的基本治理结构。从已有的实践来看，社会力量通过董事会等形式参与高等教育决策和管理，发挥咨询和监督的作用。国内的职业教育中，采用董事会制度运行的主要是民办学校，而这些学校投资方的主要目的还是盈利，这与政府一贯以来主办的公办高校秉持的公益性产生了理念上的冲突，因此董事会制度一度在国内遭受非议。近年来由于职业教育的发展和校企合作的需要，部分公办院校提出了建立股份制和董事会的设想。例如，苏州工业园区职业技术学院设立了董事会领导下的院长负责制，逐步从以政府出资为主的公办职业院校，变成了以民间投资为主、政府投资为辅的股份制院校，加大园区核心企业在董事会的比例。董事会制度解决了企业深度参与人才培养的关键问题。再如中山职业技术学院中的小榄学院，将产业学院作为二级学院设置，在公办职业院校的机制下采用董事会治理模式，企业对小榄学院的建设提供经费支持、师资和真实项目支持。

2. 理事会制度下地方政府主导下的产业学院的构建模式

理事会模式是国内常见的促进校企合作办学的形式，国内绝大多数的省、市、自治区都有以理事会模式推动多方主体共同参与产业学院构建的实践经验，地方政府主导下的理事会合作机制亦有比较成熟的案例。如福建省莆田市成立高等职业教育校企合作理事会，建立以地方政府为主导，行业指导、企业参与的合作办学、共同育人的长效机制，促进校企之间的深度合作。贵州省铜仁市成立的职业教育政校企合作理事会，以高职为龙头，促进中职、高职和当地企业全面建立校企合作。

从已有的实践经验来看，产业学院的理事会能够有效运作，离不开地方政府主导这一校企合作模式的首要条件；地方政府通过理事会的构建，有效介入职业教育校企合作，也成为国内职业教育的一大亮点。这些方式是否能够成为促进校企合作的长效机制，需要经过长时间的实践来检验。中山市的古镇镇是国内最大的灯饰产业基地，全镇共有灯饰企业 4 000 多家，从业人员 6 万余人。单是从数值上就可以很容易地看出，平均一家灯饰企业的员工数只有 15 人左右，基本都是小微企业，灯饰产业难以做大做强是摆在古镇镇政府面前的一个难题。企业规模小，导致人员流动性大，企业对技能型人才培养望而生畏。因此，当地政府引进中山职业技术学院到古镇，成立了理事会模式下的古镇灯饰学院。当地政府作为主要投资方，鼓励企业参与校企合作培养高级技能型人才，以满足古镇全镇几千家企业的需要，古镇灯饰学院以政府投资为主的理事会制度也初步得到了各界的肯定。

在政府有效介入校企合作实践的中山职院沙溪服装学院，学校和政府之间签订具有法律效力的合作文件，明确合作期长达 20 年，将产业学院的发展纳入镇区政府经济和社会发展总体规划，并联合成立沙溪纺织服装学院理事会。镇区政府提供场地，通过改造装修免费提供给中山职院办学，投入资金运作，建立教育发展基金，主要通过与沙溪理工学校开展中高职三二衔接教育的合作方式，培养沙溪产业发展需要的实用技能型人才。

二、 地方政府主导下的产业学院组织架构及内部运行机制

地方政府主导下的产业学院，强调的是产业学院除了具备学历教育、社会培训、技术研发和服务的功能外，还具备独立法人地位和属性，更加强调产业学院为产业集群发展服务的目的。

（一）地方政府主导下的产业学院组织架构

地方政府主导下的产业学院，参与主体的构成与其他类型产业学院的主体类似，也包括政府、学校、企业、行业等多元主体，且更加强调地方政府在产业学院运行过程中的政策引导作用。在产业学院组织架构中实行董（理）事会领导下的院长负责制，院长拥有产业学院组织机构设置权，因此产业学院能够通过内部机构改革，形成以平台为依托、以项目为牵引、人员交叉流动的矩阵式组织架构。矩阵式的组织架构保持了部分必要的正式组织结构，比如一正两副的院长设置，同时为适应产业变化的需要，临时性、项目式的灵活组织多，组织的弹性增强，更加注重横向沟通和协调。如沙溪纺织服装学院引进中山市休闲服装工程研究开发中心、中山市中纺联纺织品检测中心、产业新技术推广服务中心等，建设大学生创新创业教学基地、服装精益管理产学研师范拓展教学实践基地、服装电子商务教学实践基地等实践教学基地，大力建设企业工作室、教师工作室、教学工厂等平台，依托这些平台，教学团队可承接企业项目，以此提升业务能力和综合素质，同时将项目内容转化为教学内容，推进课程、教材和教法改革。学生依托真实项目，分散到教学工厂、工作室学习和实习。学院依托校企合作的行业、企业和科研机构，引进技术技能人才。

（二）地方政府主导下的产业学院内部运行机制

地方政府主导下的产业学院一般采用董事会或理事会管理制度，实施的是董事会或理事会领导下的院长负责制。董事会或理事会由地方政府、行业协会、企业、学校等相关利益主体组建而成，负责产业学院的章程修订、发展规划、机构设置、院长聘任、预决算审核等，全面负责产业学院的发展方向、办学定位、专业设置等重大事项决策；院长在董事会或理事会的领导下，执行董事会或理事会日常事务的决策权，负责产业学院的具体运作和管理，负责整合资源和引入合作企业参与教学，在经费使用、人员配置等方面具有充分的自主权。

三、 地方政府主导下的产业学院办学体制与育人模式

（一）地方政府主导下的产业学院办学体制

办学体制突出强调的是办学主体，即由谁出资、由谁兴办学校，在此基础上，办学体制还涉及办学主体在什么样的制度环境中办学，办学过程中享有什么样的权利，应履行哪些义务和遵守哪些规章制度等。办学体制改革是优化教育资源配置，提高教育资源利用率，化解教育投入不足与资源相对浪费之间矛盾的有效途径。

政府是产业学院的元治理主体，以直接或间接形式参与产业学院治理。地方政府以行为主体直接参与推动产业学院建设，通过物质与非物质的激励手段，有效降低交易成本，向学校和地方支持产业中的企业提供支持；地方政府以间接方式参与产业学院建设，通过物质与非物质手段影响产业学院的目标、财政状况及具体的办学方式，例如制定政策规范和财政拨款等支持产业学院发展。学校是产业学院的专业型合作主体，提供教育资源、知识资本、教师和学生以及创新改革发展的体制机制。企业是产业学院的市场型合作主体，主要提供社会资本、企业导师、实训设施设备，以及创新创业和技术技能环境。行业组织是产业学院的信息发布主体，主要为行业内企业提供软价值的信息资讯服务和技术技能标准等智慧服务资源，很多行业组织的主要领导者是企业家与企业中的技术专家，他们以智库资源服务企业和社会。

（二）地方政府主导下的产业学院育人模式

1. 目标定位

服务产业发展是产业学院各主体联合的共同目标，也是产业学院存在的逻辑起点。产业学院把产业端的主体与教育端的主体有效连接，各主体携手培养产业所需要的技术技能人才，共同解决产业中的技术问题，更好地服务产业发展，是产业学院建设的内涵。在新业态下，产业转型升级单纯靠产业端主体或者教育端主体，都不能或者难以有效解决产业发展中的技术升级和人才缺口，特别需要两端主体的强强合作才能解决产业发展中的问题。在产业学院中，企业是所在区域相应领域的龙头企业，行业协会是政府与企业的桥梁和纽带；高等职业学院大多是区域内的知名院校，对应的专业（群）是区域职业教育的优势或者特色专业（群）。由服务于共同产业端的行业协会、企业主体与教育端的学校联合在一起组建产业学院，能够集聚和发挥各自的优势与特长，共同实现

服务产业发展和人才培养的任务，助力产业升级。

2. 实施路径

地方政府主导下的产业学院强调的是政府在产业学院中的主导地位，政府主导不是利用权力干涉学校办学、企业办企，而是运用职能，以主动服务实现主导。地方政府主导下的产业学院享有政府统筹规划发展、政策引领、资金扶持等优势。

地方政府搭台，校企供需匹配。产业学院的构建以行业企业的需求与学校的供给互补为基础。由地方政府统筹规划，学校的技术服务、技术技能人才培养和社会培训供给对接行业企业技术需求、岗位人才需求和员工培训需求。企业的生产设备、高级技师和岗位供给对接学校的实习实训教学设备、企业师傅、实习就业岗位需求。双方需求与供给的互补，为彼此之间合作提供了条件与动力，为产业学院校企合作运行提供框架可能。在供给与需求互补的基础上，产业学院以“人才培养、深度融合、开放共享、协同创新”为主线，协同单位间以签订协议的方式，组建运行机构，约定资源共享、人员交流、人才培养、协同研发、知识产权和利益共享事宜。

政策引导，融合育人。产业学院集人才培养、技术研发、技能培训、生产服务于一体。培养高素质技术技能人才，实现融合育人，是产业学院的运行核心。地方政府主导的产业学院通过政府发布的与产业发展相关的政策，引导产业学院通过深化人才培养供给侧改革，将人才培养与行业企业要求相融合，专业教师与能工巧匠相融合，理论教学与技能实训相融合，教学内容与工作任务相融合，技能鉴定与能力考核相融合，真正实现教育链、人才链、创新链有机对接，为新产业体系发展提供长期人才支撑，解决行业面临的人才培养无法满足劳动力市场需求的结构性矛盾。

3. 评价体系

产业学院是学生学习与能力考核的场所，也是面向学生和社会的技能鉴定场所。专业教师和企业师傅既是学生课程学习的考核者，也是学校和社会的技能鉴定者。作为一种产教融合的载体，产业学院存在的价值与意义在于与传统的校企合作相比，培养的技术技能人才素质更高、质量更好。高质量的人才培养会产生品牌效应，从而吸引更多的人力和资金投向产业学院，促进产业学院进一步发展。产业学院需要建立完善的教学质量监控体系，树立学生培养质量意识和全面的质量观，坚持严格的质量标准，建立科学合理的教学监控体系，形成分析、评价、反馈制度。在地方政府主导下的产业学院评价主体应当以政府为主，依托董事会（理事会），政校行企多方合作成立教学监控与评价委员会，对常规教学管理、教学过程实施、毕业生质量等进行跟踪，在此基础上实施专业教学工作年审，对人才培养工作进行反思，以保证人才培养的学术标准和专业水准，从质量控制、质量保证、质量改进提升三个方面保障人才培养的质量，持续满足行业企业不断发展的需求，提升产业学院的品牌效应，吸引区域内更多的知名企业加入产业学院建设。

第二节　地方镇政府主导下的产业学院育人实践

一、 地方镇政府主导下的产业学院育人模式

本节主要以中山职业技术学院产业学院办学模式为案例，通过对其建立背景、建立逻辑（产业学院的专业群与地方镇产业链对接等）、建立条件、建立现状、建立成效等方面进行分析，剖析地方镇政府主导下的产业学院育人模式特点。

（一）建立背景与逻辑

1. 专业镇特色产业结构促成中山职业技术学院“一镇一品一专业”办学格局

中山市位于粤港澳大湾区核心区位，是我国最早的一批沿海开放城市之一，也是我国重要的特色产业和优质产品生产基地，建成了全国包装印刷基地、国家健康科技产业基地、电子信息产业基地、民营科技园等技术含量较高的工业园区，形成了以高新技术产业为龙头，“一镇一（多）品”为拳头的多元化产业结构。南区电梯、小榄五金、古镇灯饰、沙溪休闲服装、大涌红木家具、南头小家电、黄圃食品等区域特色产业集群蓬勃发展（见图4－1）。基于中山产业与特色产业集群发展战略需要，2006年6月，中山市政府主导兴办了中山职业技术学院。学校紧贴中山产业结构特点，实施“一镇一品一专业”专业布局，建成与珠江三角洲区域专业镇先进制造业、现代服务业、战略性新兴产业等高度对接的专业与专业群，大胆探索政校企合作办学体制机制改革和“专业—产业”“人才—市场”无缝对接的人才培养模式改革，迅速形成了依托产业办专业、校企深度合作的办学特色。

2. 产教融合办学理念驱动创办产业学院

“十二五”期间（2011—2015年），中山产业进入结构调整与转型升级时期，要求产业核心竞争力有效提高。中山“十二五”规划纲要明确提出要创新

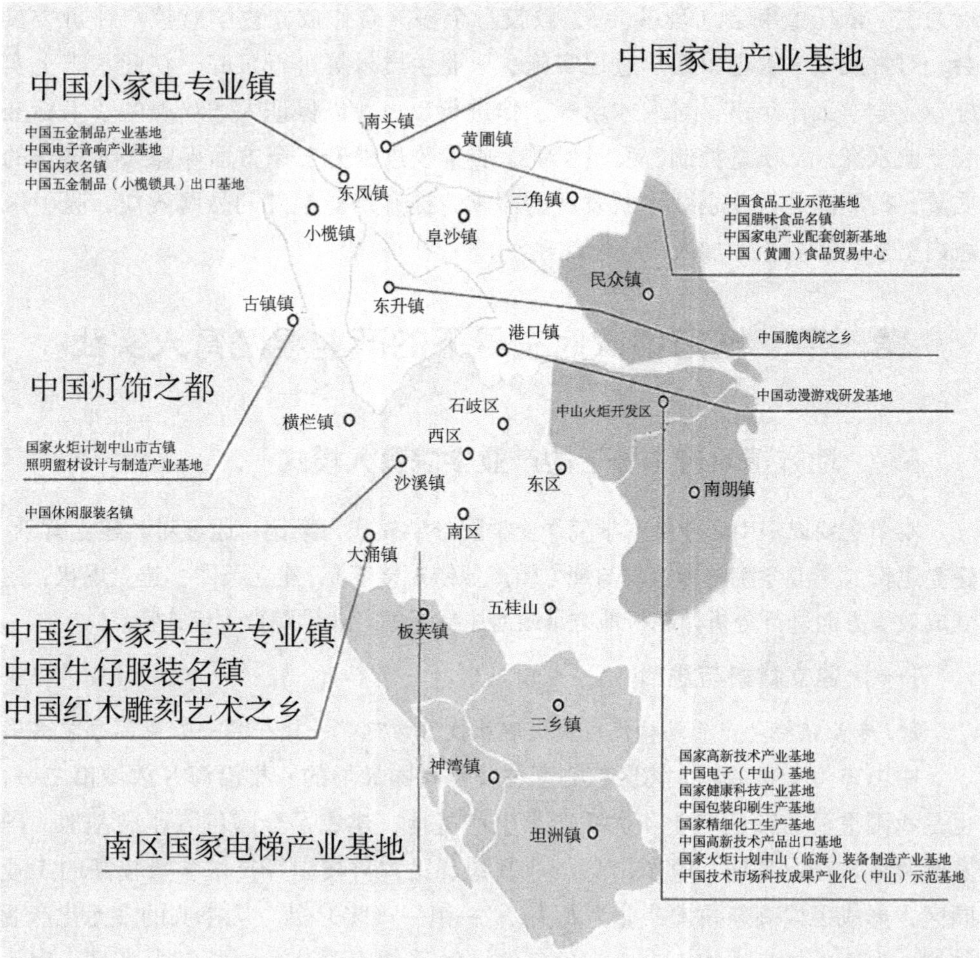

图 4－1　中山产业结构布局

驱动，实施科教兴国战略和人才强国战略，要增强科技创新能力，加快教育改革发展，培养高素质人才队伍。中山职业技术学院在国家宏观政策及地方产业政策的有力支撑下，办学迎来了质的飞跃，顺利迈入广东省示范性高等职业院校建设行列。根据“一镇一品一专业”的专业结构布局，结合专业镇区产业打造专业办学特色，学校开始谋划与专业镇深度产教融合，共建产业学院，并将产业学院创建列入省示范性高职院校建设重要项目。2011 年，学校提出依托现有优势专业（群），与专业镇政府在其产业园区合办产业学院的构想，得到了中山市、镇两级政府的积极响应。2012 年，学校在“中国休闲服装生产基地”沙溪镇成立“沙溪纺织服装学院”；2013 年，在南区“国家火炬计划电梯特色产业基地”成立“南区电梯学院”，在古镇镇“国家火炬计划照明器材生产基地”成立“古镇灯饰学院”，在小榄镇商贸物流园区成立“小榄学院”；2014 年又在“中国红木产业之都”大涌镇成立“红木家居学院”。

3. 广东省一流高职院校创建进一步促进了中山职业技术学院产业学院高质量发展

“十三五”期间（2016—2020 年），中山职业技术学院迈入广东省一流高职院校建设行列，产业学院建设得到了空前重视和强化。产业学院建设被学校列入广东省一流高职院校建设重要项目，尤其沙溪纺织服装学院体制机制改革被列为广东省一流高职院校建设试点二级学院综合改革项目。另外，产业学院建设还写入了中山市“十三五”发展规划。

学校“十三五”规划明确了建设目标：一要构建“镇校企”多元办学体制和高效开放、充满活力的校院二级管理机制；二要建成契合新型专业镇建设、引领产业发展、全国领先、与国际接轨的高水平专业和优势、特色专业群；三要打造一支名师引领、双师结构、国际视野的一流教师队伍；四要建成面向专业镇和中小微企业、具有国内领先水平的产学研园，进一步完善“总部＋基地”协同创新格局。中山职业技术学院在推进省一流校建设过程中，既考虑中山“四个定位”和新型专业镇建设的迫切需要，又有机结合国家和省、市创新驱动发展战略的迫切需要，同时还综合引领区域职业教育创新发展的迫切需要。在广东省一流校建设的项目带动下，中山职业技术学院落实中山“四个定位”和新型专业镇建设，国家和省、市创新驱动发展战略，引领区域职业教育创新发展的综合改革与创新实验平台，迎来了产业学院高质量的发展。

（二）建立条件及现状

1. 建立条件

产业学院建立的条件主要包括产业需求环境和产业学院办学合作方意愿（包括地方政府、行业企业、所属院校开展合作办学意愿及决心），中山职业技术学院恰恰具备上述两方面条件。一方面，中山有良好的产业环境，每个镇区都有一个或多个特色产业，且产业市场人才需求旺盛；另一方面，中山镇区地方政府、行业企业对产业学院的办学意愿强烈，参与产业学院合作办学积极主动。

2. 建立现状

中山职业技术学院目前已建立的产业学院包括沙溪纺织服装学院、南区电梯学院、古镇灯饰学院、小榄学院、大涌红木家居学院。沙溪纺织服装学院主要对接中山沙溪及周边镇区服装相关产业，古镇灯饰学院主要对接中山古镇及周边镇区灯饰产业、小家电产业，南区电梯学院主要对接中山南区电梯产业，小榄学院主要对接中山小榄现代服务、五金、电子电器等产业，大涌红木家居学院主要对接大涌红木家具产业。目前，沙溪纺织服装学院、古镇灯饰学院、大涌红木家居学院分别由艺术设计学院服装与服饰设计专业、产品艺术设计、家具艺术设计三个专业主导办学，南区电梯学院由机电工程学院电梯工程技术专业主导办学，小榄学院目前由经管学院主导办学。中山职业技术学院通过产业学院办学，将专业办到了产业镇区，并通过产业学院吸引对口行业企业、科研院所通过协同育人和协同创新等方式进行合作办学，形成了市、镇两级政府以及行业、企业、商会、科研院所、学校等多元投资办学体制，共吸纳地方政府、行业企业、科研院所各项资金 8 000 多万元，建成校舍 8.3 万多平方米；同时，在产业学院探索实行董事会（理事会）领导下的院长负责制，形成了政、校、企“人才共育、专业共建、师资共培、实习就业校企共推、共同创新、资源共享”的“六共”育人机制，形成了学校、地方镇政府、行业、企业和社区之间协同创新发展的办学格局，促进了学校、学生、产业、社区共同发展，成为地方镇政府主导下的产业学院多元合作办学的典范。

二、 地方镇政府主导下的产业学院育人内部运行机制

以下以中山职业技术学院沙溪纺织服装学院为例，介绍地方镇政府主导下的产业学院育人内部运行机制。

沙溪纺织服装学院是中山职业技术学院同中国休闲服装名镇中山市沙溪镇政府合作共建的产业学院，该产业学院成立于 2012 年 12 月，2013 年 9 月正式投入办学。学院建筑面积约 1.73 平方米，由沙溪镇政府免费提供办学场地，中山职业技术学院负责教学场室建设和教学管理运营。学院通过“镇校企”合作，努力打造协同育人和协同创新“双协同”平台（省级协同育人基地、省级协同创新中心），并通过平台机制创新，构建形成了“双协同”目标驱动的育人机制。

（一）产业学院内部组织架构

沙溪纺织服装学院内部组织架构经历了两个阶段：第一阶段为沙溪纺织服装学院创建阶段（2013 年 9 月—2015 年 9 月），此阶段主要组织架构如图 4－2、图 4－3 所示。

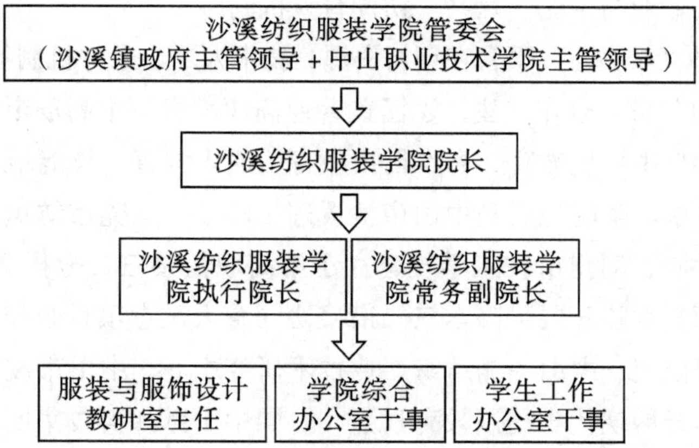

图4-2　沙溪纺织服装学院第一阶段内部组织架构

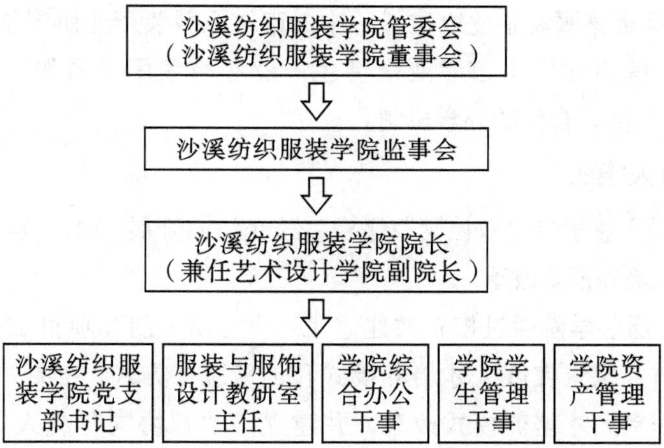

图4-3　沙溪纺织服装学院第二阶段内部组织架构

（二）产业学院办学机制

沙溪纺织服装学院在管理体制方面，借鉴了现代大学管理机制，最早提出“董事会领导下的院长负责制”，并成立了由政府、协会、企业、合作学校等机构组成的产业学院“董事会”机构，实行“董事会领导下的院长负责制”。在此基础上，学校联合几个产业学院成立了专业镇特色产业职教集团，目前该职教集团被评为全国和省示范性职教集团。在沙溪纺织服装学院董事会机制带动下，地方政府有效介入，为专业建设提供资源、政策和制度保障；学校与政府、行业、企业密切协作，为地方产业经济发展服务，实现互利共赢：形成了“双协同”目标驱动专业与企业“六共”协同育人机制。

学院利用“双协同”平台在创新资源、技术人才、条件机制等方面的优势，开展“双协同”育人合作，建立了涵盖普通高职教育、中高职衔接教育、现代学徒制教育、自主招生教育、高本衔接教育、成人教育、技能培训教育等贯通的人才培养体系。学院先后与中山市沙溪理工学校、东莞市纺织服装学校、中山中等专业学校、潮州市技工学校建立了中高职衔接三二分段教育项目合作，同广东岭南师范学院开展了高本三二衔接协同育人试点项目合作，同中山巨邦科技集团有限公司、中山中测纺织产业技术研究中心、中山市波特邦威服饰有限公司等合作开展现代学徒制教育试点，协同中山巨邦科技集团有限公司、中山中测纺织产业技术研究中心、中山市尚道服饰有限公司成功申报广东省产教融合型企业。学院联合中山市服装设计师协会、中山市纺织工程学会、沙溪服装商会以及40多家服装企业组建了“中山市纺织服装产业协同创新联盟”，联合其他产业学院组建中山市专业镇特色产业职教集团（省级），逐步形成了“镇、校、企”多元合作的办学机制。

（三）育人模式

（1）依托产业学院“双协同”平台，校企协同开展“工、学、研、创”项目工作室人才培养模式改革。

沙溪纺织服装学院通过校企共建“工、学、研、创”项目工作室，以工作室项目为载体，探索实践人才培养模式和创新服务方式，推行“工、学、研、创”项目工作室人才培养模式改革，并建立了“双协同”育人贯通培养体系（见图4－4）和工作室主导的“四双融合”项目化课程教学体系（见图4－5）。

学院通过校企共建“工、学、研、创”项目工作室，以工作室项目为载体，校企共同探索实践人才培养模式和服务创新方式，共同开展专业教学标准（省级、全国专业教学标准）研制、国家专业教学资源库建设等10余项重大改革项目合作，专业取得了丰硕的教学改革成果。学院通过校企合作精准育人教学改革实践，先后获得国家级教学成果奖二等奖1项、省级教学成果一等奖2项（见表4－1）。

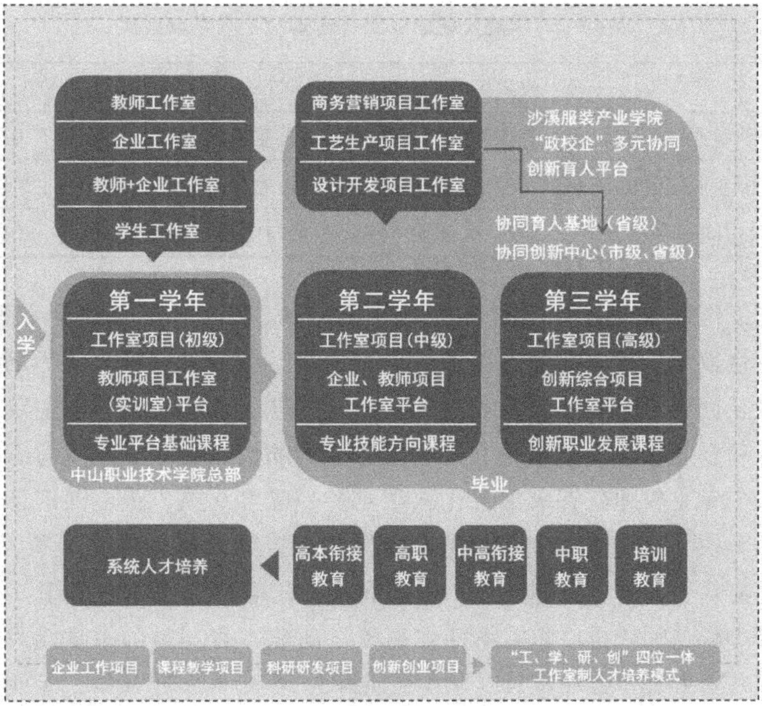

图 4－4　“双协同”育人贯通培养体系架构

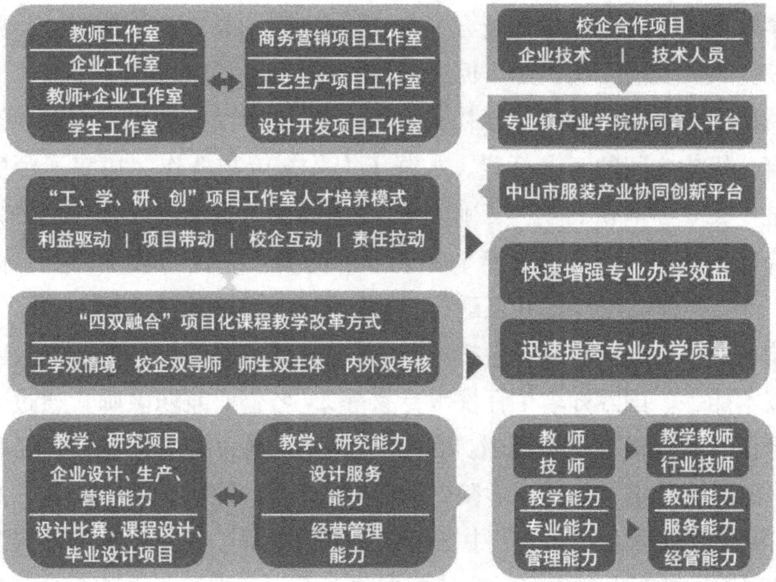

图 4－5　工作室主导的“四双融合”项目化课程教学体系

表4-1　学院获省级以上（含省级）教学成果奖

序号	成果名称	级别	时间
1	基于专业镇创办产业学院探索政校企合作育人长效机制	国家二等奖	2017年10月
2	基于专业镇创办产业学院探索政校企合作育人长效机制	省级一等奖	2017年10月
3	双协同平台驱动下服装专业人才培养模式改革与实践	省级一等奖	2019年10月

通过工作室项目引领，推进双情境、双导师、双主体、双评价“四双融合”课程项目化教学改革，有效解决了校企合作难、项目对接难、双师培养难、成果转化难、社会服务难等诸多难点和痛点，促进了专业教师与学生双向综合能力的提升和专业教学质量水平、社会服务能力的快速提高。沙溪纺织服装学院建立以来，专业教师获省级信息化教学竞赛一等奖6项，获全国信息化教学竞赛一等奖1项、三等奖6项；学生获全国职业技能大赛一等奖1项、二等奖2项、三等奖6项，省级技能大赛一等奖6项、二等奖7项的好成绩。2017年专业教师符小聪老师获得广东省第四届高校（高职）青年教师教学能力大赛总决赛一等奖并获省五一劳动奖章。学生就业率连续三年高于98%，专业对口率平均在84%，高于同类专业平均水平。

（2）通过“工、学、研、创”创新工作室项目合作与工作室项目校企协同育人，学院促进了专业教学知行合一与工学结合，建立了“双师型”师资培养机制、校企人员互通互聘机制，促进了教师和学生的双向成长。

沙溪纺织服装学院通过“双协同”平台项目建设，搭建了专业、行业、企业、政府、机构之间的互通桥梁，加强了人才交流与合作，拓宽了师资建设渠道；通过“工、学、研、创”工作室师生全覆盖，促进了专业教学知行合一、工学结合，形成了一支专兼结合、德艺双馨的高水平优秀教学团队；促进了企业技师、专业教师、学生的相互融合与德能提升。学院依托“工、学、研、创”工作室项目合作，先后聘请了包括中国十佳服装设计师、广东十佳服装设计师、广东省技术能手、国际知名牛仔洗水专家等25名企业兼职教师，通过专兼职教师项目合作，有效促进了专职教师的教学与实践能力的快速提升，促进了教学队伍水平的迅速提高。目前，学院专职教师中，高级以上职称10人，高级技师8人，省级专业领军人才1人、中国十佳服装设计师1人、广东十佳服装设计师2人、广东省技术能手1人、省级技能大师1人、市级技能大师5名、省级工艺美术大师1人。专业教师依托工作室平台开发、设计产品，在北京时装周举办专场发布会3场，在广东时装周举办专场发布会1场，每年指导学生参加广东省大学生时装周毕业生设计作品展演活动。教师工作室创建的服装品牌“酷侣”“敦荣”分别获“广东省最佳休闲服装品牌”“广东省年度十大品牌”称号。

（3）通过“双协同”平台驱动，学院实现了教学条件、创新创业教育水平、创新服务能力等全方位的提升。

在教学条件提升方面，学院建成了国内先进的校内实践基地。通过沙溪纺织服装学院建设，学院建立了“沙溪服装专业镇产业学院”省级协同育人基地、“中山市纺织服装产业协同创新中心”省市两级协同创新中心、广东省高校产教融合创新中心、省实训教学基地等一批具有广东特色的服装专业教学资源平台；新建了服装一体化实训室、服装材料设计实训室、服装学术报告厅、服装机房（电商）实训室、服装纸样实训室、服装工艺智慧实训室、服装虚拟仿真教学实训室、服装计算机辅助设计实训室等30多间校内实训场室（工作室），建立了5个市级大师工作室；还新建了国家纺织面料馆中山分馆、中山公共图书馆、大学生创新创业孵化中心、中小微企业服务中心［时尚综合展演厅、音响灯光控制室、商务接待室、品牌策划推广工作室、产品陈列室、象形设计室、牛仔激光环保（洗水）工艺技术研发中心工作室、中山市纺织服装产业协同创新中心共享检测实验室］等20多间“产、学、研、创”一体化教学与实践场室。校企还共建20多家校外实践教学基地，推动建立省级产教融合型企业3家、省级现代学徒制合作企业3家、企业双师型培养基地1家，构建形成了集服装专业人才培养、设计研发、技术研究、社会服务、大学生创新创业孵化等多功能一体的产教融合平台。

在创新创业教育方面，学院将创新创业教育与产教融合、校企合作项目结合，同“产、学、研、创”工作室项目结合，取得实质性成效。学院与中山市尚道服饰有限公司、中山斯飞比尔技术研发有限公司合作建立了大学生创新创业孵化中心、斯飞比尔牛仔服装激光环保（洗水）工艺技术研发中心（大学生创新创业孵化基地），并将“大学生创业基础”作为公共必修课，纳入人才培养方案。该课程按照分阶段、模块化的方式面向全体学生开设，使全体学生都能接受创新创业教育。学院将“创新创业工作室项目”以及创业实训项目作为专业选修课，列入人才培养方案，开设多门创新创业教育选修课，并根据学生的兴趣和专业特点制定个性化创业课程教学包，供学生选择；对于有较强的创业意愿或参加过创业计划大赛的学生，集中开展创业专门化培训，提高他们的创业技能。学院还将学生完成的科技创新实验、发表的论文、获取的专利及自主创业等成果折算为学分，将学生参与教师工作室的课题研究等认定为课程学习，实行技能对等学分替换。

在创新服务能力方面，学院搭建了产学研结合的技术推广服务平台，主动面向行业企业开展技术服务、成果转化。学院建立的“中山市纺织服装协同创新中心”被立项为“省级应用技术协同创新中心”“中山市协同创新中心”这省、市两级应用技术协同创新平台，建立了国家纺织面料馆中山分馆、牛仔激光环保（洗水）工艺技术研发中心、中山市纺织服装产业协同创新中心共享检测实验室、中山书房沙溪纺织服装学院自助图书馆、沙溪纺织服装学院尚道大学生创业孵化基地、沙溪纺织服装学院培训服务中心、时尚综合展演厅等一系列公共服务平台。

（4）通过“双协同”项目带动，学院有效促进了对外交流与合作。

沙溪纺织服装学院自创办以来，以“双协同”项目为驱动，大力推进“产、学、研、创”项目工作室制人才培养模式改革和“四双融合”项目化课程教学改革，取得了丰硕的办学成果，在国内外形成了广泛的影响力。学院国际合作办学取得积极成效，专业与多家境外知名服装院校开展全球交流合作，引进国际先进职业标准和服装技能人才培养标准。例如：同维欧国际教育科技（深圳）有限公司合作，引进国际顶级艺术与服装院校教学标准，提升了专业国际化办学水平；引进了土耳其激光洗水团队，共建斯飞比尔牛仔激光环保洗水工艺技术研发中心。学院与香港职业训练局合作，为香港学生开展了 3 期服装项目培训；组织了 36 位学生赴境外交流学习；专业教师赴境外进行学术访问、交流学习及举办个人作品展 12 人次；吸引百余所境内外院校以及社会各界人士共 3 280 人次前来交流学习。

三、 地方镇政府主导下的产业学院育人外部保障机制

（一）组织保障

1. 成立沙溪纺织服装学院建设管理委员会（董事会）

为了持续推进沙溪纺织服装学院建设与发展，中山职业技术学院协同沙溪镇政府共同组建了沙溪纺织服装学院建设管理委员会（简称“管委会”），管委会成员由沙溪镇经信部门领导、教育部门领导，以及中山职业技术学院分管教学、科研与校企合作的校级领导和其他各职能管理部门领导担任。管委会定期召开针对沙溪纺织服装学院重大决策的会议。中山职业技术学院组建沙溪纺织

服装学院董事会，董事会成员由沙溪镇政府主管部门领导，中山职业技术学院分管教学、科研与校企合作的校级领导及艺术设计学院主要领导，校企合作企业负责人，行业机构负责人组成，定期召开董事会议，董事会负责任免沙溪纺织服装学院院长，负责沙溪纺织服装学院重大项目建设规划、决策、组织、资源筹措与调配、指导、督促等工作。董事会向沙溪纺织服装学院管理委员会负责。

2. 组建由沙溪镇政府和中山职业技术学院双方共同参与管理的学院业务领导班子

沙溪纺织服装学院业务领导班子主要由沙溪镇政府经信局局长、中山职业技术学院艺术设计学院院长、沙溪纺织服装学院院长、沙溪纺织服装学院执行院长、沙溪纺织服装学院常务副院长等组成。具体分工为：由沙溪镇政府经信局局长兼任沙溪纺织服装学院副院长，负责沙溪镇政府方面对接协调工作；艺术设计学院院长负责中山职业技术学院方面对接协调工作；沙溪纺织服装学院院长、沙溪纺织服装学院执行院长、沙溪纺织服装学院常务副院长为沙溪纺织服装学院日常管理团队，实行董事会领导下的院长负责制。

3. 成立沙溪纺织服装学院项目建设工作小组

沙溪纺织服装学院项目建设工作小组具体负责沙溪纺织服装学院项目的建设工作，包括编制学院项目建设方案，制订年度项目建设计划，具体组织实施项目建设工作，并及时总结、交流沙溪纺织服装学院项目建设经验，保证沙溪纺织服装学院项目建设工作的有序、优质、高效进行。

4. 成立沙溪纺织服装学院监事会

监事会负责制定沙溪纺织服装学院项目建设量化考核办法和细则，对沙溪纺织服装学院项目建设进度、项目资金使用、设备采购、项目质量和目标的监控、教学质量等进行监督、检查和绩效考核。

5. 组建中山市专业镇特色产业职业教育集团

中山市专业镇特色产业职业教育集团（简称“集团”）是在广东省教育厅领导下、中山市教育和体育局的指导下，以中山职业技术学院为牵头单位，联合中山特色专业镇（区）、职业院校、行业协会、企事业单位、科研机构等组织，按照平等共赢的原则，自愿组建的非独立法人组织。集团按照“产教融合、资源共享、优势互补、互利共赢”的原则，紧密围绕区域经济结构调整和产业转型升级，充分发挥政府、院校、行业企业、科研机构等各方优势，构建产教融合平台，创新产学研合作机制，推动政校行企深度合作，实现职业教育和产业优势互补、资源共享、协同发展的目标。

集团实行单位成员理事会制度，理事会由理事长单位、副理事长单位和理事单位构成。集团广纳具有独立法人资格的院校、有影响力的企事业单位、行业组织加入成为会员单位，共同为中山的经济腾飞做出贡献（见图4－6）。

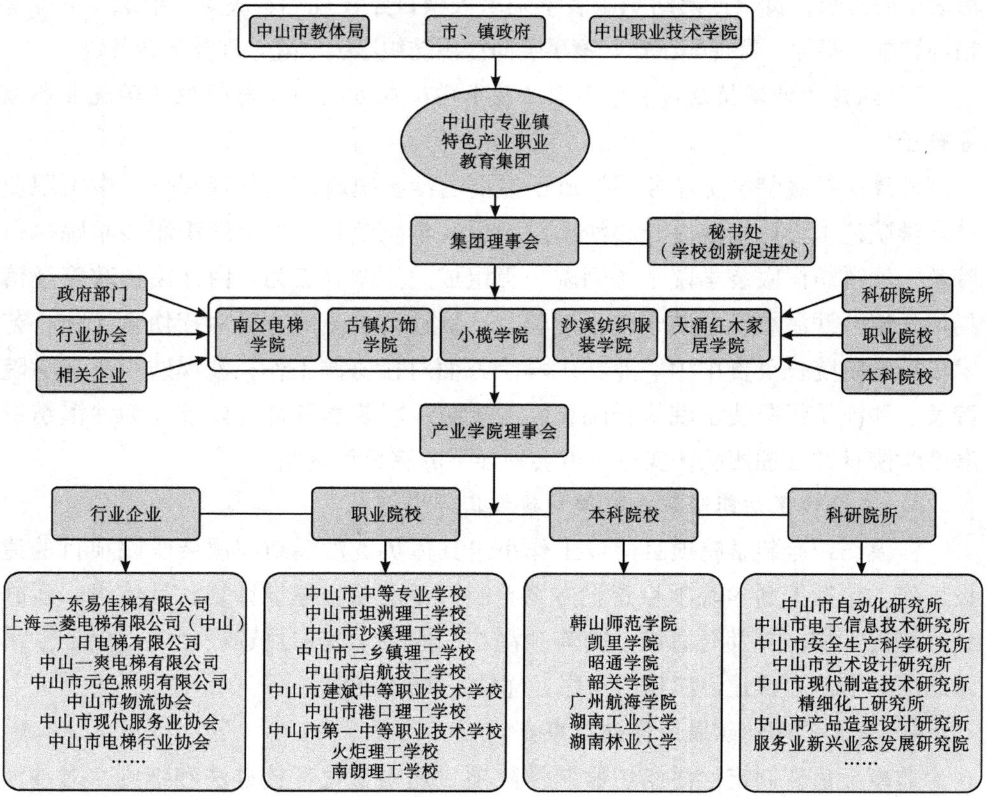

图4－6　中山市专业镇特色产业职业教育集团架构

（二）政策保障

产业学院是推进和深化产教融合改革的有效载体，在深化产教融合改革政策保障方面，《国务院办公厅关于深化产教融合的若干意见》（国办发〔2017〕95号）、教育部等六部门印发的《职业学校校企合作促进办法》（教职成〔2018〕1号）、《广东省人民政府关于创建现代职业教育综合改革试点省的意见》、《广东省现代职业教育体系建设规划（2015—2020年）》、《广东省职业教育“扩容、提质、强服务”三年行动计划（2019—2021年）》、《关于印发广东省产教融合建设试点实施方案的通知》（粤发改社会〔2020〕418号）等系列政策文件，是深入推进沙溪纺织服装学院建设的重要政策依据。

（三）制度保障

按照产业学院建设项目要求，结合学校相关管理制度，学校出台了针对产业学院的相关管理制度，并在广东省一流校建设项目中将沙溪纺织服装学院的“多元办学”体制改革列为学校二级学院综合改革项目。这些改革举措包括：

1.“多元办学”的产权结构

在现有资产结构的基础上，加强了沙溪纺织服装学院与行业企业的深度合作，进一步扩大行业企业投资，进行了混合所有制办学试点。此外，沙溪纺织服装学院还与境外机构合作，并以适当方式吸收其他社会组织的资源办学，形成以镇政府、行业企业、学校、境外机构、其他社会组织共同合作的“多元投资”“多元办学”的产权结构。

2.“多元办学”的治理机制

沙溪纺织服装学院逐步理顺了多元主体间的责权利关系，建立了“多元共治”的治理结构和治理制度，形成了镇校企“多元协同育人”长效机制；成立了沙溪纺织服装学院新一届董事会、监事会，确定了董事会、监事会、学院领导班子及内部机构设置，开展了董事会相关活动，在各产业学院董事会基础上成立了中山市专业镇特色产业职业教育集团；调整了产业学院院长聘用及岗位职责，调整了产业学院内部机构设置，实施沙溪纺织服装学院目标管理制度，增加沙溪纺织服装学院各部门的灵活性和适应性。

3.“多元办学”的资源整合机制

沙溪纺织服装学院依托专业镇产业学院协同育人平台，由学校牵头，引进了院校、沙溪镇政府、行业企业、其他社会机构等多方资源进驻学院，共建协同育人、协同创新平台，构建多元合作办学机制。此外，其还出台了《沙溪纺织服装学院校企合作管理制度》，签订了“镇校企”协同育人合作协议。

4.“多元办学”的监管协调机制

中山职业技术学院针对产业学院进行校院两级治理结构体制改革，出台了《沙溪纺织服装学院试点 二级学院“多元办学”综合改革实施方案》，出台了人事、财务、教学等配套管理制度，制定了针对沙溪纺织服装学院的二级学院试点改革的人事、财务、教学、资产等管理制度和办法；制定了《二级学院目标管理制度》，深化了学校层面的人事、财务、教学等管理制度改革，对二级学院实行目标管理，完善工作督查机制和问责制度，有计划地开展工作督查和行政监察，建立了对二级学院的监督协调机制，有效地对二级学院进行监管和协调；

建立了第三方组织（沙溪纺织服装学院董事会和监事会）代理学校督察监管二级学院办学机制；制定了中山职业技术学院产业学院办学质量保障制度，有效地发挥学院董事会、学校纪检监察、教务处、督导等机构在二级学院办学指导、过程监控、绩效考核、质量跟踪等职能。

（四）经费保障

1．经费来源保障

中山职业技术学院产业学院建设经费主要来源于中山市政府财政专项、中山职业技术学院专业建设项目、镇区地方政府财政、行业企业投入。目前，中山市政府财政专项累计投入资金 2 100 万元，专业建设项目累计投入资金近 8 000万元，镇区政府以及行业企业投入 7 000 多万元。

2．经费使用保障

中山职业技术学院每年设立产业学院专项经费预算，镇区政府根据合作协议严格执行配套支持资金，并列入镇区政府年度财政预算支出项目。另外，中山职业技术学院还配套制定了《项目专项资金管理办法》等相关规章制度，对省级财政专项资金、地方配套资金、合作镇区投入资金和社会捐赠资金的使用和管理做到专款专用，不截留、不挪用；按照《高等学校会计制度》要求单独核算示范性高职院校建设经费；根据省一流高职院校建设要求和建设项目的预算内容，合理有效使用各项资金，加强对各建设项目的科学论证，严格项目审批，明确资金使用范围、审批权限，加强预决算管理等；资金使用全过程接受第三方审计监督。

产业学院建设所需设备全部纳入政府采购，严格执行《中华人民共和国政府采购法》的有关规定，经过招投标、集中采购等方式进行设备采购。

中山职业技术学院还构建项目建设公共网络管理平台，对产业学院建设项目的实施、资金投向及年度资金调度安排、固定资产购置等实行全过程管理，确保专项资金年度使用计划按期完成。

四、沙溪纺织服装学院“双协同”驱动人才培养模式改革与实践

“双协同”驱动人才培养模式是指以协同创新、协同育人为目标驱动的人才培养改革与实践模式。产业学院作为政、校、行、企多主体合作共建的集教育教学、技术研发、技能培训、生产服务等于一体的实体化职业教育机构，在提

升企业重要办学主体地位，推动深化产教融合、校企合作方面发挥十分重要的作用，并成为有效提高技术技能人才培养成效的一条重要途径。

（一）沙溪纺织服装学院办学目标定位

产业学院首先要突出“产业”，这就意味着产业学院办学要从依托产业和服务产业两个维度来进行办学定位。依托产业是指产业学院专业办学对接的产业是专业办学的依据和支撑条件，主要包括专业对接的产业特点、产业规模、企业发展状况、人才需求和产业未来发展趋势等；服务产业指的是满足产业（企业）的需求，包括岗位人才需求、技术服务需求、人员培训需求、创新服务需求以及其他服务需求等。我国产业学院目前主要由地方本科院校和高职院校在主导办学，基本以服务地方产业经济发展为办学目标，因此，对接地方产业经济发展必然是产业学院办学的根本任务。另外，地方经济发展离不开国家战略的支撑和宏观政策的支持，因此，产业学院必须要立足地方产业经济发展需要并结合国家战略发展长远需求进行长远规划和专业办学目标定位。

中山职业技术学院产业学院办学正是基于以上理论进行办学目标定位。首先，结合中山专业镇特色产业集群发展特点，建立了沙溪纺织服装学院、古镇灯饰学院、大涌红木家居学院、南区电梯学院、小榄学院等特色产业学院。其次，抓住区域产业转型升级发展机遇大力推进产业学院改革。中山职业技术学院针对中山传统特色产业向先进制造产业升级过程中所引发的产业结构变化和人才需求变化进行改革，调整专业布局，改革人才培养模式，深化产教融合形式。同时，其还抢占国家战略机遇，主动服务粤港澳大湾区建设、“一带一路”倡议、国家创新驱动战略（创新城市、产教融合型城市），发挥中山地处于粤港澳大湾区几何中心核心地位和《粤港澳大湾区发展规划纲要》明确的“东承西接”功能，打造成为珠江东西两岸融合发展的支撑点、沿海经济带的枢纽和粤港澳大湾区的重要一极。

（二）沙溪纺织服装学院协同育人平台构建

产业是产业学院办学的依托和基础，协同创新是产业更高质量发展的市场选择和最优途径，产业升级必然引发产业在技术、生产、产品、销售、服务、组织管理及岗位要求等方面的变化，无论产业升级到“产业高端”还是“高端产业”，均需要依托产业创新手段来实现。产业创新手段分为“技术创新、产品创新、市场创新、产业融合”四个阶层。“产业融合”作为产业创新的最高阶层，在市场要素聚合下会形成产业协同创新需求，而产业协同创新需求最终又会落到产业创新人才上来。产业创新人才要求有创新思维，掌握跨界知识及多种技术，而这类人才靠单个企业和行业是无法培养的，因此需要多元协同育人来培养产业创新人才，这样也就形成了产业协同育人需求。正因为产业的协同育人需要，给产业学院办学提供了逻辑依据，即：通过政、校、行、企多元合作，共建产业学院协同育人平台；开展多元协同育人项目合作，将产业各种创新资源引进产业学院；建立协同育人平台与协同创新平台相互融合、协同育人与协同创新相互促进的良性循环机制。产业学院通过对多元办学主体的有机整合，打通院企合作、院所合作、院地合作以及技术协同的交流渠道，破除制约发展瓶颈，建成结构严密、互相促进、功能齐全的发展渠道，形成协同创新、协同育人“双协同”驱动发展模式。

（三）沙溪纺织服装学院“双协同”机制创新

协同育人和协同创新既是产业的发展要求，更是产业学院发展的根本要求。如何在产业学院推进“双协同”发展，对接产业链、创新链，建构产业学院“双协同”办学机制是关键。首先，要推进产业学院混合所有制改革，通过组建产业学院职教集团或产业学院托管机构等管理模式（注册运营实体），从政策和制度层面赋予产业学院独立法人资格，使其享有自主办学权利。二要充分放权给产业学院，即打破学校、院系、产业学院层级管理，构建以产业学院项目驱动与项目管理的协同创新与育人机制。三要明确产业学院办学合作各方的主体责任，合理设置产业学院组织管理架构。四要增强企业主体意识，突出企业与学院的双主体责任，积极发挥地方政府的指导与引导作用，发挥地方政府在资源引进、政策引导、条件支持等方面的作用，同政府建立以社会效益、政策效益为主要指标指向的产业学院长效合作机制。五要同产业园区、行业协会、合作企业建立利益共享、责任共担、专业共建、人才共育、师资共培、创新共推的协同育人机制。六要制定产业学院混合所有制改革政策与制度，明确产业学院合作办学各方产权和职责。联合产业学院办学合作各方共同制定校企合作管理制度、利益分配制度、教学管理制度、专业建设制度、师资培养制度、企业培训制度、校企协同创新制度、社会服务制度等。

高校由于多年形成的层级管理，牵扯的利益与矛盾是多方面的，要突破上述机制是非常困难的。产业学院只有在“双协同”办学机制方面取得创新突破，才能激发多元合作办学的内生动力。

（四）沙溪纺织服装学院“三融合”人才培养模式创新

“产业融合”是产业创新发展的最高形式，也是推进产业学院办学思维改变，开展专业（学科）融合、专创融合以及专业群建设的参考依据。以中山产业为例，中山是我国制造业较发达的地区之一，区域内聚集了灯饰、服装、家居、家电等多个千亿级的产业集群。目前，这些传统产业的亮点和优势依然存在，但面临产业模式、技术、人才和市场等多重困境，尤其是产业朝先进制造业升级过程中急需的先进性材料、数字化设计、智能化制造、信息化管理、网络化经营等方面人才供需矛盾突出，关键技术协同攻关体制机制还有待建立和形成。

随着新一代信息技术发展，特别是粤港澳大湾区国家战略的深入实施和人民对美好生活的需要日益广泛，这些传统制造业在向智慧照明、智能穿戴、健康家居、自动化制造等先进制造业转型升级中，将呈现先进设计、人文绿色健康及可持续发展理念和信息技术的集成融合发展，产业数字化、智能化及产品高端化等发展趋势日趋明显，产业对人才的需求发生重大变化。未来中山首要解决的是数字化设计、智能化制造、信息化管理、网络化经营、文化创意等创新型复合型人才的获得，以及高校和科研院所及企业的协同问题。产业融合发展必然要求人才培养也要适应产业的变化。因而，推进专业融合（专业群建设）、专创融合就成为中山职业技术学院深化特色产业学院办学发展的首选策略，具体实施可从以下四个方面着手推进。

1. 创新“双协同、双贯通、三融合”人才培养模式

以产品艺术设计为核心专业，联合服装与服饰设计、家具艺术设计专业组群，实施专业镇特色产业学院多元协同育人模式，精准对接先进轻纺产业链的先进材料、数字化设计、智能制造、信息化管理、网络化经营等重点领域的产品研发、生产、管理、营销等岗位群。依托古镇灯饰学院、沙溪纺织服装学院、大涌红木家居学院三个特色产业学院及创业学院协同创新育人平台，以产教融合“双协同”驱动，实施多类型工作室项目课程贯通和创新创业人才培养贯通的人才培养路径，深化“产、学、研、创”项目融合、“创意、科技、市场”能力融合、“行业大师、专业教师、企业技师”教学融合人才培养手段，培养产业急需的创新型复合型技术技能人才。

2. 聚焦人才培养目标的人才培养体系构建

针对产业转型升级所引发的产业链、创新链、人才链、教学链的新变化和新要求，构建贯通本科层次职业教育、高等职业教育、中等职业教育的人才培养体系；融合现代学徒制、1+X 证书、成人教育、职业培训教育、社区教育等多类型教育形式，建立通识单元、核心模块、综合领域等能力贯通培养的模块

化课程体系和产教融合教学资源库，将新技术、新材料、新工艺、新设备、新方法等知识融入课程教学，校企共同开发产教融合的模块化项目课程及教学资源。要根据产业发展，优化专业结构设置；根据职业标准，完善课程体系建设；推进“课程思政”“专创融合”教学改革。

3. 依托“双协同”驱动，推进“四双融合”课程教学改革

通过“双协同”驱动发展，带动产业学院校企项目合作，促进校企合作项目与课程项目融合，促使专业教学知行合一与工学结合。以校企合作项目为载体，大力推进项目化课程教学改革，形成产业学院双情境教学、双导师授课、双主体转换、双教学评价的“四双融合”特色教学形式。促进产业学院教学过程同生产过程对接，促进校企双师互动与双向能力的提高，有效带动师资队伍建设和社会服务建设。

4. 创新驱动，提升产业学院绩效水平

强化产业学院市场化办学意识，多渠道激活产业学院自身造血功能。一是充分发挥产业学院在产业链、创新链、人才链的独特优势，利用好产业学院在技术、人才以及各方面资源整合的平台优势，转化为产业学院办学的效益。二是通过产业学院多元协同机制，汇集社会各方面力量投入产业学院建设。三是加强高质量专业人才培养，为产业输送更多的、企业急需的人才，形成一定办学规模，让社会与企业得到大的受益和看得见的实惠，使他们更愿意加大对产业学院的办学投入。四是让学生能够深切感受到产业良好的发展前景，对未来职业充满信心，激发学习专业知识的热情。要让产业学院的发展，从本质上契合学生、高职院校和企业三方的共同利益取向。五是通过优化管理，降低运行成本，并依靠自主创业和协同创新发展来拓展、提升产业学院的发展空间，激发产业学院的内生动力，提升产业学院的绩效水平。

五、 可能存在的问题及破解路径

（一）可能存在的问题

1. “产业学院董事会”机制下企业办学主体作用发挥不够

虽然沙溪纺织服装产业学院办学实践取得了许多成果，但也存在一些深层次的问题和矛盾。比如产业学院“董事会领导下的院长负责制”，在产业学院办学初期，董事会机制能够在资源引进、监督管理、指导办学等方面起到一定的作用，但随着产业学院办学的深入和各种利益的相互作用，产业学院董事会机

制越来越难以发挥有效的管理作用。由于产业学院投资主体是学校和地方政府，行业企业只能是参与办学的一方，与学校和地方政府无法享有平等地位，这也就导致企业无法参与产业学院的决策和核心管理，而产业学院办学又必须突出产业和企业的办学主导作用，因而形成了地方政府与学校在现有体制下均不敢大胆让利给企业、赋予企业同等权利，使企业难以真正成为办学主体的状况。

2. “产业学院院长负责制”的责任与权利边界矛盾

“产业学院院长负责制”存在责任与权力边界的矛盾，主要体现在学校或产业学院上层管理者能够多大限度给予产业学院办学自主权和管理权。受学校传统层级管理模式以及一些既得利益的影响，学校给予产业学院的权利和责任是不完全匹配的，往往会责任大过权利，会不断增加许多制约因素，从而成为影响产业学院体制机制深化改革的最大障碍。

3. 协同创新保障机制还不够完善

产业学院除了协同育人，还要进行协同创新，虽然通过“镇、校、企”合作建立了一些协同创新平台，但是，在产业快速融合发展的背景下，产业学院协同创新的步伐与产业发展还没有同步起来，缺乏持续协同创新动力，体现在协同创新机制还不够健全、不够灵活，激励措施不够到位，缺乏协同创新专业团队，等等。

（二）破解路径

（1）加强产业学院管理机制建设，突出企业办学主体作用，对接产业链、创新链，建构产业学院“双协同”目标驱动育人机制。

（2）优化产业学院机构设置，完善“产业学院院长负责制”，给予产业学院院长更多专业自主权和开展专业教学改革的制度保障。

（3）创新产业学院协同创新与协同育人机制，深入推进产业学院混合所有制改革。

第三节　市政府主导下的中恺汽车产业学院育人实践

一、市政府主导下的产业学院育人模式

市政府主导下的产业学院，是指在地方市政府相关部门支持下，职业院校与行业协会、企业等社会力量联合申报，在地方政府部门审批备案成立的产教

融合实体机构，具备开展现代学徒制、中高职贯通培养、社会培训、技术创新等功能。

（一）建立背景及逻辑

近年来，佛山市开展创建现代职业教育综合改革示范市工作，在体制机制层面开始对职业教育体制机制突破创新。其中一项重要创新改革就是以现代学徒制公共实训中心为基础，建设混合所有制产教融合实体。公共实训中心在国内已有成熟案例，但是佛山市通过社会力量与职业院校共同出资，在民政部门登记注册“民办非企业”独立法人实体机构。根据我国《民办非企业单位登记管理暂行条例》规定，所谓民办非企业单位，是指企业、事业单位，社会团体和其他社会力量以及公民个人利用非国有资产举办的，从事非营利性社会服务活动的社会组织。这种“老瓶装新酒”的形式，可进一步丰富公共实训中心功能，建成混合所有制产教融合实体，面向社会独立运作。

（二）建立条件

地方政府在出台产业学院建设相关政策后，由职业院校和行业协会、企业联合申报，地方政府审批登记，一般由政府教育部门担任指导单位，产业学院成立理事会，实行理事会领导下的院长负责制，下设办公室、教学部、财务部、产教融合部等部门，制定《产业学院理事会章程》《产业学院运营方案》《产业学院财务制度》等相关管理规章制度，面向市场运营，建立内部多元治理、市场运营机制。

产业学院突破了原有职业院校二级学院松散的管理方式，采用了理事会指导下的院长负责制，同时利用会员制，吸纳产业链中具备人才培养能力的优质企业加入。产业学院会员单位有义务承担中心所有人才培养的责任，同时，产业学院也作为会员单位的服务窗口，为会员单位人才储备、技术创新和员工提升提供服务。在会员单位管理方面，对于各会员单位按照《产业学院理事会章程》履行职责，按年度进行考核。对于考核优秀的理事单位，可根据政府部门相关制度给予奖励，并且提供保障性的服务。对于考核不合格的会员单位按《产业学院理事会章程》予以清退。

（三）建立成效

政府主导下的混合所有制产业学院打破了传统校企合作学校与企业两个主体之间的界限，由学校和企业联盟共同成立一个新的实体，登记注册独立法人机构，独立运营，自负盈亏，结成校企发展共同体。该实体的运作，直接关系着企业人才储备和战略发展的命运，同时也关乎职业院校发展和转型的行业走向。企业依托政府主导下的混合所有制产业学院，进一步提升了企业的人才培训成效、技术创新成果；学校依托政府主导下的混合所有制产业学院，则提升了专业建设及师资培养成效。

二、 市政府主导下的产业学院育人内部运行机制

产业学院内部运行机制是产业学院为了实现其基本职能，与外部环境之间以及其内部各子系统之间的相互协调运作方式。产业学院是独立法人的组织实体，有独立的教学组织和管理体系，有独立运作的财务机构、招生机构、市场化运作管理机构，产业学院的内部运行机制即在于保证产业学院的对接产业、人才培养、市场运作、社会服务等功能的正常行使。

这一部分将结合中恺汽车产业学院内部运行机制进行讨论，主要包括办学机制、内部组织架构、市场化运营机制、育人模式等方面。其中，育人模式包括人才培养、教学管理、质量保障、师资队伍建设和课程及实训基地建设。

（一）办学机制

产业学院应当创新办学机制，通过建立混合所有制办学实体，以登记注册的机构开展运营。通过校企联动的“混合实体”办学机构，产业学院突破单一公有制职业院校办学体制，建设主动型、开放式，能自主发展的公共实训基地及运行机制，盘活了公共教育资源，激发了校企融合办学活力，把混合所有制实体办成集产、教、研、创于一体的职教平台，实现校企精准对接与精准育人。

但是目前，国内尚不接受以“产业学院”命名的产教融合实体单位登记注册，无法独立开展运营。佛山市通过社会力量与职业院校共同出资，建设混合所有制公共实训中心，在民政部门登记注册“民办非企业”实体机构，丰富了公共实训中心功能，建成了混合所有制产教融合实体，是一个大胆的尝试与创新。

（二）内部组织架构

产业学院实行“理事会领导下的院长负责制”管理体制。理事会由参与产业学院办学的社会资本、行业企业专家、职业院校共同组成。理事会采取年会和专题工作会议的形式，处理办学过程中的重大事项，保持办学单位内部信息畅通。产业学院每年召开一次年会，审议学院年度工作质量报告及年度工作计划，研究行业技术发展对专业设置调整的要求、专业发展规划、学院人才培养质量提升、学院对外商业运营状况分析等重大事项，形成相关决议、制度和协

议等，落实各理事单位的工作任务，发挥理事会在资源整合、规划指导、经费筹措、产业学院建设等方面的决策、协调、监督和推动作用。

理事会指定执行院长，执行院长在理事会授权指导下负责产业学院的运作管理，统筹领导教学部、社会服务部、中高贯通工作小组、现代学徒制工作小组、校企合作工作小组，落实育人工作。

院务会议采取例会和专题工作会议的形式，传达理事会决议，落实理事会工作要求，处理日常办学过程中的具体事项，在产业学院平台上，统筹推进专业教学、校企合作、中高贯通、现代学徒制探索、社会服务等工作，形成学院年度工作计划、学院年度工作质量报告，由执行院长交理事会审议。

（三）市场化运营机制

产业学院区别于普通二级学院的一个重要特征和优势，就是其面向社会进行市场化运营的灵活性和全面性。产业学院利用混合所有制，在产业学院管理体系框架内，重点建设产业学院市场运营体系。产业学院承担学生教学实训的同时，挂牌成为产业学院各理事企业的企业培训中心，承担理事单位企业的企业培训。而且，产业学院面向行业企业及学校，进行商业运营，提供培训和实习实训。

通过市场运营的有效手段，产业学院激活了更多的社会资源为职业教育服务，如主管行政部门、行业、科研机构等。主管行政部门采用购买服务形式，依托产业学院的灵活机制，开展各种形式的人才培训、人才等级标准制定等业务，大大提高了行政职能的效率和行业认可程度。产业学院也依托行业开展了多种多样的竞赛活动，激发了行业的活力。

（四）人才培养机制

在产业学院内部，人才培养的机制规范着产业学院教学活动的方向，教学管理保证着产业学院教学工作的有序运行，教学质量保障体系监督着产业学院教学质量的稳定可控，而师资队伍建设则是产业学院教育工作开展的人力基础，这四方面因素是确保产业学院教学工作高效运行的必备条件。为此，我们认为，产业学院的教学运行机制主要包含四个要素，即人才培养机制、教学管理机制、教学质量保障机制、师资队伍建设机制。

所谓培养机制，是指在一定的教育思想和教育理论的指导下，为实现培养目标而采取的培养过程的某种标准构造样式和运行方式，它们在实践中形成了一定的风格或特征，具有明显的系统性或范型性。产业学院人才培养模式是建立在专业基础上的。

在理事会领导的院长负责制管理模式下，专业人才培养模式的确定权和修订权在理事会，行业企业专家和职业院校代表根据行业发展方向和技术趋势，结合职业教育规律，共同确定人才培养模式，教学部门负责培养方案的具体执行。

普通二级学院的教学管理可以划分为纵横两个方面。从纵向看，有院、系两个层次。从横向看，产业学院的教学管理活动表现为各学科系部教学管理之间的沟通与协作关系。

产业学院区别于普通二级学院的教学管理机制在于企业协会、行业教学深入参与教学管理，在产业学院内部建立起包括行业协会专家和企业导师在内的教学管理体系，将涉及的行业企业人员划归为产业学院的员工，产业学院上级教学部门对其有指挥、命令和要求的权力。

教学质量指“在既定的社会条件下，在教育活动客观规律与学科自身逻辑关系的限制下，一定的教育所培养的人才满足社会需要的程度与促进学生身发展的程度”。教学质量是产业学院的生存和发展之本。因此，产业学院必须努力构建适合自身校情的，能够自我监控、自我调节、自我完善的教学质量保障机制。从性质上区分，产业学院的教学质量保障机制有两个层面：一是宏观层面，指学院对学科组教学质量的监控，以目标管理为主，教学部门依据一定的评价指标体系，定期对各学系教学活动情况进行评价，以了解各学科组的教学活动现状，发现问题，督促学院改进教学工作。二是微观层面，指产业学院对本学院教育教学质量的监控，以过程管理为主，由产业学院及学科组教学管理人员对各年级、班级、项目、教师的教学活动进行督察，获取教学信息，做出合理评价与诊断，及时提出意见和建议，以克服教学过程中存在的问题。事实上，这一过程也是产业学院质量保障机制运行的过程。

随着理事会领导的院长负责制管理模式的建立，产业学院享有独立的人事权，构建合理的师资队伍建设机制也就成为保证产业学院人力资源数量与质量的重要手段，也是产业学院相较于普通二级学院的优势所在。

在课程设置及开发上，产业学院将学校、企业、学生学业、就业、企业员工加以融合贯通，教学组织与企业实训高效结合，充分激发教师、学生、企业员工的主动性、积极性及创新力；根据企业需求，开发相应课程，重组课程体系，开发“一企一课”特色课程。

混合所有制产业学院可以引入民间资本购置、更新、共享教育装备，结成校企“发展共同体”，发挥民办非企业机构优势，建立企业会员约束机制，企业在产业学院盈利部分可以合理用于人才培养开支，激励会员企业的积极性。同时，产业学院将涉及注册资产部分（国有资产和民间资本）通过第三方机构进行资产评估，将资产所有比例进行了明确的界定。机构注册后，国有资产单位与产业学院签订委托管理协议，确保国有资产不流失。

三、 市政府主导下的产业学院育人外部保障机制

（一）政策保障

产业学院的建设，在2020年以前尚没有明确的政策文件作为指导，各地产业学院建设形式多样，遇到的瓶颈问题也不尽相同，但是有一点共性，即缺乏政策支持，改革阻力重重。近两年来，教育部和地方相继出台产业学院建设指导性政策文件，为产业学院建设提供政策支持。

2020年8月，教育部办公厅、工业和信息化部办公厅联合印发《现代产业学院建设指南（试行）》（教高厅函〔2020〕16号，以下简称《指南》），明确现代产业学院建设要坚持育人为本、产业为要、产教融合、创新发展，聚焦创新人才培养模式、提升专业建设质量、开发校企合作课程、打造实习实训基地、建设高水平教师队伍、搭建产学研服务平台、完善管理体制机制等七大建设任务。经过四年左右时间，以区域产业发展急需为牵引，面向行业特色鲜明、与产业联系紧密的高校，重点是应用型高校，建设一批现代产业学院，打造一批融人才培养、科学研究、技术创新、企业服务、学生创业等功能于一体的示范性人才培养实体。

2021年4月，佛山市顺德区政府发布《顺德区推进职业教育高质量发展总体实施方案》，明确指出布局建设一批产业学院和产训中心，服务村改“头号工程”。一是“引企入校”，建设8个具有独立法人资质的民办非企业性质的实体化产业学院。重点围绕智慧家电、数字技术、现代服务等产业，引导职业学校与企业合作合股，依法向工商或民政部门申请注册成立独立法人资质产业学院，充分发挥产业学院在产业服务、人才培养、体制创新等方面的作用。二是“引校入企”，建设20个高规格“产训中心”。服务村改“头号工程”，对接顺德区20个产业聚集区，运用市场手段，探索多元化、多渠道投融资机制，在重点工业园区布局建设20个高规格校外生产性实训中心。充分发挥产训中心在服务村改“头号工程”和高质量发展中招商引企、人才供给等方面的作用。三是在产

业学院和产训中心推行“校企双元育人”，实行教学过程与企业生产过程一体化人才培养。大力开展“订单培养”“顶岗实习”“现代学徒制”教学模式，提升职业教育人才培养的适用性和针对性。

（二）组织保障

产业学院建设过程中亟须解决的独立法人地位确定、机构审批登记注册、产权划分界定、资产核算清算、政府财政支持（税收、土地划拨等形式）等问题，所涉及的政府部门包括教育、组织、发改委、财政、税务、人社、国资等多部门，需要政府进行宏观指导。以佛山市顺德区为例，佛山市顺德区人民政府在支持产业学院建设的文件中明确，由区政府牵头，建立区委组织部、区委改革办、区发展改革局、区科技局、区经促局、区民政人社局、区财政局、区国资局、区工商联，以及各镇人民政府、街道办事处等各部门参与的联席会议制度，加强部门沟通，形成改革合力，强化政府统筹职能，确保职业教育深化改革顺利开展。

（三）资金保障

整体来看，各级政府目前应当保障财政对职业教育的投入，落实国务院有关优化结构、提高教育经费使用效益的工作意见，确保在“两个只增不减”中，职业教育在校学生人数平均的一般公共预算教育支出逐年只增不减；同时也应该鼓励扩大社会投入，引导社会力量加大职业教育投入，对职业教育社会服务所得，优先用于职业院校人员激励和发展建设。

具体到产业学院建设的资金支持上，以河南省教育厅出台的文件为例，产业学院建设用地按科教用地管理，若符合《划拨用地目录》，可通过划拨方式供地，鼓励企业以出让、租赁方式取得土地；鼓励企业积极参与产业学院建设，对参与产业学院建设的行业龙头企业，支持开展产教融合型企业建设，享受相应财政补贴、金融支持、税收优惠等政策；发挥产业学院服务优势，积极拉动社会资金和地方政府资金投入，对社会投入资金由产业学院按照投资人意向双方协议约定使用，实施项目管理；在不新增债务的情况下，鼓励高校积极调整资金支出结构，支持产业学院发展；省财政统筹已设立的相关高等教育发展专项资金和职业教育发展专项资金，专项奖补资金对产业贡献度大、外部资金吸引能力强、示范引领作用明显的产业学院予以支持。

四、　中恺汽车产业学院人才培养模式改革与实践

为适应区域汽车类企业人才调整和变革的需求，快速培养适合新形势下汽

车产业转型的技术人才，落实职业教育深化产教融合的改革要求，2018 年 10 月，佛山市顺德区第二职教集团中恺汽车产业学院成立。中恺汽车产业学院是在地方政府主导下、行业协会指导下，在企业学校共建的混合所有制中恺汽车公共实训中心基础上，丰富公共实训中心功能，深化机制改革，建成的混合所有制产业学院。

中恺汽车产业学院处于佛山车城内部，是珠江三角洲汽车产业的汇聚之地。车城建筑面积达 11 万平方米，容纳品牌 4S 店上百家，城市展厅、平行进口、综合卖场有 20～30 个汽车品牌，是汽车品牌 4S 店、汽车展示厅、二手车市场、汽配市场、汽车服务及仓储物流、电子商务、写字楼及汽车主题 KTV 酒店餐饮的大型汽车主题综合体。中恺汽车产业学院通过混合所有制与民营资本共同参与，在佛山市禅城区、顺德区、南海区吸纳了 15 个会员企业，建立了 35 个企业学徒制培训点，实现汽车专业职业教育和汽车产业互相支撑，共同发展。

中恺汽车产业学院建有 10 个汽车维修服务实训室，建筑面积共计 10 500 平方米，配置了高档实训装备 260 台套，总资产达 2 540 万元，其中民办资本 595.7 万元。产业学院零距离对接汽车产业，进行市场化运营，承接佛山车城大小百余家企业职工入职培训；建有汽车诊断中心，在车城内承接汽车“疑难杂症”故障诊断业务。中恺汽车产业学院联合吉利新能源、巴斯夫、德国博世、上汽通用等汽车企业，组建汽车产业技术联盟，在产业学院成立企业联合技术中心，共同探讨行业发展方向，研发创新汽车技术。

中恺汽车产业学院实践了“双元招生、双元计划、双元教学、双元管理、双元评价、双证就业”的“6 双”人才培养，将校企“双元”的协调贯穿人才培养全链条。学生、企业员工所有教学在产业学院完成，企业导师和学校教师常驻产业学院，共同教学，共同评价，协同管理；将职业资格考证融入常规教学，为全市学生提供职业资格考证培训，有效提升了区域职业院校汽车专业的教学质量。该产业学院通过会员企业对接产业的发展和人才要求，确定人才培养目标，制订人才培养方案；针对不同品牌、不同类型的车型，推行“一企一课”的特色课程，重组课程体系；开发创新新能源汽车等新的技术体系，编写“手册式”教材；推进专业资源库建设，实现教学内容的数字化，建设汽车空调、汽车喷漆信息化教学平台、汽车听诊技术教学系统等信息化教学平台。产业学院成为佛山市顺德区“汽车专业第三方考核”基地，在行业协会牵头下进行全区汽修专业学生教学质量考核，革新人才培养质量评价体系。

中恺汽车产业学院建立了教学团队培养基地，通过设计人才培养方案中的实训项目与校内实训基地对接，以教学项目为载体，以竞争加压力，分项承包，主动逆序设置课程，让教师技能与行业先进理念、高水平技能、操作工艺等及时有效对接，强化教师对行业发展的把控，以便始终站在行业前沿引导学生学习和实践，并实现实训基地企业化。产业学院同时接纳教师产业新技术培训职能，通过与产业的深度融合，可以顺畅地、不间断地开设各类型的专业教师培训，同时有效地安排教师进入会员企业进行跟岗实训和锻炼，使职业院校教师学习应该具备的产业需求技能。

中恺汽车产业学院机制建设包括：股权分配方案、运营管理机制、股东进退机制、收益分配方案的制定等。这其中探索了建立理事会管理制度，明晰校企双方责任、权利和义务，合作双方进退机制，建立收益分配制度；由校企双方推举理事会法人，聘任专职运营团队采用市场运营方式管理运营中心，建立运营管理制度；由产业学院对参与建设的企业进行动态遴选，探索制定合作企业条件动态遴选标准。

中恺汽车产业学院作为民政局主管、教育局指导的建设单位，通过民办非企业机构进行市场运营。产业学院采用理事会管理制度，重大决议由产业学院理事直接投票决定，负责运营的公司落实理事会决议。在注册之前将涉及的注册资产（国有资产和民间资本）通过第三方机构进行资产评估，将资产所有比例进行明确的界定。机构注册后，各资产所有单位与产业学院负责运营管理的公司签订委托管理协议，使产业学院由运营管理公司统一进行市场化运作。中恺汽车产业学院采用会员制，会员企业与运营公司达成会员协议，形成人才培养的发展共同体，会员企业接受产业学院的约束，同时享有会员企业应有的人才储备和技术培训的服务权益。

中恺汽车产业学院作为现代学徒制试点，完成了来自佛山 10 所职业院校共 664 名在校生的实训教学；承担对外职业院校师资培训 128 人次，企业员工培训 3 654 人次，职业资格考证培训 640 人次；2018 年学生考证通过率 98%；2017 届毕业生参加工作半年后月薪达 3 527 元，高于全省中职毕业生平均月薪。学生参加各级技能竞赛，获得全国一等奖 5 人次、全国二等奖 8 人次。

中恺汽车产业学院带动学校创办任我通汽车改装学院、顺齐餐饮培训产业学院等混合所有制实体 4 个、茶艺师职业资格鉴定中心 1 个，建成汽车技术联盟 1 个。中恺汽车产业学院建成全国骨干教师国培基地 1 个，承担 2018 年全国骨干教师国培项目；承办 2018 年、2019 年佛山市职工技能大赛；2015 年起连续承办 5 届广东省职业院校技能大赛。《中国教育报》（2019 年 1 月 11 日第 8 版）专题刊登了佛山市顺德区中等专业学校关于混合体制改革的专题报道。中恺汽车产业学院被佛山市选为建设范例，辐射带动佛山 5 个现代学徒制公共实训中心建设。

五、 可能存在的问题及破解路径

（一）可能存在的问题

1. “产业学院”独立法人实体难明确

产业学院是职业院校与企业联合办学的具体形式。不同于一般意义上的二级学院，它是由职业院校和企业共同投资、共同管理、共同建设的教育机构，不论是从所有制结构角度看，还是从学院办学的现实需要角度看，都应被视为独立的法人实体。但到目前为止，我国尚没有明确产业学院法人地位的法律规范。

佛山市顺德区中等专业学校在佛山市政府支持下注册登记了混合所有制的“民办非企业”实体机构中恺汽车公共实训中心，《民办非企业单位登记管理暂行条例》规定，所谓民办非企业单位，是指企业、事业单位，社会团体和其他社会力量以及公民个人利用非国有资产举办的，从事非营利性社会服务活动的社会组织。但是中恺汽车产业学院在申请人社部门登记注册民办非企业机构时，因为缺乏清晰的法规或政策支持，遇到无法登记注册的问题。

2. 混合所有制产业学院收益分配机制无法突破

混合所有制产业学院收益分配机制是指产业学院参与各方对产业学院收益是否分配、分配去向、分配对象、分配比例等通过明文协议进行界定的机制。

佛山市顺德区中等专业学校中恺汽车产业学院的“民办非企业”模式，将产业学院的收益全部投入产业学院的进一步发展建设中，同时产业学院对参与企业的员工培训、技术开发方面对口支持，降低其员工培训、技术开发的成本，扩大企业社会影响力和竞争力，参与各方直接分红，实现了国有资产与民营资本同时增值，得到了政府主管部门的认可，运行较为顺畅。

目前国内职业院校尚无完全成熟的混合所有制产业学院收益分配机制可借鉴。混合所有制产业学院收益分配机制确立的难点主要在于：公办职业院校投入属于国有资产，产业学院盈利难以清晰划分利用国有资产与民营资本盈利的比例，并且在产业学院运营过程中牵涉国有资产损耗，可能导致国有资产流失问题，因此产业学院各方在收益分配上难以达成合法、合规的分配方法；同时，公办职业院校参与产业学院人才培养的教师仍属于国家公职人员，如果产业学院进行收益分配，其在产业学院教学过程中的收益如何合法合规地进行绩效分配，也是职业院校面临的重要问题。

（二）破解路径

第一，从法律法规方面予与产业学院明确的“独立法人”地位和属性，赋予混合所有制产业学院办学主动权。第二，进一步细化混合所有制产业学院产权划分，为前期股份配置和后期收益分配提供支撑。第三，明确混合所有制产业学院收益分配机制的原则和方法，进一步提高企业参与办学的积极性。

第五章 学校与行业协会合作的产业学院育人研究与实践

第一节 学校与行业协会合作的产业学院育人模式分析

产教融合是职业技术教育的本质特征。高等职业教育如何根据区域重点产业的发展，依托区域产业链的产业特点，科学合理地对专业设置和规模等进行统筹规划，并促进专业集群式发展，以更好地为地方产业服务，已成为区域职业教育做大做强所面临的焦点问题。扎实推进产教融合、创新校企合作模式、深化合作内涵是促进高职人才培养与产业发展高度契合的重要途径，高职院校与行业协会合作建设产业学院（以下简称“校行合作型产业学院”）正成为一种热潮和创新模式。

一、 行业协会参与职业教育的依据

1. 理论依据

非政府组织理论。非政府组织首次出现在《联合国宪章》第七十一条中，并被定义为：在地方或国际级别上组织起来的非营利性、志愿性的公民组织，其不受政府约束和区别于政府强制手段存在于社会的第三部门。非政府组织具有中立性、组织性、非营利性、非政府性、志愿性等特征，在一定程度上弥补了政府和市场两者关系上的不足，其中立的态度在不同主体之间的诉求表达、利益分配、社会保障服务等方面可发挥积极作用，对我国行业协会与政府联手指导职业教育具有可贵的参考意义。行业协会是非政府组织中的一种类型。其通过公正、平等的姿态处理各种利益冲突，利用有效及时获取信息的优势服务于政府与职业教育。行业协会的存在弥补了政府的滞后性、宏观性以及政府与教育相脱节的不足，使职业教育价值得以最大化地发挥。

新公共管理理论。新公共管理理论认为，政府应从大量社会事物中解脱出来，将这些职能交给或归还给社会中的一些组织，由社会经济组织或中介组织承担。公共服务市场化具体表现在以私补公，打破政府垄断，建立政府部门与行业协会的合作伙伴关系。行业协会利用公平化、职业化、专业化的管理方式以及社会公共性参与职业教育，避免了行业需求与职业教育人才培养相互背离；利用需求信息聚集优势，避免了职业教育盲目办学，从而避免教育资源的浪费，提高办学效益。

2. 政策依据

党的十九大报告提出“完善职业教育和培训体系，深化产教融合、校企合作”。为全面落实党的十九大精神，国务院办公厅出台的《关于深化产教融合的若干意见》（国办发〔2017〕95号）提出“深化产教融合，促进教育链、人才链与产业链、创新链有机连接”。教育部等六部门联合印发的《职业学校校企合作促进办法》（教职成〔2018〕1号）提出了完善职业教育产教融合、校企合作的相关办法。《国家职业教育改革实施方案》（国发〔2019〕4号）就深化校企合作办学体制以及鼓励行业企业支持职业教育的总目标提出了具体方针。党的十九届四中全会提出将“社会组织”作为国家治理体系的重要组成部分，行业主管部门和行业组织应当根据行业特点和发展需要，为职业教育发展提供参考意见，服务企业与职业教育，从而推进校企合作。

二、 行业协会参与职业教育的创新模式——产业学院

（一）我国产业学院发展概况

产业学院是产教融合的新型运行实体，是行业协会参与职业教育的一种创新模式。从2003年开始，浙江、广东、江苏等地的应用型本科院校和高职院校先后出现了一批产业学院，一方面说明产教深度融合是地方经济发展的倒逼需求，另一方面也说明有效的深度融合离不开地方产业发展、行业指导、政府支持的有力支撑。就当前的实践看，高职产业学院的组建模式主要有校企合作、校地合作、校行合作、地地合作等类型。

（二）高职产业学院内涵

根据区域产业与产业链的发展及高职产业学院功能等维度，高职产业学院可以界定为：在某一特定区域中，以区域内的某一特色或优势主导产业或支柱产业集群为服务对象，以一所院校的相关专业群建设为基础，政府、院校、行

业企业、产业园区等多元主体共建共享资源，集人才培养与培训、技术研发、社会服务等多功能为一体的一种新型育人组织形态。高职产业学院是一种校企合作的新模式，是产业链、人才链和创新链相互融合的有效载体。

本章所指的校行合作型产业学院，主要是指由学校某个专业（群）与某一行业进行合作，其代表是广州城市职业学院与广东省物联网协会合作共建的广州物联网产业学院，广东科贸职业学院与广东省茶叶行业协会、世界中餐联合会等合作共建的茶艺与餐旅产业学院等。

（三）校行合作型产业学院各参与主体关系

在当今国家高度产教融合的背景下，校行合作共建产业学院成为增强职业教育适应性的新途径。校行合作的产业学院呈现“多元共育”特征，行业协会与其他参与主体的关系主要表现在三个方面：政府—行业协会—企业、政府—行业协会—校、校—行业协会—企业，如图 5－1 所示。

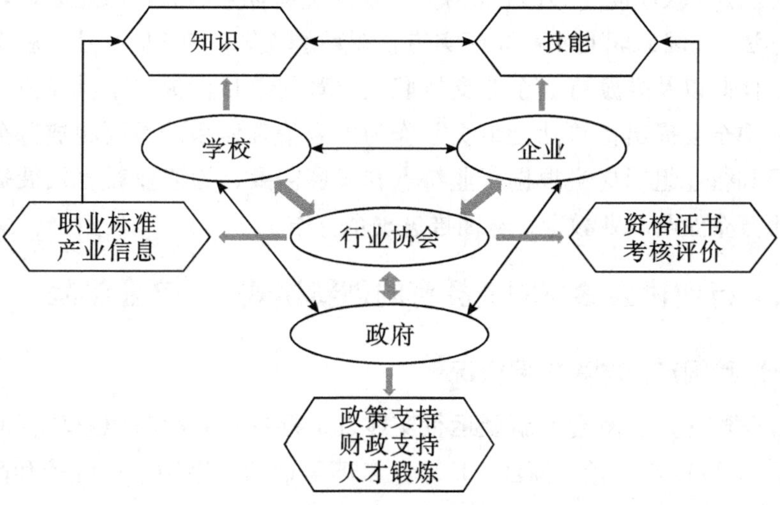

图 5－1　产业学院中行业协会与其他参与主体的关系图

三、 产业学院的生成逻辑

（一）逻辑起点

产业学院的生发逻辑是基于产业逻辑、教育逻辑和专业逻辑相结合的产物。职业教育的本质属性决定了其是与行业企业联系最为密切的教育类型，这是产教融合的逻辑起点。正如前文所述，行业协会对职业教育产教融合发展具有促进作用，行业协会的本质属性决定了其作为中介组织参与职业教育的天然优势，这是行业协会能够成为产教融合关键主体的逻辑起点。厘清职业教育与行业协会的本质内涵，厘清产教融合各参与主体间的逻辑关系（见图5-1），能够在具体层面上为产教深度融合提供理论支撑，是产业学院的设计依据。

（二）产业逻辑

区域产业链发展是产业学院建设的外在推动力量。当前，产业链发展已成为区域产业发展的主要形态，且在横向上趋于区域化集聚，形成了产业链集群。长期以来，我国职业教育重点发展职业学校教育，职业院校依托专业（群）建院（即“专业学院”），采取一个专业对应一个岗位，或一个专业对应多个岗位的点对点人才培养模式，培养的人才被高度分割且不成系统，虽在特定产业条件下能精准对接特定工作岗位，但随着区域产业高阶化发展及区域人力资源需求结构的变化，专业学院内的专业（群）往往难以紧跟区域产业发展进程，不能满足产业生态圈对人才生态系统的要求。

（三）教育逻辑

以专业群对接产业（链/群），推进人才培养质量提升，促进区域产业发展。产业学院通过对一定区域内产业链对人才需求状况的分析，以及区域内职业院校的原有基础与优势，构建与该产业发展要求相一致的专业群体系，形成链条式专业群，依托产业生态系统构建人才培养系统，弥补了职业院校专业设置盲目、人才培养模式单一等缺陷。产业学院建设体现了专业与专业群之间基于产业链的横向联系，又体现了职业院校专业与专业群之间的纵向联系，其优势体现在更有效地与区域经济和产业结构、区域产业集群发展形成对接，有利于合理地规划人才培养结构，提升产业学院人才培养的竞争力，从而更好地为区域产业经济发展服务。

（四）专业逻辑

专业群是产业学院建设的有效载体。传统意义上的校企合作（专业学院），因学校与企业关系松散，很难建成真正意义上的专业群，不能达到提升人才培养质量的目的。与专业学院相比，产业学院以服务产业为目标，依托区域现有的产业生态圈重新规划专业群，基于产业生态系统建构人才生态系统，更加符合区域人才整体规划、立体培养的特点。产业学院从本质上讲是高职专业与产业的高度融合，具有建立专业群的先天优势。由于目前和高职共建产业学院的企业多为区域的龙头企业，代表区域甚至全国相关领域最先进的研发实力，因此产业学院所建立的专业群聚焦于时下最为先进的新业态，具有超前的战略思维，前途广阔。相关业内专家、技术骨干直接参与到人才培养方案的制订、实施与检测的全过程，将高校的知识传授与行业企业对人才的需求完美地结合起来，使各类人才培养要素得到优化，再经过教学大纲、教材、理论学习和实践操作等内部运作使资源优势转化为人才培养优势。产业学院作为独立的教育机构，基本不受传统高职院校专业建设体制机制的影响，可以完全依据产业所需，真正做到校企“六共”：共同制订专业建设计划，共同定位人才培养目标，共同建设师资力量，共同开发课程标准，共同管理教学过程，共同评价人才培养质量，实现高职教育专业群建设与产教融合的相互支持、协同发展。

四、 校行合作型产业学院中的行业协会作用

（一）促进政校企紧密联系

行业协会作为政府与学校之间的一种中介组织，有助于避免职业学校与企业、政府相互脱节的问题，促进了企业、政府与学校之间的紧密联系。要充分发挥行业协会的组织、协调及中介桥梁作用，加强政府、企业、学校之间的紧密关系，使得行业协会成为三方枢纽的“立交桥”，如图 5－2 所示。

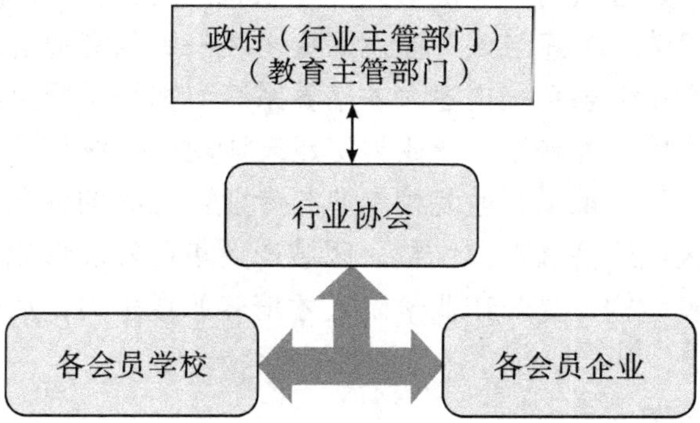

图 5－2　以行业协会为中枢，“多元共育”高技能人才培养“立交桥”

对于政府而言，行业协会作为市场的代言人，向政府及时反映社会发展形势、市场变化、行业人才需求。此外，行业协会通过就某一行业进行调研和研讨，讨论分析该行业专业发展趋势及人才需求情况，为教育部门制定产教融合政策提供依据。对职业院校而言，行业协会为职业学校专业设置、课程开设提供所需信息。此外，行业协会通过协商、协调等方式促进职业院校与企业的交流与合作，理顺相互的利益关系，促进企业与高职院校的合作积极性。

（二）提供专业标准制定依据

职业学校及时制定或修改专业标准，一方面是在行业协会制定的职业资格标准的前提下完成的；另一方面是在行业协会对技术发展动态需求的了解、行业协会对企业经济发展状况及发展趋势的掌握基础上，职业学校根据自身情况确定产业学院开设专业。此外，行业协会组织专门人员编写的行业通用性教材，制定的职业资格标准，也为职业学校有针对性地制定专业建设标准提供了依据。

（三）提供劳动力市场供求信息

行业协会能准确掌握本行业的发展状况、人才供求现状、人才需求规格等方面信息，掌握产业和企业的发展趋势，了解经济结构调整与社会人才需求的信息，从而为教育（培训）机构提供科学咨询和服务，为国家及教育部门及时调整行业教育政策提供有力保障。职业教育依据行业协会提供的信息培养的人才能够满足市场需求，做到适销对路。

（四）提供特定岗位需求信息

行业协会通过对企业、产业调研，获得从业岗位对人员结构、人员标准等需求信息，再反馈给学校。学校根据反馈的信息，制定适合企业、行业需要的人才培养方案，从而有效地指导产业学院培养规范的适合特定岗位的急需人才。

（五）借助企业提供教学资源

行业协会利用企业的优势，利用企业的先进性设备和企业的专业技术训练人员组织职业学校学生参加实习训练，在一定程度上弥补学生理论知识学习与实践严重脱节的缺陷。另外，行业协会拥有符合开展教学活动所需的知识结构与技能结构要求的专业人才，这些人员担任职业教育兼职教师，他们不仅为企业提供咨询、科研、技术开发服务，更重要的是能从企业自身需求出发在职业院校开展教学活动，从而能够使职业学校培养符合市场要求的毕业生。这些都是职业教育发展所不可缺少的资源需求。

（六）规范培训行为

行业协会通过开展行业内调研活动，全面了解行业从业人员从业素质和岗位培训现状，掌握培训存在的问题，进而组织行业专家开展培训工作、制订培训工作计划、开发培训项目、制定培训标准、组织培训考试等。行业专家参与培训，极大地提高了被培训者的积极性，利于被培训者尽快上岗。

五、 校行合作型产业学院的建设内容

（一）“多元共育”机制建设

产业学院建设要围绕区域或行业的产业发展目标，特别是岗位群或产业链，整合专业资源，以对应支柱产业的重点专业建设为龙头，以对应的相关产业或支柱产业相关领域专业为支撑，形成一个专业群，并按照专业群的战略要求配置专业资源。行业协会要聚焦人才培养方式的优化目标，融入产业学院每一个育人环节（见图5－3），以提高人才培养质量。

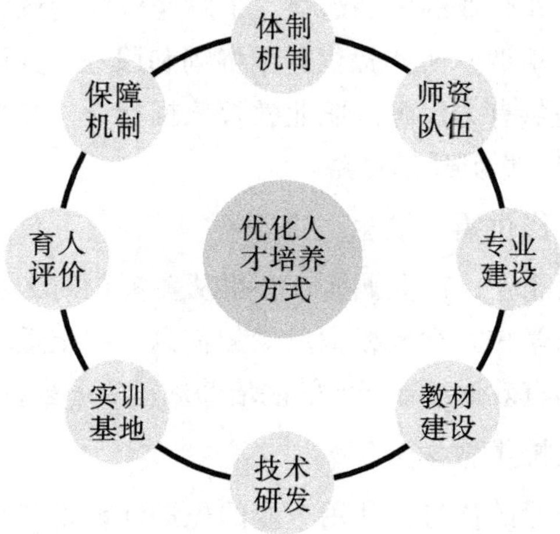

图5－3　校行合作型产业学院建设内容和目标

“多元共育”模式的产业学院（见图5－4），其组建方是高职院校的某二级学院，指导方为行业协会，承办方是行业协会成员构成的理事会。

理事会（见图5－5）对产业学院的发展规划、专业设置、招生情况、人才培养方案的敲定以及重大项目的建设进行商榷，关于产业学院院长以及其他负责人的推荐、考核，其他重大事件的商议都需要通过理事会来抉择。产业学院的发展离不开行业协会的指导作用，其通过提供市场资源、市场发展动态、人才需求情况等，统筹市场资源，促进产业学院的发展。多元主体参与治理，利益共享，理事会互相监督，责任共担，技术共享。

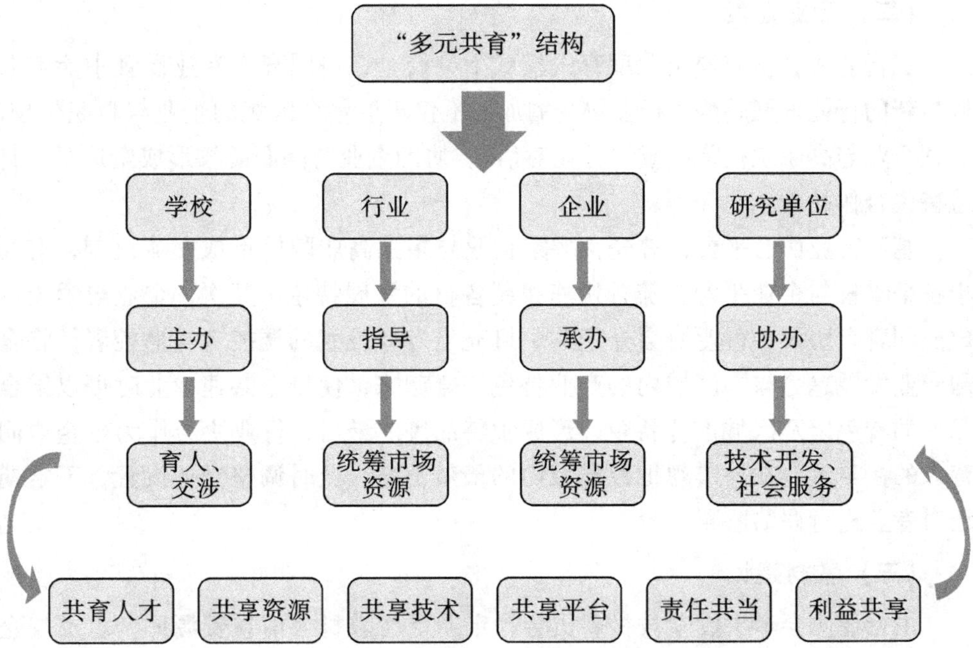

图5－4 校行合作型产业学院"多元共育"结构

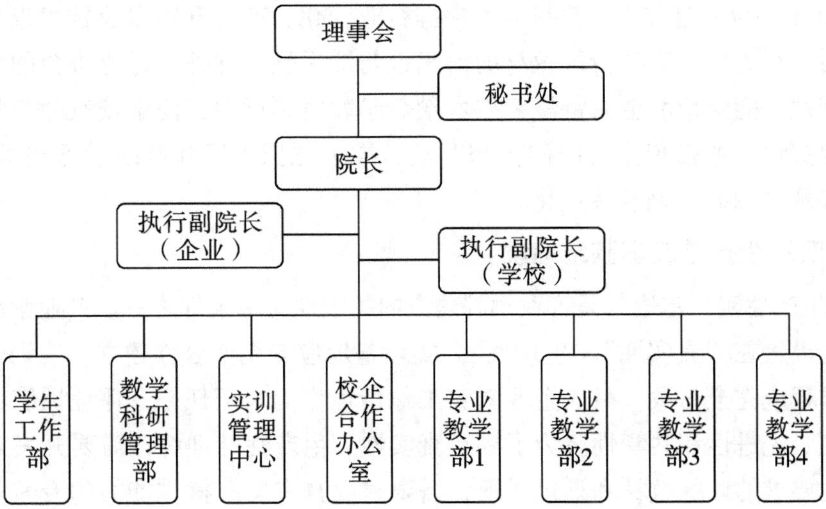

图5－5 校行合作型产业学院理事会组织结构

（二）专业建设

在行业协会参与校企深度育人模式下，校企在协同育人专业设置中能够获取最新的行业发展趋势。行业协会的加入不仅辐射整个区域的企业与高职院校，引领企业与高职院校跨区域“行业对话”，协助企业与高职院校形成全局观，打造特色合作品牌。

基于行业协会平台，首先，多家企业与多家高职院校形成交流机制，有利于各个学校与企业平等交流，快速找到各自的发展特色。其次，企业与学校达成协同育人协议，行业协会介于其中可充当专业设置的调控者与监控者，将全国产业发展趋势与本区域内的产业特色综合起来，使校企共建专业时可以结合二者的特色以及区域产业特色，形成独特品牌。最后，行业协会作为校企协同育人的参与者，在外宏观把控产域内的最新消息，及时调整专业设置，不定期地对专业进行评估监测。

（三）教材建设

由行业协会牵头成立教材委员会，定期更新教材与信息资源库，以及校企育人的动态过程信息，用现代技术手段，形成多元“教材包”，打造适合不同专业、不同行业的在线精品课程。同时，以新型活页式、工作手册式等形式展现于“双元”育人过程中，教材能够根据行业变化、产业升级以及技术发展的需要及时进行更新，突破传统教材的封闭性与滞后性。此外，行业协会的专业性与权威性，能够帮助企业将最新技术融合于教材建设中，使学校教师与学生融入企业文化，加强校企之间的内部互动，推进虚拟工厂和网络学习空间建设，从而实现“双元”教材优质化。

（四）生产性实训基地建设

“生产性实训基地”是产业学院建设的关键性支撑条件之一。产业学院实训基地建设贵在“真实性”“生产性”。实训基地应与企业合作建立，实训过程与生产过程应完全一致，引入企业真实工作情境作为实训任务，保证训练项目的真实性、先进性和共享性。为了满足真实性、生产性的训练，需要开发对接工作岗位要求的训练教材和训练手册，需要建立具有实际操作能力的专兼职教师队伍。“生产性实训基地”是“双师型”教师培养的主阵地。通过教师与技术人员轮岗交流、教学和生产性成果资料双向反馈转化，提高教师教学和服务能力。“生产性实训基地”的建设必然引起教学资源的改变，推动教学过程的优化，提高学生面对职业的胜任力，增强产业学院的服务贡献力。

（五）技术研发

多方优质资源共建共享是产业学院的重要功能及基本特征之一。产业学院多元主体共建的跨界属性为实现这一功能提供了充分保障。高职产业学院的多元主体——政府、行业、企业、高职院校通过推动多方优质要素资源的互补与共享，转变高职院校的人才与技术资源在向企业端流动过程中呈现的分散化状态。企业与高职院校联合创办产业学院人才培养共同体，集聚技术、管理、市场、设备、资金和人才等要素，利用学校的科研力量和科研设备，与自身的研发团队以及研发机构协同进行课题攻关，将产业学院的人才培养与企业的科研功能对接起来，既提高了产业学院的人才培养质量，也提高了企业的科研攻关能力。产业学院要对接科技发展新趋势，以技术技能积累为纽带，建设集人才培养、团队建设、技术服务于一体，资源共享、机制灵活、产出高效的人才培养与技术创新平台，促进创新成果与核心技术产业化，服务区域发展和产业转型升级。

（六）“双师型”教师队伍建设

行业协会在高职院校教师队伍建设过程中充当“警卫员”的角色，可以为教师提供多方面、多层次的实践培训互动平台。教师通过校企合作平台，走向企业进行实践，但教师“下企业”无法形成长效机制。因此，借助行业协会平台一体化模式，可以掌握各个企业的不同需求与资源优势，合理分配教师到不同企业进修，避免高职院校为了培养“双师型”教师与企业之间签订“不合理”条约，影响办学质量。此外，一方面，行业协会通过制定“双师型”教师选拔、岗位与薪酬标准，可以加强“双师型”教师的管理运行；另一方面，通过收集国内与国外的行业和职业相关信息，建立符合每个区域经济与市场发展需要的专业教师质量评价体系，严格执行资格准入制度。企业可以根据自身不足，借助行业协会平台邀请合适的职业院校教师进入企业，为职工提供培训。

（七）育人评价机制

行业协会引领校企深度融合，打破以往育人评价的固化模板，引进多方评价主体（行业代表、政府代表、企业代表、学校代表等），运用现代化信息技术，从多角度、多维度实现育人评价的动态过程，以保证育人评价机制的及时性、精确性与专业性。

首先，以行业协会为主导构建产业学院的第三方评估系统，通过在行业协会内部设立产业学院评估工作室，运用多元主体（政府、行业、学校、企业）

参与原则，对产业学院育人模式进行全方位的客观评价与检测。其次，对产业学院育人模式的参与者进行定量与定性相结合的效果评估，形成反馈信息库。在对产业学院育人模式运行效果不断的讨论与反思中，行业协会、学校与企业之间达成的共识落实于实践，促成校企深度育人的高质量发展。

（八）保障机制建设

1. *发挥政府主导作用*

加强政府协同立法相关工作，将行业协会参与职业教育纳入法制化轨道，推动校企合作办学关系由“点—点”单向诉求向“面—面”多元共生，育人合作内涵从局部、浅层次合作，拓展为全局性、系统性的深度合作，确保行业协会参与校企深度育人模式中各个相关利益、相关主体的法律责任的落实。

2. *加强质量保障机制建设*

成立产业学院建设项目工作组，明确各项目负责人，实行项目负责人责任制，层层落实到位。制定《产业学院项目管理办法（试行）》《项目资金管理办法（试行）》，细化目标任务，明确路径和时间节点，对项目建设和资金使用进行规范管理，提高建设质量，保障建设效果。

3. *加强建章立制*

产业学院成立之初，逐步制定和完善教育教学、行政管理、后勤保障、财务管理、监督检查、责任追究等各项工作制度，建立起科学的自我保障机制，调动教职工投入产业学院建设的积极性、主动性和创造性；成立之后，陆续出台一系列项目实施、考核、监督等相关制度，并采取有力措施，确保制度的有效执行，保障产业学院高效运行。

4. *加大资金筹措力度*

一是争取地方财政扶持和学校资金支持；二是争取合作企业在实训基地建设、教学设备等方面以实物形式提供支持；三是通过承担行业协会、企业的技能培训项目拓展资金筹措渠道。

5. *加强生源基地建设*

生源是产业学院可持续发展的源泉，因此要着力加强生源基地建设。如：在广东省物联网协会协调下，将优质生源基地（如优质中职学校）纳入产业学院命运共同体，为广州物联网产业学院可持续发展提供生源保障。

六、 校行合作型产业学院的建设成效

校行合作型产业学院，如广州城市职业学院的广州市物联网产业学院、广

东科贸职业学院的茶艺与餐旅产业学院等，取得了较好的办学成效：一是推动了所在高职院校的人才培养模式、办学模式以及合作机制体制的改革，具有示范推广作用。二是优化了行业发展环境，引导行业资源聚集化，推动形成区域行业产业链发展进程，服务于粤港澳大湾区建设。三是促进了各参与主体（校、企、行、政）共同发展，形成了产教融合命运共同体。对于学校来说，该模式下，政府为学校提供了与行业、企业合作的平台，对学校办学模式的创新发展、人才培养方案的转变以及校企合作体制机制的改革有很大的好处。对于企业来说，这种模式既可以统筹市场资源，更新企业的生产技术，同时也能为企业储备后备军；与职业院校合作，既能够享受政府的优惠，也能研发核心技术，提高企业竞争力。对于行业协会来说，如此既能够整合市场资源，对整个市场发展起到监督协调作用；也能够在维护企业利益的同时，监督其积极参与校企合作，发挥影响力。

七、 校行合作型产业学院建设的现实困境

（一）产业学院组织架构下多主体作用发挥不够

产业学院在运行过程中，“政校企所协”多主体之间有些政策和资金上的不统一，资源整合力度不到位，产业学院的领导组织发挥不充分，导致在引企入教、实训室建设、引资创业，以及资金的支出、收益与分配等方面有些政策上的分歧。校企师资共享机制与共同培养机制，通过发挥企业中高级专业人员的技术引领作用，可解决当前“双师型”师资短缺，提升教师实践能力的渠道不够畅通，不能形成足够“多元共育”合力的问题。此外，作为中介桥梁的行业协会，其自身治理水平有待进一步提高，以满足产教深度融合的迫切需要。

（二）产业学院内部专业技能融通不够

学校专业办学与区域行业发展还有差距，专业人才培养仍未完全紧贴行业和企业的人才需求，不同程度存在职业教育和企业需求相脱节的问题。产业学院内部拥有产业终端需求的特色专业或专业群，专业集群聚焦于特定的新产业、新业态，发展定位清晰、准确，建设目标明确、可测。虽然产业学院可以与行业企业共建人才培养体系，使行业企业参与人才培养的全过程，可以将行业企业对人才技能需求与专业知识优势结合起来，但是双方之间缺乏沟通协调保障机制，需求与技能融通较难，资源优势转化为人才培养优势程度较低，成为产业学院专业技能融通的痛点。

八、 校行合作型产业学院困境的破解路径

（一）创新产业学院育人体制机制

产业学院是一种新型而有深度的育人组织形态，关键在于其创新“政校企所协”合作的体制机制，增强各主体要素的活力。其强化高校、地方政府、行业协会、企业机构等多元主体协同，形成共建共管的组织架构，进一步完善理事会、董事会等治理模式，赋予产业学院改革所需的人权、事权、财权，建设科学高效、保障有力的制度体系。

（二）行校企合作共建资源共享机制

构建科学的投资者利益分配制度。优化资源整合机制，提升产业学院的价值增值。将企业与学校的实训场所、教学科研重点平台、仪器设备、图书资料、网络等进行整合共享，师资互派，标准共定，教材合编，人才共育，使学校成为企业的“职工教育中心”，企业车间成为学校的“学生实习基地”，协会办公场地成为校企双方“协同管理平台”。加大力度聘请更多的企业专家和能工巧匠组成专兼结合的教学团队，推动专任教师全员轮流到企业任职实践，组织教师参与企业的设计、改造和研发等，形成“教师融入行业，行业反哺教学”的良性循环。

（三）拓展科研和服务能力

随着产业转型升级的不断加强，行业企业对高校产教融合成果的依赖和需求更加直接、具体、多样，产业学院在无缝对接行业企业需求中越来越呈现出“不可替代性”。实践表明，是否拥有创新有效的产教融合模式、高水平的产教融合成果，将成为今后办学竞争力判断的新标准。同时，以应用为导向，推动科学研究向现实生产力转化与转移扩散，实现产学研无缝对接，将高校科研优势转化成产业竞争优势，打通从创造到应用的“最后一公里”，拓展高校社会服务职能。

（四）加强行业协会作为产教融合信息发布平台作用

一是健全行业“专项”人才需求预测和就业状况定期发布制度。为了使职业院校的专业设置、招生、培养培训计划制定更加精准，更好地对接行业企业需求，需要常态化地进行行业技术技能人才的专项需求预测与就业信息发布。二是要搭建全行业的公共信息交流平台。由行业主管部门牵头，通过宏观调控手段，将分散在行业、政府机关、企业、院校、科研机构等的行业发展信息、

人才需求信息，通过信息化网络手段进行汇聚，建立开放性的全行业的信息化数据库，并统一对外进行发布。

第二节　省物联网协会牵头的物联网产业学院育人实践

近年来，国家对职业教育高度重视，尤其是在职业教育产教融合发展方面。随着《国务院办公厅关于深化产教融合的若干意见》《国家职业教育改革实施方案》等相关文件的出台，各职业学校加快了产业学院的建设步伐，混合式、股份制等多种形式的产业学院也不断涌现。由行业协会牵头、学校和企业多方参与的产业学院，作为产业学院中的一种办学形式，进一步丰富了高职院校产教融合育人实践，初步探索了校行企等多方协同的产业学院产教融合育人模式。

一、物联网协会牵头的产业学院育人模式

产教融合育人的重要载体是产业学院，产业学院模式是具有中国本土化特色的制度创新，是中国的产教融合方案。① 广州市物联网产业学院正是响应国家产教融合号召、顺应时代潮流而生，也是广州市教育局与广州开发区合作共建的广州市产教融合示范区首批入驻的产业学院。同时，广州市物联网产业学院是由广东省物联网协会牵头，联合广州城市职业学院及物联网协会会员企业及广州市开发区有关物联网企业联合组建，它是面向广州开发区物联网及相关产业，以合同约定型校企合作机制建设的物联网产业学院。

产业学院的专业群精准对接广州及粤港澳大湾区物联网产业链。广州及粤港澳大湾区的物联网行业已初步形成了传感器生产制造、网络构建、云平台及数据运营维护、软件开发、系统集成等5个较完备的产业链环节，产业学院专业群内的应用电子技术专业、计算机网络技术专业、计算机应用技术专业、软件技术专业和物联网应用技术专业等为培养产业链5个环节的相关岗位人员奠定了知识和能力基础，每个专业培养的人才都可以在产业链相关岗位就业。

产业学院人才培养定位精准。产业学院由广东省物联网协会牵头，广东省物联网协会能实时把握行业动态和了解物联网企业人才需求，及时根据市场需

---

① 卢坤建，周红莉，李作为．产业学院推进产教深度融合的实践探索：以广东轻工职业技术学院为例［J］．职业技术教育，2017，(10)：14－17.

求制订产业学院各专业人才培养方案，对接广州及粤港澳大湾区物联网产业人才定位，精准培养满足物联网产业链需要的具有可持续发展能力、创新意识强的高素质复合型创新型人才。

产业学院内专业逻辑性强。产业学院适应物联网产业发展趋势，院内各专业基础相同、技术相近、岗位相关、资源高度共享，融合发展、共同培养支撑智慧城市建设的高素质复合型创新型技术技能人才，专业岗位适应面广。群内专业基础相同，同属电子信息专业大类，专业基础知识与技能相同。群内专业技术相近，交叉支撑物联网“感知层、网络层、平台层、应用层”体系架构的关键技术，专业群层次结构合理，以采集、传输、分析处理、应用数据为主线，相关专业与核心专业优势互补，能促进专业间的合作共享。群内专业培养的人才岗位相关度高，相互配合、共同服务于物联网应用项目实施的全过程，人才在产业内自由流动。

广州市物联网产业学院的建立条件包括：广东省物联网协会精准掌握行业人才需求及指导制定岗位导向型的人才培养方案，广东省物联网协会会员企业及广州开发区物联网相关企业提供产教融合实训基地的支持，广州市教育局及广州开发区协同推进。

2019 年以来，广州市物联网产业学院在体制机制建设、师资队伍建设、课程诊改、实训基地建设等方面取得了实效，在校生人数、对口就业率、兼职教师数及双师素质比例等方面都得到了较大幅度提升。

二、 物联网协会牵头的产业学院育人内部运行机制

行业协会在职业教育校企合作、产教融合中是连接企业和学校的纽带，是校企双方沟通的桥梁。在广州市物联网产业学院的建设中，广州城市职业学院与广东省物联网协会、广东泽诚科技有限公司等相关合作企业多元主体协同，形成了共建共管的产业学院组织架构，组建了产业学院理事会。产业学院理事会成员包括行业协会、合作企业、学校相关负责人等，产业学院的重大事项由理事会会议讨论决定；理事会下设秘书处，负责协调理事会与产业学院间的日常事务，秘书长由行业协会有关负责人担任。产业学院实行理事会领导下的院长负责制，院长负责产业学院的日常管理，学校和主要合作企业各派 1 人担任副院长。产业学院下设校企合作办公室、教学科研管理部等 4 个管理机构和物联网应用技术专业教学部等 5 个专业教学部。校企合作办公室负责产业学院与各合作企业之间的协调及产业学院经费管理，承担行业内部或合作企业的职工

技能培训等的管理工作；实训管理中心负责实训基地的建设管理与维护；教学科研管理部负责产业学院日常教学管理、校企产学研合作等；学生工作部负责产业学院的招生、学生就业及学生活动管理；物联网应用技术专业教学部等5个专业教学部负责各部门专兼职教师的培养及发展规划，承担日常教学及对外技能培训等工作。

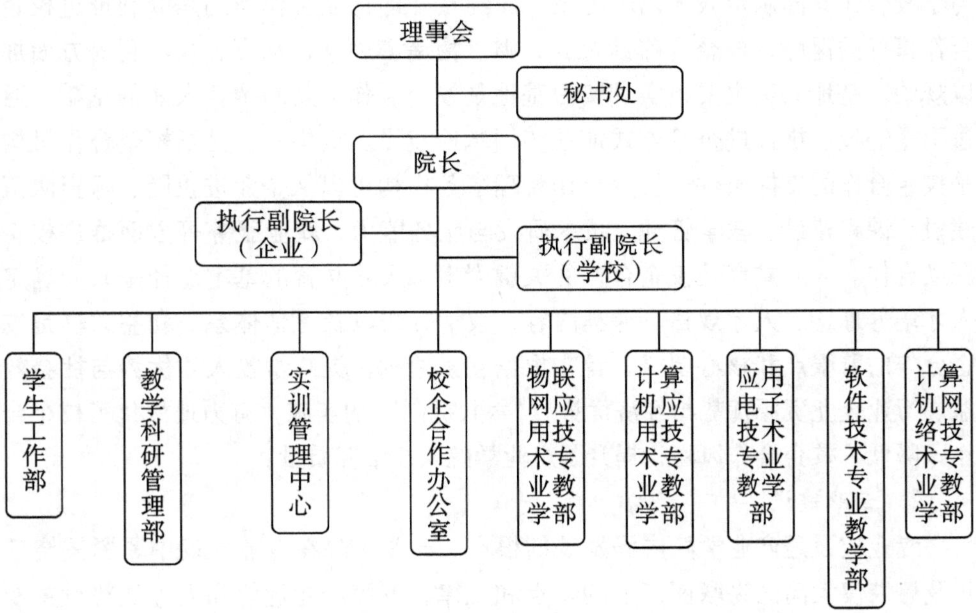

图5-6　产业学院理事会组织结构

1．办学机制

产业学院在理事会管理模式框架下，探索实践“一方牵头、两方共育、多方共享”的产业学院人才培养模式，即以行业协会牵头，联合学校及行业协会相关企业共同研判企业人才需求规模和主要培养方向，共同制订产业学院人才培养方案，产业学院与相关合作企业依据人才培养方案选拔优质专兼职师资、选编核心课程教材、建设实践教学基地并共同打造满足企业需求的高素质技术技能人才，最终实现行业协会更有号召力和凝聚力、学校教学质量和社会声誉得到不断提升、企业获得满足发展需求的优秀人才、学生实现高质量就业的多方共享产业学院产教融合发展成果的局面。

其中，两方共育即校企合作共育，这是人才培养模式中的重要一环，也是最容易影响人才培养质量的一环。该环节涉及校企双方对优秀专兼职师资选拔、教学方案的制订、教材的编写、实践教学场地和设备的安排等，一旦双方在某一方面的合作出现问题，都会影响人才培养质量和产业学院后续发展。为降低该环节风险，产业学院实行了“六共机制”。“六共机制”即校企共需、契约共守、基地共建、机构共管、人才共育、利益共享。校企共需是校企合作的前提，企业为学校人才培养提供行业职业技能人才要求与标准，并根据自身发展需要，与学校合作共同制定人才培养方案。契约共守即订立合作契约是顺利推进校企合作事务的保障，校企合作涉及人、财、物诸多因素，从责、权、利等方面加以规约。基地共建主要指实训实习基地是校企合作、共同孕育人才的基础，通过引企进校、推校进企等方式加强实训基地建设。机构共建是指校企合作机构是校企合作的支撑条件，校企合作管理事务机构可以从企业进校园、师资队伍建设、课程建设、教学管理、技术研发与服务能力、就业服务等方面推进校企深度合作。人才共育是校企合作的关键因素，人才共育的基本途径是共同确定人才培养理念、人才规格、课程内容、教学方法以及评估体系。利益共享是校企合作的着眼点和核心要义，旨在根据互惠原则，提高学校人才优势与社会效益、行业企业资源优势与经济优势。“六共机制”的实施，有力地深化了校企合作，降低了校企合作风险，提升了产业学院人才培养质量。

2. 专业建设

专业建设是产业学院内涵发展的根本。产业学院在专业建设中紧紧围绕广州及粤港澳大湾区物联网产业的特点和规律，按照产业优势和人才优势设置专业，形成了与广州地区物联网产业紧密对接、符合广州经济发展特点的专业格局，建立了顺应物联网产业调整的专业动态管理机制，通过深化课程教学改革和校企合作，编写一批新型活页式、工作手册式教材，打造一批精品课程，培养一批优秀兼职教师，实施产教融合，实现产业学院与地方经济的协调发展，形成专业服务产业、产业提升专业的良性循环，达到科研水平、教学水平与社会效益的共赢，为地方经济社会发展提供有力的技能人才支撑。

3. 课程建设

在课程建设上，突出构建和打造以行业证书及岗位核心技能为主的精品课程。在精品课程的建设中，主要采用以下方式来进行。一是精准定位精品课程。通过合作，校企双方共同确定每个专业的核心岗位，围绕该岗位的核心技能，打造1~2门精品课程。二是在打造精品课程的过程中，重点从以下几个方面展开：在课程教学团队建设中，结合师资职称、学历、年龄和专兼职进行综合考虑，形成课程教学人员组成的课程建设梯队，以保证课程可持续发展。在课程教材建设中，适应职业教育教材发展需要，注重编写活页式、工作手册式教材，以保持教材的先进性。在课程教学方法与手段上，注重使用现代化的新颖的方法和手段，精品课程要充分体现以人为本的思想，强调师生互动，提倡将启发式、讨论式等教学方法运用到教学过程中，根据课程类型恰当运用微课、在线教学视频等先进的现代化教学手段，增强学生与教师的交流与互动。在课程质量保障方面，制定课程评价指标体系和质量监控体系，从精品课程建设项目的申报和评审，到对课程的检查和评选等各个环节都严格把关，建立教学督导制度、学生评教制度和教师听课制度，从各角度对教师授课情况提出建议，保障和提升课程教学质量。

4. 师资建设

在师资队伍建设上，构建合理师资选拔机制，优化师资队伍结构，打造学校教师和企业师傅相结合的专兼职教学团队，错时授课的灵活授课机制。在师资选拔尤其是企业兼职师资上，一是通过企业推荐及同行评价；二是通过协会举办的职工技能竞赛，选择其中的优胜者。在授课机制上，考虑到企业兼职教师往往是企业的核心技术人员，在企业工作时间一般不能脱离工作岗位进行授课，为此，经过行业协会与企业协调，将该部分企业兼职教师的授课时间与工作时间统筹安排，错开工作时间授课，尽量不安排加班等，保证授课时间。

实践教学是培养高素质技能型人才的重要手段，产业学院实训基地建设在遵循高等职业教育改革与发展规律，服务专业（群）建设，满足实习实训教学及能力培养要求的同时，创新实训基地建设模式，积极拓展校际之间、校企之间、校内之间的合作。在校外实训基地建设上，以企业为主体，根据不同企业生产实践中面向的物联网产业链环节并结合对应的产业学院相关专业，选择构建不同技能岗位的实训基地，使学生通过该实训基地学习获得最契合行业生产一线的知识和技能。

5. 教学组织形式

在教学组织形式上，每门课程和教学环节会根据不同的内容采用不同的方式。如专业基础课程侧重于知识学习，在教学组织形式上以班级集中授课为主；核心技能课程侧重于提升学生个人技能，在教学组织上以小组教学、一对一教学相结合进行，确保每个学生能看清技能教学每个环节，学习并掌握技能。而在企业实训教学中，通常以现场教学为主，由企业导师根据岗位技能要求，指导学生进行实践操作，培养满足企业岗位要求的高素质技术技能人才。

三、物联网协会牵头的产业学院育人外部保障机制

1. 政府主导，提供政策保障

2018年11月30日，广州市教育局与广州开发区管委会共同印发了《广州市产教融合示范区建设方案（2018—2020）》。该方案旨在全面贯彻落实党的十九大关于“深化产教融合、校企合作”精神，加快推进各类人才向广州开发区集聚，精准对接广州开发区支柱产业和战略性新兴产业发展对各类人才的需求，为广州开发区发展提供人才和智力支撑。经过遴选，广州城市职业学院联合广东省物联网协会、广东泽诚科技有限公司等成立的广州市物联网产业学院作为首批7所产业学院进驻产教融合示范区。

为加快产业学院办学进程，广州开发区在广州市产教融合示范区的场地装修、设备采购与安装调试等方面做了大量工作。同时，广州开发区人才工作集团专门设立全资子公司——广州产教融合信息服务有限公司，负责示范区的建设和运营，为企业、院校、人才提供需求对接、平台搭建、技术支撑和资源保障等专业化服务，为产业学院办学提供了政策支持和基本保障。

2. 建立健全项目管理机构，为产业学院建设提供组织保障

产业学院组建初期，广州城市职业学院与广东省物联网协会、广东泽诚科技有限公司等机构联合成立由学校、行业企业专家参加的产业学院理事会，由理事会研究确定产业学院建设的方针政策，审定产业学院建设实施方案。

产业学院进驻开发区后，理事会讨论确定了产业学院的机构设置、人员安排，明确了产业学院实行理事会领导下的院长负责制，为产业学院办学提供了组织保障。

3. 加强建章立制，为产业学院建设发展提供制度保障

制度建设是产业学院可持续发展的主要保障。产业学院成立之初，逐步制定和完善教育教学、行政管理、后勤保障、财务管理、监督检查、责任追究等各项工作制度，建立起科学的自我保障机制，调动教职工投入产业学院建设的积极性、主动性和创造性，并陆续出台一系列项目实施、考核、监督等相关制度，采取有力措施，确保制度的有效执行，保障产业学院高效运行。

4. 加大资金筹措力度，为产业学院建设发展提供资金保障

一是争取地方财政扶持和学校资金支持；二是合作企业在实训基地建设、教学设备等方面以实物形式提供支持；三是通过承担行业协会、企业的技能培训项目拓展资金筹措渠道。

四、广州市物联网产业学院“一方牵头、两方共育、多方共享”的人才培养模式改革与实践

2019年以来，笔者参与了广东省物联网协会、广州城市职业学院与物联网行业相关企业共建广州市物联网产业学院的建设发展实践，总结了行业协会主导的产业学院产教融合育人模式（见图5－7），认为产业学院建设要充分发挥行业协会的办学主导作用。行业协会除了在构建产业学院内部组织结构、完善产业学院管理制度、建立新的教学评价标准和新教学组织模式、建立基于优势互补的共享机制的基础上，还在产业学院运行方面做了如下工作。

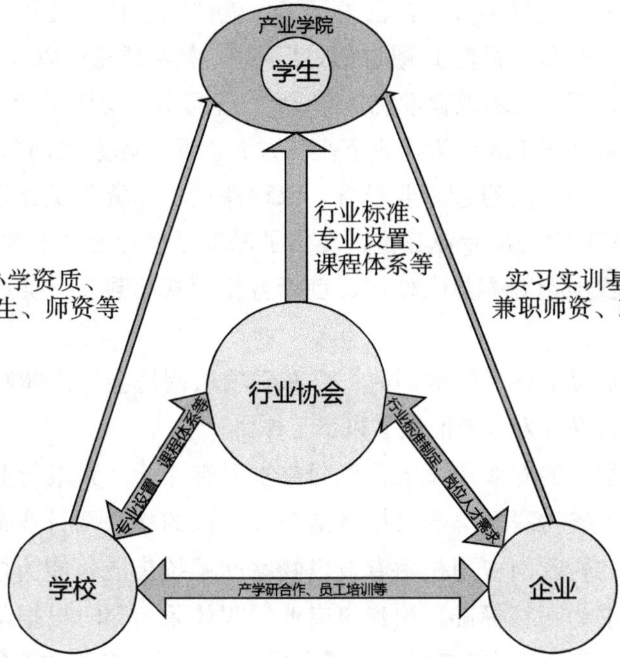

图5－7　行业协会主导的产业学院产教融合育人模式

（一）充分发挥行业协会在职业教育产教融合办学中的引领作用

行业协会在职业教育校企合作、产教融合中是连接企业和学校的纽带，是校企双方沟通的桥梁。国外职业教育校企合作、产教融合中行业协会发挥了很大的作用。德国是非常重视发挥行业协会参与职业教育作用的，行业既是政府与企业的中介组织，也是联系企业与职业教育的桥梁与纽带。在德国，《职业教育法》赋予行业协会对职业教育一定的管理职能，如参与职业教育的管理与决

策（包括职业教育机构资质认定）；组织考试，参与资格认定；参与职业培训过程的管理与实施，如审查培训合同、确定培训时间、组织各种考试、仲裁签约双方矛盾、参与教师管理、获取职业教育经费等。德国行业协会参与职业教育管理、鉴定的权威性，也来自于它的人员组成的公平与公正性。如行业协会下设的职业教育委员会分别由6名雇主代表、6名雇员代表和1名职业学校教师组成，考试委员会成员也是由同等数量的雇主协会代表和雇员协会代表以及1名职业学校教师组成。如果某行业需要联合组织全国或地区性考试，其考试内容的70%由地方行业协会决定，30%由行业总会决定。① 德国实行的是真正的教、考分离，而不是像中国的职业教育考试，由教育主管部门或劳动部门或学校自己考自己，教出的学生好不好，自己说了算，就像老子评价儿子一样，老子说好就好。所以中国的职业教育质量监控效度不高，教学质量难以提上来。

在澳大利亚，职业技术教育学院（TAFE）模式充分发挥了行业企业在职业教育中的主导作用。该模式认为行业企业一方面主导了国家培训局等各级TAFE管理咨询机构，另一方面通过专业设置、课程建设、师资队伍建设、实训基地建设等主导了TAFE学院的专业建设，提出了深度吸引行业企业参与职业教育，进一步发挥行业教学指导委员会作用，创新合作模式等建议，促进高职教育的发展。②

在充分学习借鉴上述经验的同时，广东省物联网协会在广州物联网产业学院建设、主导产教融合发展方面做了以下工作。

一是在产业学院的专业建设上，巩固夯实既有专业，紧跟行业发展趋势拓展新兴专业。广东省物联网协会根据粤港澳大湾区的物联网行业企业的人才需求，提出了现有的物联网应用技术专业以物联网系统集成技能为核心，物联网工程技术人员证书为考核标准，构建该专业课程体系，同时根据国家有关工业4.0的有关政策和行业发展趋势提出开展申报工业物联网专业的调研和申报准备工作，为企业迎接和实践工业物联网做好人才储备打下基础。

二是在课程建设上，突出构建和打造以行业证书及核心技能为主课程。根据企业岗位和物联网人才技能要求，推行的课程既要有一定理论基础，还要有

---

① 张宏亮. 国外职业教育质量评价“第三方”参与状况及对我国的启示：以美、英、德、澳四国为例 [J]. 职业技术教育，2016，37（15）：49－54.

② 宋保兰. 澳大利亚TAFE职业教育对我国的启示 [J]. 教育与职业，2018（12）：110－112.

相当的实际操作经验，广东省物联网协会联合有关企业共同开发、生产了物联网系统综合实训一体化平台用作学生技能实训和证书考核的设备，并开发了配套教材作为理论支撑，使学生在对物联网的认识和技能要点方面有了更深入的了解。

三是在师资队伍建设上，构建合理师资选拔机制，优化师资队伍结构，打造学校教师和企业师傅相结合的专兼职教学团队，错时授课的灵活授课机制。在师资选拔尤其是企业兼职师资上，一是通过企业推荐及同行评价；二是通过协会举办的职工技能竞赛，选择其中的优胜者。在授课机制上，考虑到企业兼职教师往往是企业的核心技术人员，在企业工作时间一般不能脱离工作岗位进行授课，为此，经过行业协会与企业协调，将该部分企业兼职教师的授课时间与工作时间统筹安排，错开工作时间授课，尽量不安排加班等，保证了授课时间。在实习实训基地建设上，根据不同企业的核心业务，选择构建不同技能岗位的实习实训基地，使学生通过该实习实训基地学习获得的知识和技能是行业中最优质的。

（二）共建可持续发展产教融合命运共同体及相关保障机制

产教融合、校企合作的通畅运行，离不开必要的机制保障。其中，明确责任分工基础上的合作方全流程对接尤为重要。主要体现在，一是着力加强生源基地建设，生源是产业学院可持续发展的源泉。在广东省物联网协会协调下，将优质生源基地（如优质中职校）纳入产业学院命运共同体，为广州物联网产业学院可持续发展提供生源保障。二是建立合理的分工合作机制。产业学院的执行院长由广东省物联网协会代表、学校代表共同担任，学校代表主要负责协调学生及校内师资和资源，广东省物联网协会代表主要负责协调企业资源及相关企业师资并牵头制订人才培养方案、经费分配和使用等。三是人才培养方案、教学计划与企业岗位能力需求对接。各专业成立以广东省物联网协会教育分会负责人、企业人力资源负责人、企业专家、校内专业负责人为主的教学指导委员会，根据企业岗位技能和综合技能的要求，制定和完善课程体系设计、实践教学比例、顶岗实习安排等，动态优化人才培养方案和教学计划。四是利益协调机制。行业协会、企业和学校作为产业学院共建的三方，都为此投入了人力、物力和财力，但各自的利益诉求点不一。企业需要获得稳定优质的人才供应基地，且在生产研发上也存在一定的需求，可以通过与产业学院专业教师合作来解决相关问题，从而形成“员工专业技术技能水平高→产品质量和生产效率高

→企业效益好”的良性循环。行业协会作为一个行业性的社会团体，需要在行业中发挥积极作用，树立良好形象，以获得行业企业的共同认可。行业协会可通过主导产业学院的建设，与行业企业共同制定行业标准的同时，指导产业学院专业建设和课程体系建设，促使培养的人才符合企业用人标准和需求，符合行业企业的利益诉求，实现自身的价值。此外，行业协会还可以通过组织行业内技能比赛，凝聚向心力，促进行业进步，通过组织专家调研编写行业发展年度报告、专题报告和编写出版刊物等为企业和学校的发展提供参考、支持及咨询服务，继而形成“人才培养质量高—企业和学校满意—行业协会影响力提升且社会效益凸显”的良性循环。作为产业学院合作方的学校的根本利益点在于学生的培养质量得到提升，学生的专业技术和技能得到社会和企业的认同，学生就业率、就业质量不断提高，学校声望和社会影响力获得增强，从而进一步提升生源质量，形成“生源好—培养质量高—就业率和就业质量高”的良性循环，使学校获得更大发展。学校老师通过与企业的合作，实践经验、科研能力及教学水平等方面得到提升。

（三）建设产业学院产教融合资源库

为给广州市物联网产业学院的人才培养提供充足的资源保障，广东省物联网协会牵头组织建设物联网产业学院产教融合资源库（以下简称“资源库”）。资源库包括若干资源池，如生源地资源池（中职校、职高资源池等）、教师资源池（含企业专家资源池）、企业资源池（产业链各节点企业资源池，如实习基地企业资源池、就业企业资源池、学徒制企业资源池等）、就业岗位池、证书池、课程资源池、行业标准体系资源池等，随着资源库的构建与完善，产业学院做到了招生有来源、教学有师资、学习有资源、实训有基地、实习有岗位、就业有保障。产教融合资源库的建设为提升人才培养质量和实现学生良好就业提供了高效保障。

五、可能存在的问题及破解路径

（一）可能存在的问题

当前，产业学院模式还处于发展初期，校企协各方利用产业学院载体，培养符合开发区高端产业技术人才处于起步阶段，不可避免地存在一些问题和困难。主要表现在：一是学校专业办学与开发区物联网行业发展还有一段距离，专业人才培养仍未完全紧贴物联网行业和企业的人才需求，不同程度存在职业教育和企业需求相脱节的问题；二是高职院校与开发区物联网企业的合作仍停留在较浅的层面，并未从深层次建立起可行的校企合作长效机制，急需找到校企协合作办学的切入点。

（二）破解路径

1. 校企协合作共建人才培养及质量保障机制

以培养“四型”（服务型、应用型、创新型、创业型）高技能人才为目标，构建从初级到高级的技术技能人才完整培养链条，培养急需的“高技能且具有本科综合素质”的高级技术技能人才；同时，构建以企业工作过程为导向的课程体系、教学做一体化的教学模式，推进学生在企业的文化氛围和生产情境中学习、工作和解决实际问题，提高服务素养和创新创业能力，满足企业和行业发展对不同类型不同层次人才的需求。按照企业质量管理标准持续改进内部质量保障机制，实施行业协会主导的第三方评价为主的外部质量评价体系，确保人才培养质量。

2. 校企协合作共建创新平台运行机制

围绕人才培养各项工作，由三方代表共同组建产业学院理事会。建立理事会工作机构和工作章程，从合作共赢出发，明确双方的责、权、利，加强合作进程控制和管理。产业学院实施理事会领导下的院长负责管理体制，理事会会议决定专业发展方向和每年的招生规模，并协调合作办学单位，做好学生日常教学、实习实训、顶岗实习的计划安排，出台相关政策，将实习与就业协同考虑，引导合作单位解决毕业生的就业问题。

3. 校企协合作共建资源共享机制

将企业与学校的实训场所、教学科研重点平台、仪器设备、图书资料、网络等进行整合共享，师资互派，标准共定，教材合编，人才共育，使学校成为企业的“职工教育中心”，企业车间成为学校的“学生实习基地”，协会办公场地成为校企双方“协同管理平台”。创新教学和科研团队工作机制。聘请企业专家和能工巧匠组成专兼结合的教学团队，推动专任教师全员轮流到企业任职实践，组织教师参与企业的设计、改造和研发等，形成“教师融入行业，行业反哺教学”的良性循环。

第三节 “政校企所协”五元共育的产业学院育人实践

“政校企所协”五元共育的产业学院，以习近平新时代中国特色社会主义思想为指导，坚持立德树人根本任务，面向国家产业发展需求，响应广东职业教育“扩容、提质、强服务”的号召，通过完善体制机制建设、推进产教深度融合、共同构建课程体系、打造专业职教团队、开展特色社会服务、不断深化协同育人的教学改革。

一、“政校企所协”五元共育的产业学院育人实践模式

2019 年初，国务院印发《国家职业教育改革实施方案》，将职业教育摆在教育改革创新和经济社会发展更加突出的位置，特别是要通过建立多元共育的人才培养体系，拓展教产互促服务发展的方式，实现职业教育高质量发展。

“政校企所协”五元共育的产业学院育人模式，指通过“政、校、企、所、协”五方共建产业学院，探索应用型技术技能人才的培育机制。其中，地方政府提供政策、财政等支持，院校承担人才培养、技术创新、社会服务和文化传承等工作，企业提供生产实训及顶岗实习岗位、教师实践基地，研究所等相关研究机构承担技术攻关、产品研发与服务等，行业协会承担行业信息交流、技术创新项目协调及宣传等。

广东科贸职业学院茶艺与餐旅产业学院聚焦国家重点支持产业——茶叶深加工及茶文化的特色旅游休闲行业，面向茶产业链的生产、加工及茶园旅游拓展的现代产业升级，践行制茶工艺现代化与传统茶文化餐旅资源推广相融合的专业教育改革。产业学院以茶艺与茶文化专业为核心，融合食品加工技术、烹调工艺与营养、旅游管理 3 个专业，通过清远市人力资源保障局、世界中餐联合会、广东省茶叶研究所、广东省茶叶行业协会、广东省茶文化研究院、广州问山茶叶有限公司等“政、校、企、所、协”五元主体构建而成。

二、“政校企所协”五元共育的产业学院育人内部运行机制

（一）组织框架

广东科贸职业学院茶艺与餐旅产业学院，建立由政府、餐旅学院、公司专责负责人、茶叶研究所、协会组成的产业学院领导小组，负责产业学院建设的领导、协调工作，突出“多主体”共同管理的效能。领导小组下设办公室，负

责制定产业学院运行的规章制度，以及相应的产业学院建设评估标准，定期组织对产业学院工作的评估和检查。同时，领导小组下设实践教学领导小组，全面负责实践教学基地建设与运营。实践教学领导小组设立由专兼职工作人员组成的教育教学和工作协调委员会，具体负责专业实践教学和日常管理工作。

（二）办学模式

1．产业学院办学资源共享

一是实践教学资源共享，包括校内食品加工检验基地、校外酒店实习基地为产业学院共用；二是课程资源共享，通过对不同专业内茶类课程的整合，实现产业学院内部的课程资源共享；三是师资共享，学校教师、企业导师发挥各自专业特长，按课程需要组建跨专业教学团队，开展混合式授课。

2．产业学院办学紧扣乡村振兴

产业学院扎根农村，紧扣乡村振兴，以培养“精管理、熟技能、通商道、厚文化”的复合创新型技术技能人才为办学目标，通过政府服务引导、学校教学机制创新、产业针对性覆盖、科研平台研发载体、企业人才需求分析，让需求从乡村中来，技能到乡村中去，实现技术技能人才的能力培养。

（三）育人模式（见图5－8）

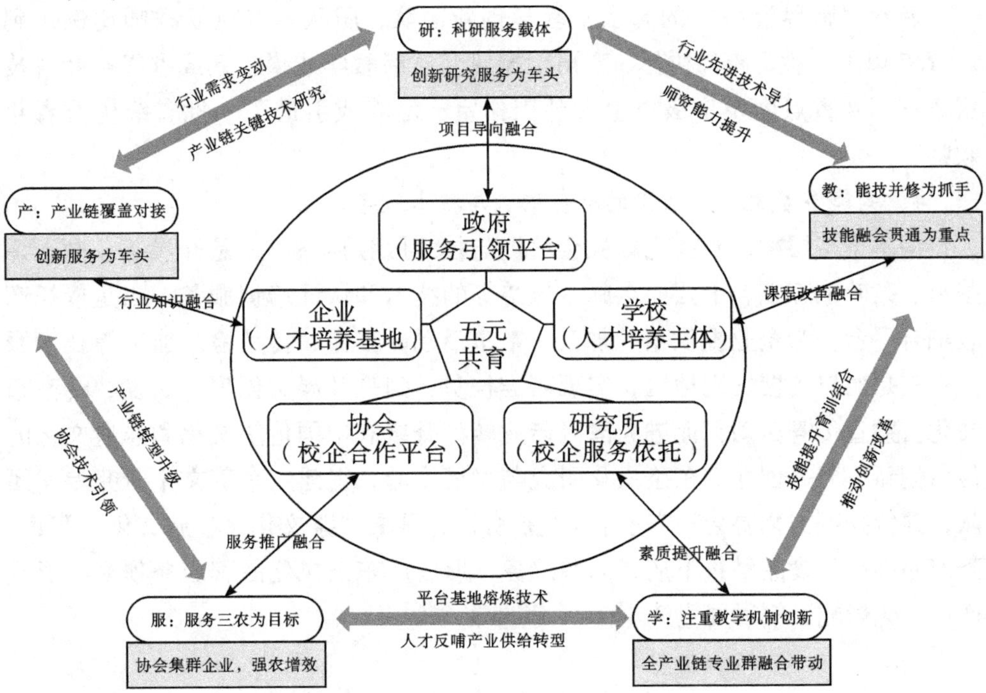

图5－8　五元共育的产业学院育人模式

"政校企所协"五元共育的产业学院育人模式，就是聚焦就业市场的真实需求、面向企业的真实生产环境进行模块化教学，以学生技能实操能力及产品转化率作为主要考核指标，教学全过程融入创新创业教育，有效促进学生就业创业。

1. 建设校企深度融合的课程体系和教学资源

政校行企共同制订行业认可、国际认同的课程标准，建成国家级、省级在线开放课程，共建国家、省和校级教学资源库，打造国内领先的"互联网+"数字化、信息化教学条件。

2. 开展"四阶段"教法改革

第一阶段开展项目化学习，培养学生专业岗位基本技术技能；第二阶段基于实际项目开展轮岗及定岗实训，培养学生解决复杂问题的能力；第三阶段依托技能大师工作室，进行跟岗实践，夯实学生企业实践技术技能；第四阶段提高学生新技术的应用能力及创新创业意识。最终，将精技员工输送到企业实习就业。此外，不断创新"双导师"模块化教学模式，"以赛促教、以赛促学"对学生开展全程指导。

3. 打造"跨界混编"的高水平教学创新团队

建设"跨界混编"的高水平教学创新团队，团队内专兼职教师比例达到1∶1.5以上。教师跨界协作，产出国家级和省级教学成果，建成省级茶叶科技服务三下乡重点团及市级以上大师工作室，培养或引进了一批省级优秀青年教师。

4. 构建多层次、专业化的社会培训与技术服务体系

构建了多层次、专业化的社会培训与技术服务体系。一是开展茶艺师、评茶员、茶叶加工工、中西面点师、导游等的技术和认证培训服务；二是依托产教融合平台，为企业提供茶叶加工、茶事活动、宴会、食品检测加工等技术服务；三是对口支援贫困地区，实现精准扶贫；四是开展文创项目研发、岭南茶文化公益宣传等活动，促进大湾区产业转型升级和中国传统文化和非遗文化的传承创新；五是创立广东茶文化研究与发展中心，组建广东茶文化研究专家团队，并依托茶文化协会和广东茶文化服务队，开展"茶文化+餐旅文化"咨询、茶产品推广、食品科技下店、志愿服务，形成广东茶文化品牌服务项目，形成产业文化影响，辐射周边产业。

三、“校政企所协”五元共育的产业学院育人外部保障机制

（一）项目建设质量保障机制

成立产业学院建设项目工作组，明确各项目负责人，实行项目负责人责任制，层层落实到位。制订《产业学院项目管理办法（试行）》《项目资金管理办法（试行）》，细化目标任务，明确路径和时间节点，对项目建设和资金使用进行规范管理，提高建设质量，保障建设效果。

（二）政府建设动态调整机制

依托粤港澳大湾区职业教育产教联盟、清远市人力资源保障局、世界中餐联合会、广东省茶叶行业协会、广东科贸职业学院技术专委会等政校行企资源，成立“现代茶艺与餐旅产业学院建设指导委员会”，指导产业学院人才培养、师资队伍建设、产教融合等工作。建立专业学院多元协同动态调整机制，及时进行资源整合和行业结构优化，实现人才培养供给侧和产业需求侧结构要素全方位融合。

（三）政府保证课程项目引入和教学成果转化机制

制定《五元共育项目制课程项目引进和成果转化管理办法（试行）》等制度文件，从项目引入方式、项目运行管理、项目成果认定、项目成果转化、考核激励机制等方面，规范课程运行管理，支持课程项目导入和课程成果转化的有序进行。保障“政校企所协”产教融合的人才培养模式顺利实施，打通从产品研发到行业应用的“最后一公里”。

（四）资金保障制度

1. 目标明确，分工完善

项目经领导小组批准立项后，项目工作组以立项建设协议书为依据，进行严格论证，并严格按批准的建设内容和进度进行建设，保证项目建设工作的科学性和合理性。所有产业学院项目化建设内容按年度对建设进度、建设经验与不足进行总结，并定期向项目领导小组汇报。

2. 专款专用，全程监控

产业学院建立了严格的项目资金管理制度和监控制度，制定详细的分项目、分年度资金使用计划，开展预算管理，保证项目资金完全用于项目建设。学院纪检部门进行全程监控。项目工作组对项目建设经费进行专项管理，切实做到专款专用，严格按照财务制度要求执行。

3．分年实施，层层落实

所有当年资金建设项目按年度对建设进度、建设经验与不足进行总结，并定期向项目领导小组汇报。对未经领导小组同意更改建设项目内容的，将终止该项目的建设，对项目负责人按有关规定追究相应责任。

为了使建设项目工作顺利开展，项目将成立监控小组和审计小组。以任务书为依据，以“经济高效、多出快出成果效果”为原则设置绩效监控指标，制订审计评价办法，从项目的可行性论证、资金的使用、建设的管理和建设效果四个环节入手，对每个建设项目进行全过程多方位的参与式绩效审计。

四、 可能存在的问题与破解路径

（一）可能存在的问题

1．多主体协同作用仍有待强化

产业学院在运行过程中，“政校企所协”多主体之间存在部分政策不统一、资源整合力度不到位等问题，导致多主体在引企入教、实训室建设、引资创业、资金支出、收益与分配等方面存在分歧，多主体协同作用仍有待强化。

2．产业学院内部专业技能融通不够

与传统学院相比，产业学院具有优质资源整合的优势。如产业学院内部拥有对焦产业终端需求的特色专业或专业群，专业集群聚焦于特定的新产业、新业态，发展定位清晰、准确，建设目标明确、可测，资源整合可行。虽然产业学院可以推动学校与行业企业共建人才培养体系，使行业企业参与人才培养的全过程，可以将行业企业对人才技能需求与学校的专业知识优势结合起来，但是校企双方在沟通协调保障机制上仍不够顺畅，产业学院内部专业技能融通不够，资源优势转化为人才培养优势程度较低，这也是产业学院专业技能融通的痛点。

（二）破解路径与展望

1．创新产业学院的体制机制，增强产业学院异质性的活力优势

产业学院是一种新型而有深度的校企合作模式，关键在于其创新“政校企所协”合作的体制机制，增强各主体要素的活力。要进一步创新产业学院的体制机制，通过强化地方政府、高校、企业、研究机构和行业协会等多元主体协同，形成共建共管的组织架构，探索理事会、管委会等治理模式，赋予现代产业学院改革所需的人权、事权、财权，建设科学高效、保障有力的制度体系。

2. 优化资源整合机制，提升产业学院的价值增值

整合各种人力与物力资源是盘活产业学院这一“大棋局”的关键，资源的整合需要构建科学的投资者利益分配制度，如在领导小组下，制定较为完善的财务管理和人事安排制度，对人员聘用、考核等做出合理规定，畅通社会资源的进入渠道，实现高校资源与社会资源的优化整合，促使双方优质资源向最有特色、最有优势、最能促进学校核心竞争力提升的方向流动。

3. 拓展科研和服务能力，使竞争优势最大限度延展

要使产业学院的办学活力显著提高，创造出更大价值，并发挥对整个学校改革的引领和辐射作用，就需要我们紧紧地抓住核心竞争力这一主题，从认识其基本要素入手，采取有效策略，为核心竞争力持续提升而努力。随着产业转型升级的不断加强，行业企业对高校产教融合成果的依赖和需求更加直接、具体、多样，产业学院在无缝对接行业企业需求中越来越呈现出“不可替代性”。实践表明，是否拥有创新有效的产教融合模式、高水平的产教融合成果，将成为今后划分院校办学格局、竞争力判断的新标准。同时，以应用为导向，推动科学研究向现实生产力转化与转移扩散，实现产学研无缝对接，将高校科研优势转化成产业竞争优势，打通从创造向应用的“最后一公里”，拓展高校社会服务职能。

第六章 学校与龙头企业合作的产业学院育人模式研究与实践

第一节 学校与龙头企业合作的产业学院育人模式分析

《国家职业教育改革实施方案》指出要“深化产教融合、校企合作，育训结合，健全多元化办学格局，推动企业深度参与协同育人，扶持鼓励企业和社会力量参与举办各类职业教育”，这为新时代我国职业教育的发展提供了指南和方向。学校与龙头企业合作的产业学院是高水平职业教育的实现路径之一，也是职业教育服务经济高质量发展的必然要求，因此探讨学校与龙头企业合作的产业学院育人模式具有重要的理论研究和实践指导意义。高职院校需要利用自身优势与龙头企业开展合作，紧抓住产教融合主线，联合龙头企业共建特色产业学院，并以特色产业学院为依托，推动校企协同育人，构建适合我国国情的“双元”育人模式。

产业学院是高校与企业实施产学深度合作、培养高素质技术技能应用型人才的新型教育实体，是产教融合中的一种较为先进的模式。目前国内关于校企合作的产业学院的相关研究主要集中于：高职院校产业学院模式研究；如何通过产业学院，加强高职教育产教融合，提高人才培养质量，促进科技创新和成果转化以提高经济效益；产业学院产教融合运行机制研究。在学校和龙头企业合作的产业学院中如何明确学校和企业的权利和职责，在共同育人的过程中发挥其应有的优势，大部分研究主要着重于提出相关理论，基于产业学院的实例并提出相应具体实施措施的系统性研究非常少。

本章结合华为信息与网络技术学院、广东理工职业学院巨轮智能产业学院、天健建工学院等产业学院实践典型案例，深入探讨学校与龙头企业合作的产业学院育人模式。

一、 学校与龙头企业合作的产业学院构建逻辑与条件

（一）龙头企业在产业学院构建中的作用

1. 校企合作实现资源共享

校企合作实现资源共享主要表现为共享教学资源和共享专业群实训体系等。首先，学校与龙头企业合作成立产业学院，可以依据对产业需求、职业岗位及工作过程的分析，按照归纳行动领域、转化学习领域、设定学习情景的课程开发流程，建设基于企业资源的共享式教学资源信息平台。教学资源平台根据企业岗位需求和专业技能标准，提供职业标准、技术标准、企业案例等信息，补充和辅助培养学生基本职业能力，服务于学生的可持续发展和其他社会学习者的在岗培训。其次，可以构建校内外交互共享的专业群实训体系，即规范建设相应的实验实训基地，建成科学的专业群实训体系。按照专业群的共性能力要求分类构建实训基地和工作室，按企业的方式运行，使其成为集教学、培训和生产于一体的“校中厂”式的生产型实训基地，通过以校内实训基地为主、校外为辅的形式培养学生的通用技能。产教融合型实训基地有利于开展深度的校企合作，实现产教融合。

2. 校企合作实现标准共建

共同开发课程标准。学校将企业的技术标准转化为课程标准，进而形成教学资源，编写基于企业标准的系列教材；同时，与企业联合打造“走出去”国际课程标准；按照专业设置与产业需求对接、课程内容与职业标准对接、教学过程与生产过程对接的要求，完善学校设置的课程标准，并持续更新、推进共同开发的课程标准。校企合作研制的职业技能培训课程标准的推广和应用，将提升职工职业技能水平和职业院校学生技能培养质量。

3. 校企合作实现人才共育

企业和学校之间建立人才交流和人才培养的机制以及人才训练基地。学校与合作企业探索校企合作的切入点，联合构建产学研和校企合作平台，搭建实习实训基地，建立运行模式。可以聘请企业高级技术人员到学校担任兼职教师，并与合作企业联合制订人才培养方案，联合开设专业课程，促进所学与所用协调一致。有利于从实践中探索具有普适性的高校面向战略性新兴产业的人才培

养模式并推广应用。

4. 实现多方协同和责任共担

通过有针对性地根据产业链工程环节需求设计和规划相关课程，实施创新型工程实践教育模式，导入项目教学机制，推行“企业导师”教学管理体系，强调学生直接融入企业岗位实践项目等；打通学校到企业的“最后一公里”，构建“教育+培训+就业”的完整的人才培养服务链，真正实现教学过程与企业及园区产业的良性互动，达到教育与产业、人才与市场、学业与就业的无缝对接，并积极营造“价值整合、多方参与、利益共享、责任共担”的多方协同育人的良好生态环境，确保协同育人工作不断持续深入。

（二）学校与龙头企业合作的产业学院构建条件及方式

1. 学校与龙头企业合作的产业学院的构建条件

第一，需要学校和龙头企业前期具有良好的校企合作基础。产业学院区别于传统校企合作最显著的特征是“双元”的投资体制。产业学院的投资主体主要是高校和企业，企业不再是辅助高校进行人才培养，而是两大投资主体之一。学校与企业根据双方各自需求，由企业提供项目、设备、资金，由学校提供场地，校企双方共建信息服务产业基地。服务基地的管理由双方共同成立的管理委员会负责，管理委员会由学校和企业指定的人员组成，公司部经理由企业派人担任，副总经理、技术负责人由学校老师担任。学校师资团队和众多学生为公司提供优越的工学结合平台，既能缓解企业信息系统开发与运营中产能不足的压力，又能改善学校的办学条件。学生在课内实训、顶岗实习时都有机会亲身参与到实际项目的操作当中，真正实现与企业“零距离无缝对接”，可极大地提高人才培养质量，更好地实现与企业需求的对接。

第二，学校与龙头企业合作的产业学院适用于技术先进的工科领域。在先进制造业、智能技术等产业领域，龙头企业和职业院校合作的产业学院可以作为国家制造业转型升级、创新技术应用转化的重要载体。同时，产业学院既可以通过经济转型和产业升级为企业提供人才储备和技术支持，同时它也可以通过人才培养和科学研究成为学校的人才聚集地和科技研发处，因此它也要求进行合作的学校和企业在实力上相对对等。

第三，与学校进行合作的企业需要具备产教融合型企业的条件。企业需要充分发挥重要办学主体作用，与职业院校或高等学校开展稳定、深入的育人活动，校企合作管理规范、成效明显，具有较强示范引领作用。产教融合型企业具有参与育人全程性、产业资源教育性、成果共享共赢性、业内示范推广性等特征。当前历史条件下，产教融合型企业一般为生产型企业。

2. 学校与龙头企业合作的产业学院的构建方式

第一，学校与龙头企业合作的产业学院需要依照现代法人治理结构和管理机制，实行理事会领导下的院长负责制，建立高效、顺畅的合作运行机制。产业学院的组织架构包括管理团队、运营团队和例会制度。其中，产业学院的管理团队为学校和龙头企业共同组成的产业学院理事会，理事会成员均由企业和学校的主要核心领导担任，理事会设理事长1名、副理事长2名，由双方协商推荐，实行一理事一票制，理事组成人员由合作双方协商确定数量。产业学院理事会作为产业学院的决策机构，负责产业学院的总体发展规划和院领导聘任等宏观管理工作。产业学院的运营团队也由学校和龙头企业共同组成。运营团队主要负责人才培养、项目研究、技能培训等具体事务的开展实施。学校与龙头企业合作的产业学院建立定期会议制度，探讨产业学院的主要任务、年度计划及实施情况；不定期召开工作会议，组织实施各项具体工作任务。

第二，学校与龙头企业合作的产业学院育人机制包括：校企协同育人、校企师资互派、校企实训基地共享、考证培训及产业工人培训、共同举办各类技能大赛、校企科研合作等。校企协同育人，包括双方围绕合作领域开展人才培养、技术研发、创新孵化等工作。校企师资互派，即学校和企业老师的知识专长与经验丰富形成优势互补，学校为企业提供智力支持，企业派出具有丰富工程经验的工程师为学生授课，企业协助学校开展“双师型”教师培养，企业高级工程师、技术技能大师在学校设立“大师工作室”，指导和开展人才培养和技术创新工作。校企实训基地共享，即学校与龙头企业合作的产业学院可以打造集实践教学、社会培训、企业生产、技术服务和创新创业“五位一体”的产教融合型实训基地。考证培训及产业工人培训包括“1+X”证书培训，为合作领域的相关产业工人进行培训以及开展退役军人技能培训考证等。此外，还包括校企携手开展各类技能大赛、创新创业训练营和创新创业大赛。企业与学校共同设立研发中心，共建科研工作站，开展多项科研合作项目等。

二、学校与龙头企业合作的产业学院育人方式

（一）依托龙头企业授权的培训项目开展人才培养

公司与学校在遵循自愿、公平、合法、诚信原则的条件下签订合作办学协

议，共同实施合作培训项目，履行各自义务，并对由此产生的各种行为负责。学校负责资源（师资、实验室建设）的准备，公司授权校方在本校范围内开展相关培训项目，校方承担公司授权的培训项目，将授权的课程纳入校方的选（必）修课程体系或以培训专班的形式开展相关的课程。

明确公司和学校在培训项目中的责、权、利。合作期间，公司为校方提供项目合作方案和建设指导书，以及项目建设所需的相关指导；每年通过无偿或有偿的方式为校方提供培训支援；校方人员在实施培训项目有困难时，可书面向公司申请，提供相应支持。校方负责组织实施培训报名，按照公司提供的公司职业认证培训课程，完成公司授权的培训项目，实施完成后做好学员资料归档工作；在人力资源配置方面，配置至少一名网络学员业务接口人，负责与公司进行日常业务对接口；在实验设备硬件配置方面，教学硬件配置需满足公司授权课程对实验环境的要求。

（二）引入龙头企业的课程体系改造产业学院课程

以学生实践能力和创新创业精神为人才培养核心目标，充分利用与企业的协同效应和资源优势，以及企业先进关键技术和典型工艺流程，重整和优化课程体系。明确校企职责，校企双方共同负责课程体系开发，充分利用企业的优质资源，以高职学生特色切入研究，采用分层分段的方式，融合专业教学内容及职业技能等级证书的考核要求，打破传统的设计方式，以岗位所需的“职业能力”需求为核心，采用成果导向的教育理念及模式（outcomes-based education，OBE）进行课程体系构建，实现一体化培养。

首先基于教学规律，采用分段的方式构建专业的课程体系。在第1—2学期完成专业所需的公共基础课程，第2—3学期完成专业的基础课程，第4—6学期完成企业的认证课程。其次，结合“1+X”证书制度的相关要求，采用分层的思路，体现“X证书”的等级概念，在培养规格中按照企业职业认证的要求，将初级和中级职业资格证书考证大纲的内容融入专业核心课程体系中，毕业生在毕业前需取得职业资格证书（中级）证书，并将职业资格证书（高级）认证大纲融入专业拓展课程。

（三）按照龙头企业运行的方式改造校内实训基地

按照专业群的共性能力要求分类构建实训基地，按企业的方式运行，使其成为集教学、培训和生产于一体的“校中厂”式的生产型实训基地，通过以校内实训基地为主、校外为辅的形式培养学生的通用技能。对实践性较强的课程在实训基地进行“教、学、做”一体化教学。与企业的专家合作，引入企业的技术和师资，引入企业运行机制，为校内实训基地创建真实的工作岗位、职场氛围和企业文化。为充分运用合作企业的教学资源，将部分课程的教学任务安排在企业进行，实现了校内校外交互共享。与企业兼职教师合作设计、实施实践教学方案，结合职业资格证书的要求编制实训标准和实训指导手册，实施工学交替，实现课程内容与职业资格标准对接、技能培训与岗位要求对接。

（四）依托龙头企业开展技术研发

学校与企业联合组建风险共担、利益共享的技术联合体，共同设立技术研发中心，企业为教师提供科研课题、研究条件，学校为企业提供科研成果、技术服务，共同开展技术攻关，联合攻关重大科研项目，促进技术成果应用转化。校企依托技术服务平台和科研平台，成立技术协同创新中心，开展相关的合作服务项目。

（五）校企共同打造结构化创新教学团队

校企共同制定人才招聘标准、企业兼职教师培养方案等，聘请企业兼职教师，共建“双师”工作室，实施专业教师下企业制度，共建“双师型”结构化教学团队。校企双方建立人员互派机制，共建“双师型教师工作站”和“兼职教师流动站”，聘任企业工程师来校担任“产业教授”兼职授课，指导和开展教师培训、人才培养和技术创新。学校通过“下、访、挂”“一师一企”计划，积极选派教师担任企业科技特派员，参与企业技术开发、员工培训、组织管理等。校企依托产业学院进行优势互补，共建师资，对学生进行技能培训；成立技能大师工作室，引入高水平企业兼职教师，对企业兼职教师开展高职扩招专业教师专项培训，共同打造创新教学团队。

三、学校与龙头企业合作的产业学院育人模式分析

（一）优点

1. 学校与龙头企业合作的产业学院能够引领标准

龙头企业一般具有综合实力强、技术先进等特征，具有引领行业标准的代表性作用。学校与龙头企业合作成立产业学院，可以引入先进技术，施行校企联合培养，双主体育人，有利于深化校企合作内涵，提升人才培养质量，助推行业企业发展。在学校与龙头企业合作的产业学院的推动下，可以充分发挥行业龙头企业的示范作用和职业院校高技能人才输送功能，助推行业企业转型升

级，有力地促进区域行业企业市场竞争力的提升。

2. 学校与龙头企业合作的产业学院资源丰富

在学校与龙头企业合作的产业学院中，高职院校密切协同企业，发挥各自优势资源，共同参与高职教育人才培养的跨界合作育人。产业学院的开展有利于创新高职教育办学体制机制，整合龙头企业的优势资源，形成整体优势，增强高职教育办学活力，在更高平台和更广范围内实现优势互补、相互促进，实现技术技能人才培养、技术研发、人力资源开发培训等的互利共赢，有效促进高职教育与企业及产业间的协调发展。

3. 学校与龙头企业合作的产业学院有利于精准对接产业

产业链，即一个产业集群，是以众多产业链上业务关联企业为主体，相关企业、研究机构、行业协会与组织、政府服务部门集结成群的经济群体。其基本特征是基于分工基础的竞争性配套与合作，具有产业链相同、内部专业化分工细、交易成本低、人才集中、科学技术共享和公共服务便利等特点，具备产业链上行业企业强大的竞争力与发展潜力。引用产业集群的组织方式，对接产业链构建产业学院可高效促进专业群资源整合，最大化运用人力、技术和资金等优势培育产业所需的人才资源，促进产业链优质要素流动，发挥引领、集聚、辐射效应。创新基于产业链的产教融合、校企合作模式，回应新一轮科技革命和产业变革提出的挑战，紧抓新经济新业态产生跨界融通与混业发展的机遇。以产业链为立足点，对接产业链建设产业学院，构建校企命运共同体，推动行业企业技术进步，促进产业转型升级提档增速。

（二）可能存在的缺点

1. 企业主体作用不够凸显

企业作为市场经济主体，参与学校职业教育发展的主体作用不够明显，动力相对不足，积极性不高。企业在没有相应激励政策和法规约束的机制下，一般不会主动通过直接参与职业教育来获得人力资源，同时也会造成企业资源的利用不均衡。目前很多高职院校依托企业共建的产业学院都存在企业化不强的问题。职业院校要力争在产权介入型产业学院方面寻求突破，先行先试，把企业资本、技术、设备、管理、文化等要素直接植入学校教育中，打造名副其实的命运共同体。

2. 管理体制不够完善，管理主体权责边界不清

目前，国内高校产业学院没有统一的管理体制，导致管理体制不明，只是

按照习惯做法和领导个人的工作风格开展工作。因此，要合理配置产业学院的政治权力、行政权力、决策权力和民主监督权力，保障各类权力组织彼此分工和协作且具有明确的管理范围，从而实现各权力的协调、互补，进而形成良性互动的工作过程和运行方式。需要探索基于多方参与的董事会治理模式，探索产业学院董事会领导下的院长负责制。董事会由地方政府、行业、企业各方选派人员组成，全面参与学院发展方向、办学定位、专业设置等重大事项决策；院长作为产业学院的负责人，执行董事会决策，管理产业学院运营。

3. 产业学院的服务能力有待提升

产业学院在教学、实习、实训、培训、职业技能鉴定、技能大赛、实践项目开发等基本功能需要提高，以适应现代学徒制等先进的职业教育人才培养模式的需要。同时，学院要着力提高生产、科研、技术服务和创业等新生功能，以适应价值创造和人才培养的双重过程的需要，适应为企业和社会提供服务的需要，使得企业在参与高职校企共建二级产业学院建设过程中，得到满意的回报，实现自身的提升。

4. 校企合作存在一定的瓶颈

学校运行管理机制、人员编制与校企合作的要求不匹配，校企深度合作人才资源和资金投入有限。国家积极倡导开展混合所有制学院、现代学徒制项目等试点工作，但在具体操作上仍存在国有资产与民营资本如何融合、招生如何统一、利益如何分配等诸多困境。产业学院是采用混合所有制形式建立的实体，这种不同主体多元投资的产权配置结构和经济形式需要建立先进的治理方式和治理结构来保障不同投资主体的利益。需要建立决策、执行和监督三者权力相互制衡的现代治理结构后，保障决策在民主性、科学性、互动性和广泛参与性的基础上进行，能适应投资主体多元化的需要，保护不同投资主体的利益。

第二节　华为信息与网络技术学院育人实践

华为信息与网络技术学院（Huawei Authorized Information and Network Academy，英文缩写 HAINA，简称为“华为 ICT 学院”）是华为公司企业业务集团负责主导的、面向全球的校企合作计划，旨在为合作院校提供华为数通、云计算课程的实训教学云平台及云端教学实践设备，传递华为 ICT 技术与产品知识，满足华为信息与网络技术学院的实践教学、职业技术培训及专业认证等服务，在全球范围内为社会及华为产业链培养 ICT 人才。

一、 华为信息与网络技术学院育人模式简介

为全面落实《国家中长期教育改革和发展规划纲要（2010—2020 年）》文件精神，顺应区域经济的发展、产业结构的调整和人才层次需求的变化，特别是粤港澳大湾区经济建设发展需要，贯彻“按行业要求重构知识、按就业要求突出能力、按专业要求突出特色、按企业要求培养素质”的原则，加快实施校企深入合作，企校共建产业学院，实现专业群建设与产业发展无缝对接，促进地方经济高质量发展，更好地适应市场经济发展需要，企业与学校共同设立华为信息与网络技术学院，构建以企业与学校共建专业群建设、课程建设、职业素养为基础的产业学院，以推动职业院校计算机类专业构建以“基础共享、专业专设、拓展互选”的三层次、项目化专业群课程体系（见图 6－1），为社会培养更多具有特色专业素养的技术技能型人才。

专业平台课程位于课程体系的底层，是专业课程的基础。在专业改革中，专业平台课教改不到位就会制约专业改革的发展。在教学实施过程中，由于缺乏统筹管理，学生出现了专业基础知识掌握不够扎实、前学后忘、各门课程学到的知识不能融会贯通的问题，影响了专业课程的学习。针对以上问题，有必要对专业平台课程教学体系进行重构与实践，在通识教育理念下，使专业平台课的构建具备“主体性、基本性、应用性、整合性、普世性”。

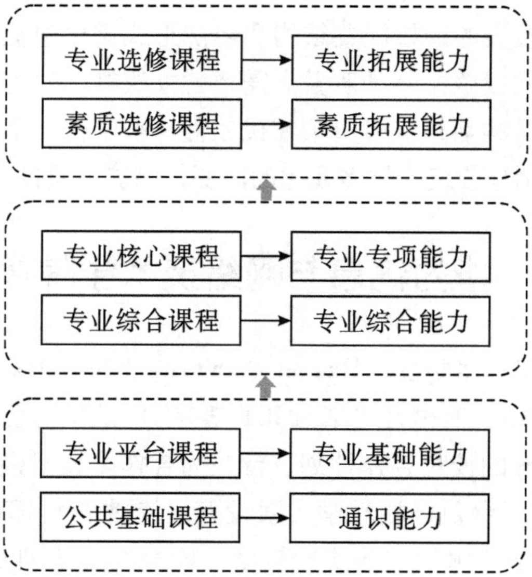

图 6－1 专业群课程体系

计算机网络技术专业依托粤港澳大湾区、珠江三角洲和东莞地区电子信息产业的优势，联合行业企业深度参与专业人才培养，结合“1 + X”证书制度的试点工作，实施基于华为职业认证的计算机网络技术专业人才培养模式；探索分类培养模式的“职业通用能力 + 专业菜单”课程体系；全面实施以项目为中心、基于工作过程系统化的课程改革；深化校企合作与产学研合作，搭建协同创新与协同育人为核心的校内外实训实践教学基地；培育满足专业发展需要的“三师”结构教学团队，增强专业对社会的服务能力；加强教学资源建设、网络教育平台建设、专业核心课程教材建设与资源库建设，建设一流的高职重点专业，力争在五年内将计算机网络技术专业建设成省内高职领域具有较高知名度的重点专业，并带动专业群共同发展。

学校充分利用华为信息与网络技术学院（ICT 学院）的优质资源，以高职学生特色切入研究，采用分层分段的方式，融合专业教学内容及职业技能等级证书的考核要求，打破传统的设计方式，以计算机网络工程技术人员的“职业能力”需求为核心，采用成果导向的教育理念及模式进行课程体系构建，实现一体化培养。

在建设期内，重点建设项目导向 8 门专业核心课程、2 门校级精品资源共享课程、3 门校级课改课程，正式出版 3 本高职规划教材，由校企双方共同编著 5 本实训室项目配套指导书，为提升教学质量奠定基础。开展专业教学资源库建设，提高资源共享性。与企业技术专家合作完成 30 个微课教学资源，依靠校内的云计算与大数据服务器资源，提升计算机网络技术专业教学资源的共享性，建设成包括在线学习、教学管理、学生管理等功能于一体的云教育平台，整合资源，实行精细化管理。

二、 华为信息与网络技术学院育人内部运行机制

高校在办学过程中，为了贴近市场，实现专业群建设与产业发展无缝对接，培养更多适应企业发展需要的技术技能人才，实现毕业生高就业率，建立产业学院成为不二之选，华为信息与网络技术学院就此应运而生。

华为与校方通过签订相关协议，共同实施华为信息与网络技术学院培训项目。在校方完成相关的教学资源（师资、实验室建设）准备的基础上，华为授权校方在本校范围内开展华为信息与网络技术学院相关培训项目，校方承担实

施华为授权的培训项目，将授权的“华为信息与网络技术学院课程”纳入校方的选（必）修课程体系或以培训专班的形式开展相关课程。

华为信息与网络技术学院以计算机网络技术专业为主，依托地方产业的优势，联合行业企业深度参与专业人才培养，结合“1＋X”证书制度的试点工作，实施基于华为职业认证的计算机网络技术专业人才培养模式；探索分类培养模式的“职业通用能力＋专业菜单”课程体系；全面实施以项目为中心、基于工作过程系统化的课程改革；深化校企合作与产学研合作，搭建协同创新与协同育人为核心的校内外实训实践教学基地；培育满足专业发展需要的“三师”结构教学团队，增强专业对社会的服务能力；加强教学资源建设、网络教育平台建设、专业核心课程教材建设与资源库建设，建设一流的高职重点专业，力争在五年内将计算机网络技术专业建设成省内高职领域具有较高知名度的重点专业，并带动专业群共同发展。

（一）基于华为职业认证，构建分段分层的人才培养模式

充分利用华为信息与网络技术学院的优质资源，结合学校办学定位，以高职学生特色切入研究，采用分层分段的方式，融合专业教学内容及职业技能等级证书的考核要求。打破传统的设计方式，以计算机网络工程技术人员的“职业能力”需求为核心，采用成果导向的教育理念及模式进行课程体系构建，实现一体化培养。

首先，基于教学规律，采用分段的方式构建计算机网络技术专业的课程体系，在第1—2学期完成专业所需的公共基础课程，第2—3学期完成专业的基础课程，第4—6学期完成华为认证课程。其次，结合“1＋X”证书制度的相关要求，采用分层的思路，体现“X证书”的等级概念，在培养规格中按照华为职业认证的要求，将HCIA（初级）、HCIP（中级）考证大纲的内容融入专业核心课程体系中，毕业生在毕业前需取得HCIP（中级）证书；将HCIE（高级）认证大纲融入专业拓展课程中，毕业对HCIP（高级）证书的获取，不作为强制要求。

基于上述思路，计算机网络技术专业的课程体系如图6－2所示。

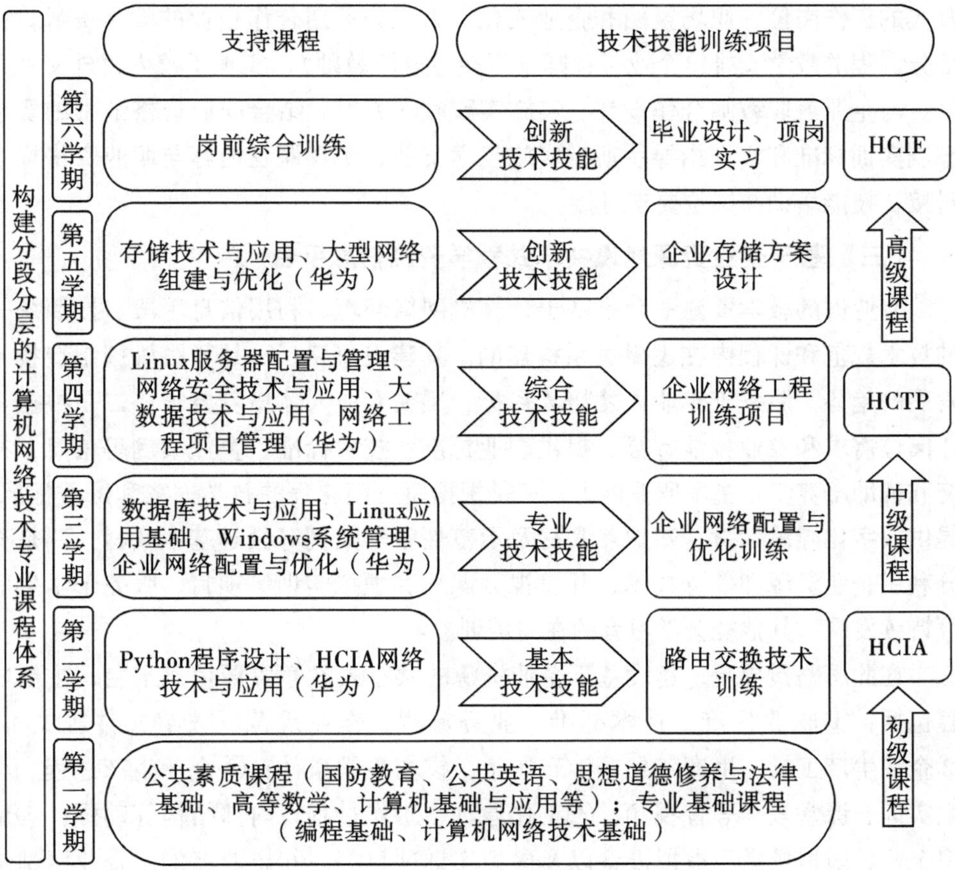

图6－2 计算机网络技术专业课程体系

（二）构建校内校外交互共享的专业群实训体系

平台课程以培养实践技能为重，是实现专业技能培养目标的必修课程。因此，除构建平台课程的教学内容，明晰课程边界、编写教材外，还要规范建设相应的实验实训基地，建成科学的专业群实训体系。为提高实验实训投入产出效率，提升专业群人才培养的内涵，广东创新科技职业学院计算机类专业群构建通用技能和专门技能两层次、校内校外交互共享的专业群实训体系。

按照专业群的共性能力要求分类构建了实训基地和工作室，按企业的方式运行，使其成为集教学、培训和生产于一体的“校中厂”式的生产型实训基地，通过以校内实训基地为主、校外为辅的形式培养学生的通用技能。对实践性较强的课程在实训基地进行“教、学、做”一体化的教学。与广东地区 IT 企业的专家合作，引入企业的技术和师资，引入企业运行机制，为校内实训基地创建真实的工作岗位、职场氛围和企业文化。为充分运用合作企业的教学资源，将部分课程的教学安排给企业工程师（即企业兼职教师），实现了校内校外交互共享。与企业兼职教师合作设计、实施实践教学方案，结合职业资格证书的要求编制实训标准和实训指导手册，实施工学交替，实现课程内容与职业资格标准对接、技能培训与岗位要求对接。

（三）基于企业资源建设共享式教学资源信息平台

专业群的教学资源平台是基于计算机网络环境、利用信息手段、按照统一的技术规范和课程内在逻辑关系构建的。其建设思路，一是紧跟机械制造技术发展的趋势，服务于专业人才培养目标，反映专业人才培养要求；二是根据企业岗位需求和专业技能标准，提供职业标准、技术标准、企业案例等信息，补充和辅助培养学生基本职业能力；三是根据每一门课程的教学方案和课程标准，提供数字化媒体素材、知识点素材及示范性教学案例等教学基本素材；四是充分利用企业资源和信息技术，开发视频课程和虚拟实训等项目，服务于学生的可持续发展和其他社会学习者的在岗培训。

在此思路指导下，建设基于企业资源的共享式教学资源信息平台，主要内容包括：①职业标准、技术标准、业务流程、作业规范、教学文件等文本；②企业生产工具、生产对象、生产场景、校内教学条件；③企业生产过程、学生实训、课堂教学等音视频；④工作原理、工作过程、内部结构等动画；⑤虚拟企业、虚拟场景、虚拟设备以及虚拟实训项目等；⑥企业案例、企业网站链接等；⑦数字化教材、教学课件等；⑧习题库、试题库等。通过不断扩充的开放式教学支持系统，对教育资源进行整合，最终建成互动的、多媒体化的共享式平台，为学生在线学习和课后自学提供良好的网络学习环境。

（四）共建经济实体

依托信息工程学院电子信息类专业现有的校企合作基础，与企业在信息服务方面开展深度合作，学校与企业根据双方各自需求，由企业提供项目、设备、资金，由学校提供场地，校企双方共建信息服务产业基地。服务基地的管理由双方共同成立的管理委员会管理，管理委员会由学校和企业指定的人员组成，公司部经理由企业派人担任，副总经理、技术负责人由学校老师担任。学校师资团队和众多学生为公司提供优越的工学结合平台，以便缓解企业信息系统开发与运营中产能不足的压力，又能改善学校的办学条件。学生在课内实训、顶岗实习时都有机会亲身参与到实际项目的操作当中，真正实现与企业“零距离无缝对接"，可极大地提高人才培养质量，更好地实现与企业需求的对接。在满足基本教学目标的前提下，校企还可开展产学研等多方面的合作。

（五）实施技术转让

依托信息工程学院优质的师生团队，在教学研究与项目开发实践中，研发创新型信息系统和移动互联网产品，通过获取软件著作权和软件登记证书获得知识产权和专利权等方式，实施技术转让。在合作方式上，可以是共同合作研发与运维，企业受让学校相对成熟的技术成果，包括学校、科研机构的新技术、新产品、新工艺等的专利权、专利申请权、专利实施许可权、技术秘密等等，通过签订技术转让合同，维护双方权益。

（六）实施技术开发

技术开发包括合作开发、委托开发等。企业通过与学校和科研机构合作开发、联合攻关或委托学校、科研机构开发新技术、新产品，充分利用学校、科研机构的人力资源和实验设施，攻克技术难关。产学研一体化服务平台可以进行的项目有：高校和企业自主联合科技攻关与人才培养；共建研究中心、研究所和实验室；建立基金会，设立产学研合作专项基金，推动学校与企业项目合作；推动学生积极参加各类技能大赛；高校与地区实行全方位合作；等等。在建设期内，将完成户籍管理系统、毕业设计与实习管理系统、基于增强现实的打卡系统、互联网+就业管理系统、通用报名/填表系统、高职在线试题库系统、大学生作品展示平台、通用课程系统等项目的开发工作。计划申报软件著作权3项、新型发明专利1项，完成企业项目10项以上，申报科技开发项目10项，推动项目成果转化工作，服务区域经济社会发展。

（七）共建实验室或研发机构

企业与学校、科研机构联合成立具有独立法人资格或不具有法人资格的实验室或研发机构。组建3个以上的技能技术服务团队，组建5个以上的创新创业团队，每年完成3～5项对外技术服务，每年申报3～5项创新创业项目，创建众创空间，参与人数达到300人以上；计划每年完成计算机与信息类的对外培养200人次，提升企事业单位人员的信息化水平，计划每年完成技能考证类培训300人次。

（八）联合培养人才

企业、高校、科研机构之间建立人才交流和人才培养的机制以及人才训练基地，包括企业高级技术人员到学校担任兼职教师；学校与合作企业探索校企合作切入点，联合构建产学研和校企合作平台，搭建实习实训基地，建立运行模式；与合作企业联合制订人才培养方案，联合开设专业课程，以保证所学与所用协调一致；建立一套“三师”型教师队伍教学模式，以保证培养方案执行的持续性、有效性，提高教师的综合水平；从实践中探索具有普适性的地方高校面向信息产业的战略性新兴产业人才培养模式并推广应用。

三、华为信息与网络技术学院育人外部保障机制

（一）组织保障

华为技术有限公司是目前全球领先的信息与通信技术（ICT）解决方案供应商，专注于ICT领域，坚持稳健经营、持续创新、开放合作，在电信运营商、企业、终端和云计算等领域构筑了端到端的解决方案优势，为运营商客户、企业客户和消费者提供有竞争力的ICT解决方案、产品和服务，并致力于实现在未来信息社会构建更美好的全联接世界。

华为信息与网络技术学院基于公司与高校建立深度融合校企合作，共同培养更多适应社会经济发展的高素质的应用技术型人才，实现企业、学校、学生、社会多赢的局面。

（二）政策保障

合作期间，华为负有以下责任与义务：华为为校方提供项目合作方案和建设指导书，以及项目建设所需的相关指导。协议有效期内，华为每年无偿为校方提供技术方向两人的讲师培训及认证。华为有偿为校方提供必要的培训支援，校方人员在实施培训项目有困难时，可书面向华为申请提供讲师支持。华为认定校方提出的申请确实为合理要求后，将派华为认证讲师承担部分或全部培训课程。华为有权根据技术发展和市场需求的变化调整培训内容、培训课程时长及价格，并及时书面通知校方。校方如果同意华为的调整和变更，则按书面规定执行；如果校方不同意华为的调整和变更，则校方有权书面终止协议，而无须承担任何责任。

校方的责任与义务：校方负责组织实施培训报名，按照华为提供的华为职业认证培训课程，完成华为授权的培训项目，实施完成后做好学员资料归档工作；在人力资源配置方面，配置至少一名网络学员业务接口人，负责与华为进行日常业务对接口；每个课程项目至少一名华为认证讲师负责授权课程的讲授；至少一名教学管理人员负责华为信息与网络技术学院培训的教学组织工作；在

实验设备硬件配置方面，教学硬件配置需满足华为授权课程对实验环境的要求。

（三）制度保障

华为技术有限公司与高校遵循自愿、公平、合法、诚信的原则签订合作办学协议，共同实施华为信息与网络技术学院培训项目，履行各自义务，并对由此产生的各种行为负责。学校负责资源（师资、实验室建设）的准备，华为授权校方在本校范围内开展华为信息与网络技术学院相关培训项目，校方承担华为授权的培训项目，将授权的“华为信息与网络技术学院课程”纳入校方的选（必）修课程体系或以培训专班的形式开展相关的课程。

（四）资金保障

校方按照合作协议总计投入200多万元，以配备符合要求的师资和建设全云化华为ICT实训室。

全云化华为ICT实训室由HCNA－Cloud云计算实验模块，HCNP－Cloud云计算实验模块、HCNA－R&S数据通信实验模块、HCNP－R&S数据通信实验模块组成，主要完成华为网院HCNA－Cloud云计算、HCNP－Cloud云计算、HCNA－R&S数据通信、HCNP－R&S数据通信平台的建设，依托华为云平台，建设实验实训教学云，立足在实验实训教学云上完成相关的实验模块，有效提高实验室软硬件的利用率，实验环境安全可控。

交换实验由交换机基本配置、交换机堆叠、利用TFTP管理交换机配置、虚拟局域网VLAN、802.3ad冗余备份测试、生成树配置、IP访问列表、交换机集群管理、VRRP、组播、QOS、交换机安全、端口镜像组成。

路由实验（IPV4和IPV6）由路由器的基本配置、TFTP管理路由器配置、PPP、静态路由、RIP Version 1/2路由协议、IP访问列表、网络地址转换、OSPF路由协议、路由备份技术、路由过滤配置、路由重分布、策略路由、QOS、网络地址转换的应用组成。

云计算实验由云计算FusionCloud云数据中心解决方案，桌面云的规划设计、部署和故障处理等组成。

按引入HCNA－Cloud和HCNP－Cloud、HNCA－RS、HCNP－RS技术认证，建立广东创新科技职业学院全云化华为ICT实训室，可为教师和学生提供相应的云计算服务体验，满足全院相关专业云计算技术、数通技术相关课程的教学与科研活动，通过引进华为云技术改进实验中心的日常管理，提高整体的实验教学水平。

四、 可能存在的问题及破解路径

（一）可能存在的问题

1. “产业学院董事会”机制下企业办学主体作用发挥不够

目前很多高职院校依托企业共建的产业学院都存在企业化不强的现象。职业院校要力争在产权介入型产业学院方面寻求突破，先行先试，把企业资本、技术、设备、管理、文化等要素直接植入学校教育中，打造名副其实的命运共同体。同时，还要探索基于多方参与的董事会治理模式，探索产业学院董事会领导下的院长负责制。董事会由地方政府、行业、企业各方选派人员组成，全面参与学院发展方向、办学定位、专业设置等重大事项决策；院长作为产业学院的负责人，执行董事会决策，管理产业学院运营。

2. “产业学院院长负责制”的责任与权力边界矛盾

目前，国内高校产业学院没有统一的管理体制，导致管理体制不明，只是按照习惯做法和领导个人的工作风格开展工作。应合理配置产业学院的政治权力、行政权力、决策权力和民主监督权力，保障各类权力组织彼此分工和协作且具有明确的管理范围，从而实现各权力的协调、互补，进而形成良性互动的工作过程和运行方式。

由于产业学院政校行企各方根据自身职责与分工参与学院事务，因此产业学院运行的监管需满足如下四个要求：一是要求体现党组织的政治核心作用，明确产业学院党组织与行政机构的关系和职责范围，有效保障产业学院党组织作用的合理发挥。二是要求体现行政管理的效能。产业学院的行政权力仍需处于主导地位，在完善产业学院内部治理结构的过程中，行政权力是产业学院管理的基本权力，同时还要合理配置好其他权力，形成决策、执行、反馈、监督的有效机制。三是要求体现理事会参与决策的制度化。随着产业学院的改革和发展，政校行企之间的利益关系呈现出较大的差异性，利益需求呈现出多元化的趋势。政校行企之间由于角色的不同，为自己争取和表达利益的能力和渠道也不相同，要注重发挥理事会的作用，建立信息公开渠道和制度、理事会参与重大事项决策的机制，畅通和拓宽利益诉求渠道。四是要求体现教师的权力。高校作为创造和传授知识的学术团体，必须保证教师应享有的权利。教师团体是产业学院的基础组织，要协调好行政、企事业员工和教师的关系，在内部维护教师的利益，营造民主、和谐的环境，注重发挥好教师民主监督的作用。

（二）破解路径

产业学院是高职院校、行业企业相互融合的一个共同体。从理论上讲，产业学院的优势要远超过传统的校企合作模式，它不仅解决了传统校企合作模式中出现的“学校热企业冷”“彼此利益冲突”“实践教学不匹配”等问题，而且对资源配置、师资技能等方面均有了一个创新的突破。构建校企利益共同体，就是要统一高职院校和企业之间的利益链条，构建起符合现代企业经营理念的管理机制，弄清楚“由谁办”“如何办”，解决好资本投资、利益分配、管理主体、招生就业等核心问题。

在市场化的运行模式下，对人才培养方案、课程设置、实训实习安排、就业创业活动、考核评价机制等方面进行一个突破性的改革，建立起校企代表构成的产业学院董事会或者管委会，决定产生由董事会或者管委会任命的院长，统一对产业学院的教学管理、薪酬分配、社会服务、资金预算等做出决策。

组建科学合理的产业学院决策机构，完善理事会形式的产业学院组织结构及管理模式，优化产业学院内部管理组织，建立健全管理制度，有助于形成自我激励、自我发展、自我约束的良性运行机制。以中山职业技术学院南区电梯学院为例，其通过政校行企共同组建产业学院理事会作为决策管理机构，制定理事会章程，确立产业学院理事会成员，理事会成员定期召开理事会会议并选举产生理事长、副理事长、理事、秘书长。在理事会管理模式下，理事会行使决策权，明确合作办学的共建内容与方式、资金投入和权益划分，签订合作办学协议和校企合作协议，明确产业学院合作各方在人事、财务、资产等方面的管理权限，表决产业学院内部的人事管理制度、财务管理制度、资产管理制度和其他管理制度。经过理事会推荐报学校审批后，任命产业学院院长，构建起理事会管理模式下的产业学院院长负责制。产业学院院长行使行政权力，负责设立产业学院的内部管理组织，经过不断改革和实践，将现有教职员工调整合并成立办公室、教育教学团队、科研创新团队、社会服务团队等基层管理组织，有效完成财务管理、教学管理、科研管理、学生管理和社会服务等各项工作。

第三节　广东理工职业学院巨轮智能产业学院育人实践

广东理工职业学院与行业龙头企业巨轮智能装备股份有限公司（以下简称“巨轮智能”）聚焦智能制造产业，校企深度合作共建产业学院——巨轮智能产业学院（广东省高职院校首家），实行混合所有制办学模式，重点发展工业机器人、无人机、服务机器人、3D打印四大领域，培养智能制造产业紧缺的高素质技术技能人才，服务“家家都有机器人，人人都有无人机”时代。

一、广东理工职业学院巨轮智能产业学院育人模式简介

（一）建立背景

《中国制造2025》把建设制造业强国的目标任务上升为国家战略，为广东省加快发展先进制造业、建设制造业强省提供了战略机遇。①《广东省先进制造业发展“十三五”规划》提出以智能制造为核心和主攻方向，推动先进制造业大发展，加快实现由制造业大省向制造业强省转变。②《粤港澳大湾区发展规划纲要》明确指出要把大湾区建成具有国际竞争力的现代产业体系，加快发展先进制造业，增强制造业核心竞争力，建设具有国际竞争力的先进制造业基地，以机器人及其关键零部件、智能成套装备为重点，大力发展智能制造装备产品，培育一批具有系统集成能力、关键部件研发生产能力的智能制造骨干企业。③

《广东省“十四五”规划和二〇三五年远景目标的建议》提出，深入推进粤港澳大湾区建设，加快构建“一核一带一区”区域发展新格局；推动珠江三角洲核心区优化发展，形成带动全省发展的主动力源；规划建设深圳—中山产业拓展走廊、珠江口西岸高端产业集聚发展区。《中山市智能制造2025规划》指出构建智能制造发展体系，争取到2025年成为全国智能制造引领区，重点建设机器人及智能制造装备产业集群。巨轮智能产业学院建设的工业机器人技术专业群是学校“十四五”重点建设的专业群，该专业群面向中山及周边区域培养机器人产业所需的高端、复合型技术技能人才，为粤港澳大湾区机器人及智能制造装备产业服务。

（二）建立逻辑

工业机器人技术专业群由工业机器人技术、机电一体化技术、电气自动化技术、机械制造与自动化、工业设计等专业组成。机器人产业链主要由上游核心零部件生产企业、中游机器人本体制造装调企业、下游机器人系统集成企业

---

① 王喜文．中国制造2025解读［M］．北京：机械工业出版社，2015.

② 叶子．广东制造业苦练内功 奋力突围 抢占创新制高点，重塑智造新版图［J］．大社会，2017（Z1）：84－87.

③ 王福强．建设先行示范区背景下《粤港澳大湾区发展规划纲要》解读［J］．特区实践与理论，2019（5）：63－67.

以及行业应用企业构成。巨轮智能产业学院工业机器人技术专业群对接机器人产业链中的机器人上游核心部件生产制造，中游机器人本体制造与装调，下游机器人系统联调、运维、集成应用。其中，工业机器人技术专业面向机器人零部件制造、本体装调、编程、系统集成、运维环节；工业设计、机械制造及自动化专业面向机器人零部件设计与制造加工、工艺编制、自动化设备装调环节；电气自动化技术、机电一体化技术专业面向机器人电气系统安装、调试、运维，机电系统集成、产线调试等环节。专业群形成了对工业机器人全产业链的支撑作用。产业链内各岗位的知识、能力、素质关联度大，以群建设发展，可以发挥集群优势，有利于复合型高技能人才培养。

专业群对接机器人产业链，以工业机器人为典型行业应用，主要面向机器人零部件加工类、机器人组装与测试、机器人运维类、机器人集成应用等四类职业岗位群，培养德技并修，熟悉工业机器人产业链业务流程，能够胜任机器人制造、应用、运维等方面工作的创新型、复合型高素质技术技能人才（见图6－3）。

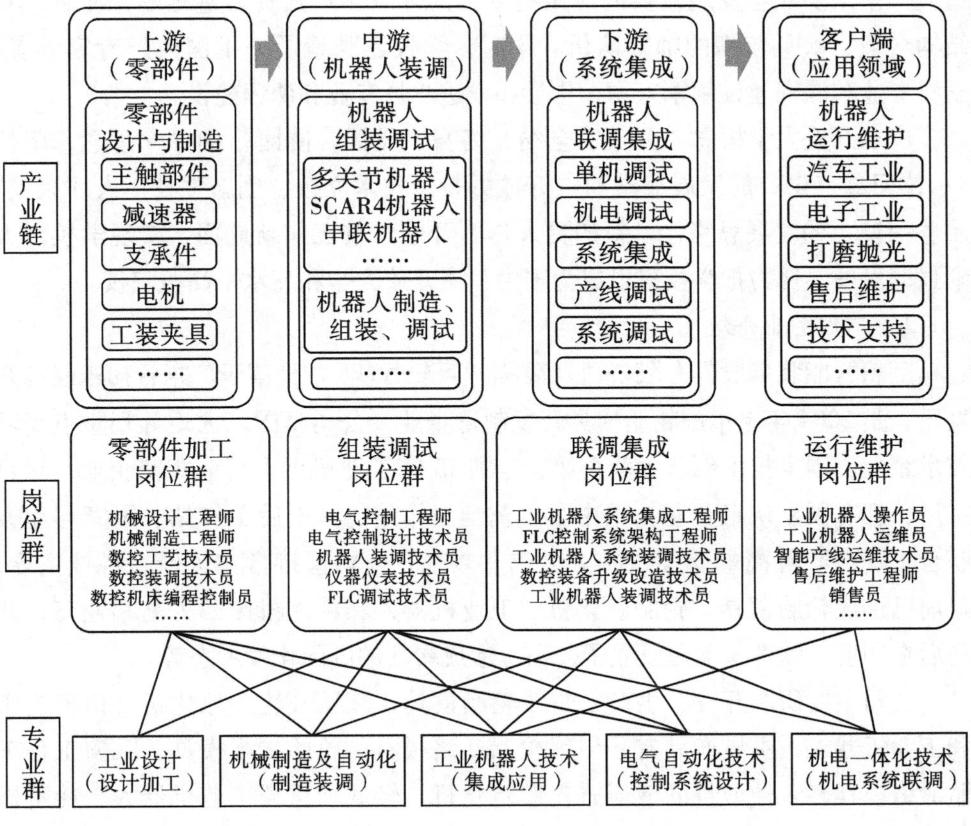

图6－3 工业机器人技术专业群与产业链对应关系

（三）建立条件

1. 学校介绍

广东开放大学（广东理工职业学院）是由广东省人民政府举办、省教育厅直属，以现代信息技术为支撑，面向社会全体成员开展远程开放教育并具有学士学位授予权的新型高等学校。学校服务于广东学习型社会建设，坚持面向基层、行业、社区、农村，为学习者提供多样化、多层次的学历教育和非学历教育。广东开放大学的前身为成立于1978年11月的广东广播电视大学，与广东理工职业学院实行“一套班子、两块牌子”的管理体制，资源共享，优势互补。

广东开放大学始终坚持以终身教育理念为先导，以服务全民学习、终身学习、促进人的全面发展为宗旨，实现教育观念、教育对象、培养模式、学习资源、师资队伍和方法手段的开放，推动信息技术与教育教学的深度融合，致力于满足广大学习者多样化的学习需求，培养具有自主学习能力和终身发展能力、适应广东经济社会发展需要的应用型专门人才。学校师资力量雄厚，拥有一支结构合理、水平较高的师资队伍。同时，学校还聘请了一批国内外专家学者、学科专业和课程建设领军人物，指导和推进学科专业和课程建设。

广东开放大学树立“开放、全纳、终身、灵活、便捷”的办学理念，坚持“一体两翼三化”的发展战略和“开放办校、技术立校、创新强校、人才兴校、质量荣校”的发展思路，以新的更大作为开创学校工作新局面，实现学校由大到强的发展，努力把学校建设成为国内一流开放大学和高水平高职院校。

2. 合作企业介绍

巨轮智能装备股份有限公司（简称“巨轮智能”）坐落于广东省揭东经济开发区，是2004年上市的轮胎模具开发制造企业。公司是国家火炬计划重点高新技术企业，国家技术创新示范企业、全国15家工业机器人行业规范企业、绿色工厂，拥有国家认定企业技术中心、院士工作站、博士后工作站、国家与地方联合工程中心等高端研发机构。自成立以来，公司坚持自主创新、科技主导，目前已形成轮胎模具、轮胎硫化机、工业机器人和精密机床四大高端业态，并先后在印度、欧洲、美国设立子公司，形成崭新的国际化发展态势。

公司主要研制开发、生产子午线轮胎模具、液压式轮胎硫化机、精密机床和工业机器人，主导产品有子午线轮胎活络模具、轮胎二半模具、巨型工程车胎活络模具、多种型号的液压式轮胎硫化机、轻载和重载工业机器人、精密机床等。公司研发技术先进、产品质量可靠，品牌价值显著，产品畅销全国并远销美国、欧洲、东南亚、南美等国家和地区，被美国固特异、英国邓禄普、法国米其林、日本普利司通、意大利皮列里等国际轮胎巨头列入全球采购供应体系，成为国内外高端客户的主流供应商。

公司技术创新成果累累，多次承担国家重点新产品计划项目、国家重点产业振兴和技术改造项目、国家重点火炬计划项目和国家创新能力建设项目，多个产品通过国家、省级科技鉴定。公司拥有授权专利 118 项，多项科研成果获得行业、省、市级科技奖项，其中 2010 年的“巨型工程车子午线轮胎活络模具项目”和 2013 年的“面向定制生产的协同设计与制造关键技术”先后两次获得了广东省科学技术奖一等奖。公司拥有各种高精尖研发、检测设备 1 000 多台套，包括高精密数控雕刻机、意大利 FIDIA 高速加工中心、日本马扎克大型铣床、瑞士 WILLEMIN 五轴五联动加工中心等高精装备；购置了美国 SGI 计算机工作站多台以及美国 UG Ⅱ、以色列 CIMATRON、AUTOCAD2000 等先进软硬件系统从事设计、模拟、制图；采用美国大型三坐标检测仪进行产品检测；同时建立大型计算机信息中心进行辅助设计、配合优选、设计模拟等。公司建有大型的产品造型数据库，关键工序实现了从产品设计、制图到加工无图纸化作业，技术装备水平国内先进，达到国际先进水平。

公司坚持以科技创新为动力，始终走科技兴企之路，不断优化、强化可持续发展路径，从战略高度整合企业内外资源，健全创新机制和组织架构，营造有利于创新活动的环境氛围，促进技术创新成果的产业化、商业化和效益化，不断增强企业核心竞争力。公司通过提高自主创新能力和发展品牌战略，利用优越的资源条件和灵活的激励机制，不断延揽国内外知名专家和科研人才，推动企业乃至全行业的技术进步和创新，不断向高敏捷化、高智能化、高集成化方向发展，形成聚集品牌效应、凝合技术优势、集成优质资产、依托科研实力的高新技术产业格局，朝着振兴民族高端工业、打破国外技术垄断的目标，建设具有国际一流水平的高端装备研究开发制造基地。

广东理工职业学院依托广东开放大学而建，在开始办学过程中偏重于文科，而学校发展定位对接“中国制造 2025”国家战略，是大力发展新工科，故需扭转工科在学校的弱势地位。巨轮智能由于位于粤东地区，远离粤港澳大湾区中心地带，为了搭上粤港澳大湾区发展的列车，急需在粤港澳大湾区找到一个支点，辐射周边区域。学校和企业各自发展的需要，为巨轮智能产业学院的建立创造了有利条件。校企双方于 2016 年底洽谈，2017 年初建设实训基地，2017 年

9月份招生。双方以最大的决心、最快的速度、最得力的措施，集中必要的人、财、物投入建设，力争以超常规的举措获得超常规的效率。

（四）建立现状

广东理工职业学院投入2 000平方米场地及配套资金，巨轮智能公司投入2 000万元，共建成设备总值3 000万余元的智能制造示范基地和产学研合作体系，培养智能装备制造业紧缺的高素质技术技能人才。学院深入推进产教融合、校企合作协同育人机制，以“一体两翼三延伸”为办学特色，打造校企融合深、服务能力强、极具创造活力的一流机器人人才培养基地。

1. 组建多元结构化高水平师资团队

通过柔性引进和内部培养，目前学院师资团队主要构成为：国家千人计划3人、广东省领军人物1人、广东省机械工程学会会长1人、第46届世界技能大赛首席专家1人、全国技术能手3人、企业高级技师和高级工程师10人、专任教师12人、实训指导老师2人，组成了一支多元结构化高水平师资团队，为学院的发展提供智力支撑（见图6－4）。

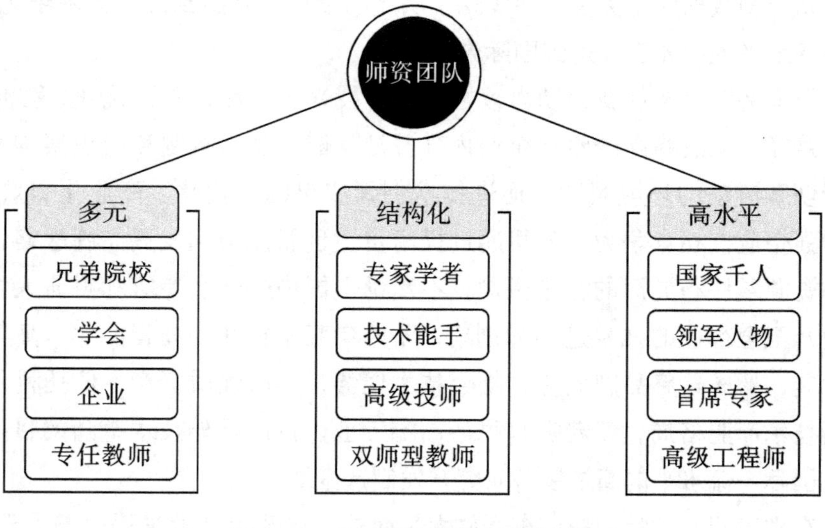

图6－4　多元结构化师资团队结构

2. 企业深度参与专业建设，提高人才培养质量

校企共同制订专业人才培养方案、核心课程标准、实训室建设方案；引入企业真实项目，引进企业最先进设备，传授最新技术，所有专业课程的实践教学环节均采用“校内专任老师＋企业指导老师”的双导师制教学模式，实现人

才培养与企业需求无缝对接。打造与真实工程环境紧密结合的实训基地，将校园文化和企业文化有机结合，基于企业工作环境，统一着装、分组分工、职责划分，全面培养学生的职业素养。

3. 多方共建技术支撑高端平台，提升社会服务能力

学院与巨轮智能公司获批共建广东省智能制造公共技术支撑平台“机器人抛光打磨公共技术支撑平台”，获批立项广东省教育厅产教融合重点平台“智能机器人产教融合中心”。学院与中山市、巨轮智能、广州数控设备有限公司（简称“广州数控”）共建机器人与智能制造工程技术中心，聚焦中山市小榄镇五金打磨抛光产业，联合攻关广东省高校省级重大科研项目“工业机器人抛光打磨单元关键技术研发与应用”，承接中山市制造业的传统生产线自动化改造项目，服务中小微企业，发挥大湾区“机器人抛光打磨公共技术支撑平台”纽带作用，为创新团队、创新项目孵化提供软硬件平台及场地支持，提升社会服务能力。

4. 推进专本一体化协同育人和现代学徒制

工业机器人技术专业与广东开放大学机器人工程本科专业开展专本衔接，通过学分转换，打通从专科到本科的上升通道，为学生多样化选择、多路径成才搭建立交桥。工业机器人技术专业与巨轮智能公司和广州数控设备有限公司进行在岗职工现代学徒制培养，制定职业经历、技能证书、培训证书等与课程的学分认定与转换标准，引领现代学徒制培养模式。

（五）建立成效

1. 依托技术支撑高端平台，服务地方产业

巨轮智能产业学院依托广东省智能制造公共技术支撑平台“机器人抛光打磨公共技术支撑平台”、广东省教育厅产教融合重点平台“智能机器人产教融合中心”、机器人与智能制造工程技术中心等技术支撑高端平台，在中山市小榄镇培育机器人打磨抛光智能共享工厂——聚享机器人（中山）有限公司，为中山市小榄镇五金打磨抛光产业的集中加工、节能环保做出巨大贡献，年产值5 000多万元，月产量55万件，2018年至今服务企业200多家。该共享共厂同时为学院教学提供真实教学案例、顶岗实习岗位，共同开发项目化教材，服务学院人才培养。

2. 校企研制职业技能培训课程标准，提升劳动者技能和人才培养质量

巨轮智能产业学院联合现代学徒制试点企业广州数控、巨轮智能公司等，校企共研“工业机器人系统规划与装调技术”职业技能培训课程标准通过广东省人社厅备案，并纳入职业技能提升培训补贴范围。这是目前教育系统仅有的

两个入选标准之一，是广东开放大学在省职业技能培训课程标准研制取得的重大突破。该职业技能培训课程标准的推广和应用，将较大地提升广东省机器人产业职工职业技能水平和职业院校学生技能培养质量。

3. 取得丰富的科研和教学成果

巨轮智能产业学院自2017年成立以来，有授权发明专利4项、实用新型专利21项、发明专利实审9项。校企合作研究开发的ODG－1500 4X高速雕铣加工中心、工业机器人核心零部件及智能制造集成装备技术研究与应用、机器人打磨抛光工作站关键技术研发与应用等项目通过省级科技成果鉴定，达到国际先进水平。机器人打磨抛光工作站实现打磨单元的快速配置，填补了相关领域的空白，经科学技术成果鉴定为该行业新产品。获批教育部2017年第二批产学合作协同育人项目3项、省级科研项目立项5项、校级科研项目立项4项、省市级教改项目立项2项、校级教改项目立项6项。学生参加各类技能比赛获奖13项，其中国赛获奖3项。“智能机器人产教融合创新中心”获2020年广东省普通高校重点平台（产教融合创新平台）项目立项。

院企研制的“舞狮机器人”远赴山东参加全国职业教育创新改革发展成就展，作为广东展馆的“门面”，吸引了众多参展人员关注，充分展示了学校深化产教融合、校企合作的标志性成果，并宣传了醒狮传统文化。教育部孙尧副部长、中国职业技术教育学会鲁昕会长等领导到广东馆参观时，两只机器人狮子腾起跳跃表演，并向各位领导介绍道：“大家好！我是粤新新、我是粤融融。我们来自广东理工职业学院巨轮智能产业学院。请欣赏我们带来的国家非遗表演——广东醒狮！”

4. 培育产教融合型企业

依托与巨轮智能产业学院的合作办学及产教融合方面的成果，合作企业巨轮智能和广州数控于2020年被评为省层面负责建设培育产教融合型企业，双双获推国家重点培育产教融合型企业。

二、 广东理工职业学院巨轮智能产业学院育人内部运行机制

（一） 内部组织架构

学院成立理事会，实行理事会领导下的双主体负责制。理事会由学校、企业双方选派负责人共同组成。学院理事会的主要职责是：对学院的运行体制、机制及运行中的相关事项进行决策，聘任学院各部门的负责人等。理事会设院长1名，由企业派出人员担任；执行院长1名、院长助理1名，由学校派出人员

担任（见图6－5）。

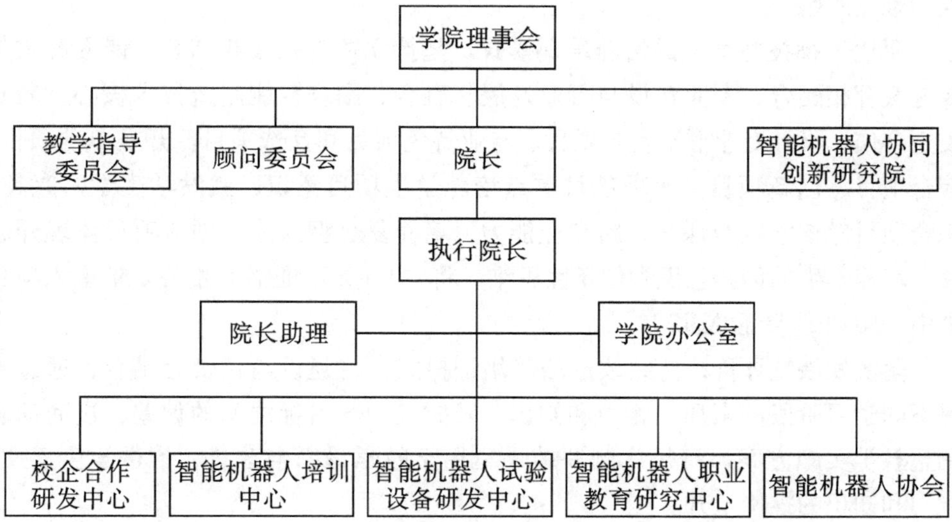

图6－5　巨轮智能产业学院组织架构

（二）办学机制

巨轮智能产业学院实行混合所有制办学模式，学校投入2 000平方米场地及配套资金，巨轮公司投入2 000万元，共建成设备总值3 000万多元的智能制造示范基地和产学研合作体系，培养智能装备制造业紧缺的高素质技术技能人才。学校每年根据合作办学协议约定的比例向巨轮公司划转学费。

（三）育人模式

1. 深化“四合一、五融合”培养培训模式

坚持“立德与强技目标合一、学生与员工身份合一、学习与工程项目合一、教学与生产场景合一”“课程思政与专业教育融合、专业建设与行业发展融合、学校教师与企业师傅融合、实训基地与生产车间融合、活页教材与工作手册融合”，校企合作开发“全流程项目”，建设相应的模块化教材，实施发展性评价，培养复合型技术技能人才。

践行“立德强技”教育理念。坚持立德树人的根本任务，以师德教育为核心，以素质与能力融合培养为路径，通过校企合作与资源整合，打造跨专业跨课程教师教学创新团队，建立全专业群覆盖、可持续发展的人才培养体系。把握全球产业发展、国内产业升级的新机遇，主动参与供需对接和流程再造，开发与产业发展相适应的教材。教材由校企合作开发，内容体现“学习与工程项

目合一、活页教材与工作手册融合”，紧跟智能制造发展步伐，主要解决教学重点和难点问题。

深化“德技并举”的培养培训模式。坚持立德与强技相结合、课程思政与专业教育相融合、专业建设与行业发展相融合，围绕智能制造技术核心，展开校企合作，设计专业群平台类项目、专业特色项目和互选项目。开发单项项目、综合项目、创新项目。单项项目重点培养学生项目意识，激发学生学习兴趣；综合项目考核学生跨课程、跨专业能力，培养复合型人才；创新项目体现开放性，培养学生的创新意识和创新性思维。将“1 + X”证书的相关要求融入项目之中，实现“课证融通”。

落实发展性评价，持续改进培养培训模式。将建设与评价相结合，通过测评不同学习阶段的素质、能力和知识，及时发现与目标之间的偏差，进而动态调整教学实施方案。将每次测评结果运用于教学诊断与改进，推进学生素质、能力和知识的螺旋上升。

2. 建立学分认定与转换机制，推行专本衔接人才培养

建立专业群相应学分银行。依托学校作为广东省终身教育学分银行管理单位，制定学分认定与转化标准，明确学分认定与转换项目，细化课程对应学时学分数量，在保证专业能力培养质量的情况下，尽可能避免机械重复教学，进行阶梯递升培养。

进行专科与本科一体化办学。利用学校高职教育与开放大学联合的办学优势，打通由专科到本科的上升通道，推行专本衔接人才培养模式。

3. 依托产教融合型企业，开展现代学徒制人才培养

开展现代学徒制人才培养。利用粤港澳大湾区产业智能制造产业集中，机器人技术发展迅猛的地域优势，利用混合所有制办学优势，系统选择综合实力强、技术先进的装备制造业企业、产业联盟进行合作，施行校企联合培养、双主体育人的中国特色现代学徒制。

建立现代学徒制运行机制。明确校企职责，学校负责学生管理与考核、学籍管理、毕业证书发放，企业负责落实实践环境、学徒岗位、企业师傅和就业岗位，校企双方共同负责课程体系开发、师资队伍建设、教学组织管理评价等；充分利用职教高考等政策，探索校企联合招生招工的实现方式，根据企业发展需求和专业特点，积极推进招生招工一体化。

建设校企“双导师”教学团队。以“1 + X”证书为引领，及时将新技术、新工艺、新规范纳入教学标准和教学内容，校企共建实训基地，充分利用企业

生产岗位，校企共同按生产模式进行系统化实践教学条件建设，创建学徒环境，构建实践教学体系。

建立现代学徒制多方考核评价机制。校企共同构建人才培养质量监控和评价体系。课程考核评价采用发展性评价和过程性评价，每学期校企双方共同组织学生对任课教师和企业师傅进行教学效果评价。

4. “内培外引”，构建教师教学创新团队

充分发挥专业群顾问委员会的作用，制定专业群师资发展规划，开发专业群教师标准。一方面，进一步聘请行业企业专家成为专业群顾问委员会委员，设置行业企业专业群带头人；另一方面，通过访学、研修、下企业等形式，培养校内专业群带头人：实现“双带头人”队伍建设，推进专业群发展。

建立技能大师工作室，发挥大师名匠在实践教学、技术交流、传帮带等方面的作用，指导和引领专业群建设和发展，加快教师教学方式从单打独斗向结构化、团队化分工协作转型，培育学生成为专业技术能手。学校名师主要负责专业理论知识及学生的全面发展，企业名匠负责专业技术技能培养（见图 6 – 6）。

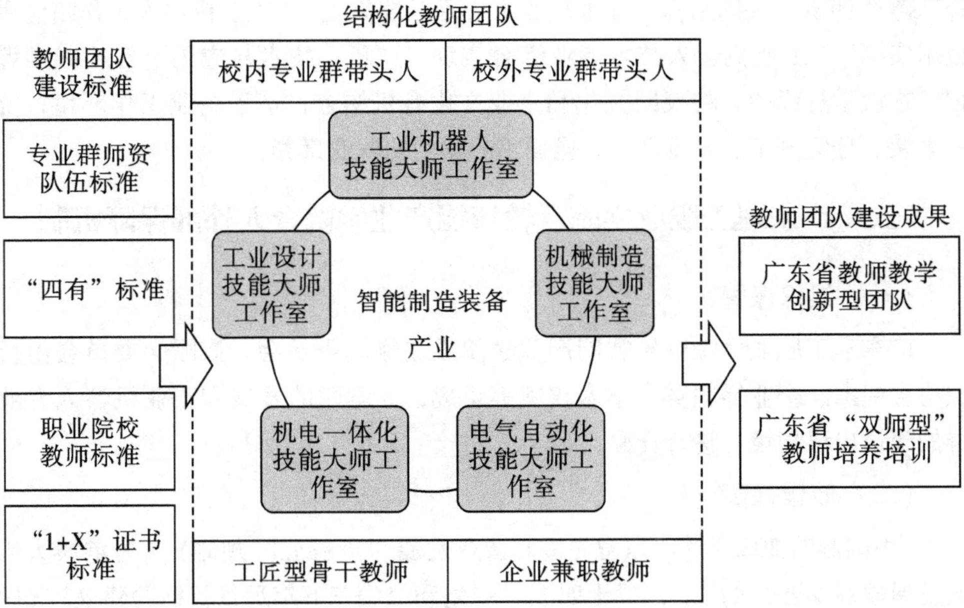

图 6 – 6　专业群师资队伍建设

例如：建设“李克天教授工匠工作室”。李克天教授是广东开放大学柔性引进的专家，指导学生参加第 45 届世界技能大赛塑料模具工程项目获得金牌；担任第 44、45 届世界技能大赛塑料模具工程项目中国代表队专家组组长，第 46 届

世界技能大赛首席专家；先后获得国家科学技术进步奖（二等奖）1 项、广东省科学技术奖（一等奖）1 项，获授权发明专利 11 件，实用新型专利 50 多件，发表文章 40 多篇。

和企业合作创建广东省“双师型”教师培养培训基地，培育广东省高水平、结构化教师教学创新团队。

5. 校企共建高水平校内实践教学基地

学校与合作企业共建高水平智能制造示范基地，包括机器人自动抛光打磨实训室、机器人自动化喷涂实训室、机器人自动化焊接实训室、机器人拆装实训室、工业机器人虚实一体实训室等，满足所有课程实践教学和学生参加技能竞赛的需求。

6. 打造企业工作环境，实行双导师教学

专业群引进企业真实项目（指尖陀螺智能生产线、智能制造切削加工单元、迎宾舞狮机器人等），配套最先进设备，传授最新技术，实现人才培养与企业需求无缝对接。合作企业派出项目经验丰富的工程师与学校专任教师组建“双导师”教学团队，共同承担“工业机器人应用系统集成”“工业机器人工作站应用技术实训”“工业机器人技术专业综合实训”“PLC 技术与应用”等实践类课程。在教学过程中，将校园文化和企业文化有机结合，基于企业工作环境，统一着装、分组分工、职责划分，全面培养学生的职业素养。

三、 广东理工职业学院巨轮智能产业学院育人外部保障机制

（一）组织保障

广东理工职业学院巨轮智能产业学院成立顾问委员会。该顾问委员会由行业协会专家、企业界精英、学术权威等组成，为学院的发展和工业机器人专业群的建设出谋划策，整合资源。

（二）政策保障

《中国制造 2025》《广东省先进制造业发展“十三五”规划》《粤港澳大湾区发展规划纲要》《广东省“十四五”规划和二〇三五年远景目标的建议》《中山市智能制造 2025 规划》等文件都强调加快发展智能制造产业。学校高度重视巨轮智能产业学院和工业机器人技术专业群的建设工作，学校“十四五”规划把工业机器人技术专业群作为学校重点建设的专业之一，为巨轮智能产业学院的长期发展提供了政策保障。

（三）制度保障

学校根据教育教学的需要和发展规划，建立了比较完善的人才培养方案制订、教学运行、教学条件建设、教学质量监控，以及教学改革与研究在内的教学管理制度。另外，学校与巨轮智能签订了长达10年的合作办学协议，为巨轮智能产业学院的建设与发展提供了制度保障。

（四）资金保障

学校高度重视巨轮智能产业学院的建设与发展，每年根据学院需要，在“创新强校”资金中提供50万元~90万元的建设资金；根据学校与巨轮智能的合作办学协议，每年提供60万元用于巨轮智能产业学院课程资源开发、教学软件制作、实训室建设及师资培训等。对于资金的使用，学校也建立了完善的财务制度，保证经费支出规范合理。

四、可能存在的问题及破解路径

（一）可能存在的问题

1. 缺乏健全的现代法人治理结构

巨轮智能产业学院是采用混合所有制形式建立的实体，这种不同主体多元投资的产权配置结构和经济形式需要建立先进的治理方式和治理结构来保障不同投资主体的利益。建立决策、执行和监督三者权力相互制衡的现代治理结构后，可以保障决策在民主性、科学性、互动性和广泛参与性的基础上进行，能适应投资主体多元化的需要，保护不同投资主体的利益。

2. 服务能力有待提升

机器人学院在教学、实习、实训、培训、职业技能鉴定、技能大赛、实践项目开发等基本功能上需要提高，以适应现代学徒制等先进的职业教育人才培养模式的需要。同时，学院要着力提高生产、科研、技术服务和创业等新生功能，以适应价值创造和人才培养双重过程的需要、为企业和社会提供服务的需要，以及“大众创业、万众创新”的时代需要。

（二）破解路径

1. 在合作机制层面，建立现代的治理方式

在合作机制层面，为了建立刚性的约束机制，应由各投资主体组成董事会，通过董事会选举出监事会，并通过董事会聘任管理层，在学院建立决策、执行和监督三者权利相互制衡的现代法人治理结构，以实现现代的治理方式，并在

教育管理部门的指导下，依据教育法规的基础上，独立决策，破除行政管理的干预。在决策的执行过程中，施行董事会监管、实现各种预期目标，提高执行力监事会严格依法监督，保证执行到位。

2. 校企建立能力提升的保障机制

学院要与企业实现全方位多层次的合作，从企业获得信息，在课程改革、人才培养方向等方面与市场接轨，解决学生的实习和就业问题，解决教师的技能提升问题，解决兼职教师的来源问题，解决职业文化的创建问题等。实现企业在满足自己的人才需求的同时，解决自己的员工培训和技术难题的破解，并提高社会声誉。这就需要双方不断提升自身的能力，特别是企业兼职教师在教学、实习、实训、培训、职业技能鉴定、技能大赛、实践项目开发等能力上的提升，高职院校教师在生产、科研、技术服务和创业等方面能力的提升。为此，学院与企业要在各自内部建立相适应的能力提升机制，把校企合作互动方面的努力和能力的提升纳入到教师职称晋升和企业员工考核中去，并有更具体的激励措施。

五、 结束语

广东理工职业学院巨轮智能产业学院经过政校行企多方持续四年的建设，目前在新工科人才培养、科技研发、社会服务等方面取得了重要成果。学院接下来将继续集聚各方资源，完善体制机制，推进学院建设取得更大的成绩，同时把建设过程中总结的经验做法向兄弟院校推广，培养高素质技能型人才，服务于湾区智能制造产业。

第四节 天健建工学院育人实践

新时代、新机遇。校企合作既是企业回报社会的公益事业，也是高校实施科教兴国战略的有益实践和重要措施。《国务院办公厅关于深化产教融合的若干意见》指出：“深化职业教育、高等教育等改革，发挥企业重要主体作用，促进人才培养供给侧和产业需求侧结构要素全方位融合……充分调动企业参与产教融合的积极性和主动性，强化政策引导……构建校企合作长效机制。”天健建工学院是深圳职业技术学院（简称“深职院”）建筑与环境工程学院和深圳市天健（集团）股份有限公司（简称“天健集团”）联合组建的特色产业学院，旨在培养市政工程、建筑工程、园林景观、生态环境、交通运输和物业管理等领域的高素质技术技能人才。

一、天健建工学院“九个共同”育人模式简介

（一）时代使命召唤校企发展共融

校企同频共振、协同育人是新时代职业教育的特征。深圳职业技术学院高度重视产教融合、校企合作，精准对接深圳科技、产业创新发展需求，与多家龙头企业联合举办特色产业学院，为粤港澳大湾区和深圳国际科技、产业创新中心建设培育大国工匠。深职院依托特色产业学院，探索多元化办学机制，整合优质社会资源，共建世界前沿产业与重点产业相匹配的专业，在此基础上形成了“九个共同”育人实践，即校企共同开展党建、共同建设高水平专业、共同开发课程标准、共同打造结构化创新教学团队、共同设立研发中心、共同开发高端证书、共同开展创新创业教育、共同招生、共同“走出去”，最终实现共同培养高素质技术技能人才的育人目标。

（二）校企合作底层逻辑一致

天健建工学院是深职院于2018年7月成立的第一家特色产业学院，是由深职院建筑与环境工程学院和大型国有企业深圳市天健集团联合共建的。天健集团是深圳市国资委控股上市公司，主营建筑施工、地产开发、城市服务、城市服务等业务，是集建设、开发、运营、服务于一体的城市综合运营商。旗下知名企业包括深圳市市政工程总公司（简称“市政总”）、天健房地产开发实业有限公司、天健置业有限公司、天健物业管理有限公司、粤通建设工程有限公司和水环境科技有限公司等。随着深圳市加快宜居、生态、环保、智慧城市的建设，城市更新和保障房建设工作的不断推进，重大基础设施建设、民生工程和公共服务方面有着大量的需求，这为天健集团未来若干年充分发挥产业协同优势，满足深圳城市建设发展所需提供了极好的机遇，同时也对相关专业的技术技能人才产生了大量需求，为天健建工学院设立打下坚实的基础。

与企业对接，建立校企联合，需要产业匹配精准，行业联系紧密。深职院建筑与环境工程学院的专业设置与天健集团的经营业务高度吻合，师资力量也能较充分满足设立天健建工学院的需要。深职院建筑与环境工程学院现设有建筑工程管理、工程造价、建筑设备工程技术、建筑设计技术、环境监测与治理技术、给排水工程技术、房地产经营管理等专业。其中，建筑设计专业和工程造价专业为广东省高职示范院校重点建设专业，建设工程管理专业为广东省高职高专示范性专业。学院还设有城市生态环境技术研究院和BIM+智慧建造公

共服务平台，与天健集团的企业技术中心、博士后工作站、沥青研究所、海绵城市及地下空间技术研究院形成紧密对接的关系。

（三）共同愿景打造育人“深圳模式”

校企合作，一方面能够促进高校实践创新类人才的培养，另一方面也能推动企业在人才创新实践上的优势发挥，使双方的人才培养机制得以发展和完善。① 学校的专业设置与企业的业务范围高度匹配，为校企合作提供了源源不断的内生动力。天健建工学院形成的技术技能人才培养的“深圳模式”，为深圳建筑产业创新发展提供智力支撑，现已在人才培养、技术研发、创新孵化、服务培训、项目咨询、政策研究等方面取得阶段性成果。天健建工学院力争建成为集人才培养、技术研发、创新孵化、服务培训、项目咨询、政策研究等于一体，立足深圳、面向全国的特色产业学院。

二、 天健建工学院育人内部运行机制

良好的产业学院内部管理与运行机制能够使学校与企业长期合作、实现共赢。天健建工学院独有的组织架构、执行机构、办学机制、育人模式等，使其能够真正实现协同育人、协同创新、协同发展。

（一）天健建工学院的组织架构

天健建工学院依照现代法人治理结构和管理机制，实行理事会领导下的院长负责制，建立了较为高效、顺畅的合作运行机制。

1. 管理团队

天健建工学院成立天健学院运行管理团队，即“天健建工学院理事会”。理事会由天健集团和深职院共同组成。天健集团方面，理事会成员有天健集团副总裁、深圳市建协会长和市政总董事长；深职院建环学院方面，理事会成员有院长、书记和两个副院长。理事会成员均由企业和学校的主要核心领导担任。理事会设理事长 1 名，副理事长 2 名，由双方协商推荐，实行一理事一票制，理事组成人员由合作双方协商确定数量。“天健建工学院理事会”作为天健学院的决策机构，负责天健学院的总体发展规划和院领导聘任等宏观管理工作。

2. 运营团队

产业学院的运营团队也由天健集团和深职院共同组成。天健集团方面，运

① 刘颖，付天海. 德国高等教育的“双元制”理念及对高校转型发展的启示［J］高教探索，2016（12）：69－72.

营团队成员有天健集团总工、市政总副总经理、市政总总工、市政总党委副书记、人事部部长；建环学院方面，运营团队成员有建环学院各专业主任。运营团队主要负责人才培养、项目研究、技能培训等具体事务的开展实施。

3．例会制度

天健建工学院建立了定期会议制度，每季度召开一次运行团队领导小组会议，探讨天健建工学院的主要任务、年度计划及实施情况；不定期召开工作会议，组织实施各项具体工作任务。

（二）天健建工学院的育人机制

1．校企协同育人

天健建工学院实施“双元制”技术技能人才培养模式。双方围绕市政工程、建筑工程、园林景观、生态环境、交通运输和物业管理等领域开展人才培养、技术研发、创新孵化等工作。天健委托深职院培养专业技术人才，获取学校学历证书，开展员工继续教育学历升级培育；共同进行广东省第二批现代学徒制试点，完成高职扩招计划；试点推进市政工程与建筑工程相关专业的“3+1”四年制高职人才培养模式；试点设立天健“定制班”，实现招生即就业的培养模式。天健建工学院将通过现代学徒制、菁英班（含技能大赛）、本科层次教育等为企业培养优秀人才。

2．校企师资互派

学校和企业老师的知识专长与经验丰富形成优势互补。深职院建环学院利用各专业丰富的注册工程师资源，为企业提供智力支持；天健集团派出具有丰富工程经验的工程师为学生授课。比如，建环学院师资队伍中具备国家一级注册建造师、结构工程师、岩土工程师资格的有 21 人，学院孔雀 C 类人才（深圳市孔雀计划人才按 ABC 类划分）相关老师在香港有多年的深邃设计施工的工程经验，为市政总深邃工程项目（市政总刚好缺乏此类工程项目人才）建设提供了有力支撑；市政总也派出多位一线高级技术或管理主管组成的安全员课程教学团队对学生进行安全员 C 证培训；双方选派优秀专业技术人员或师资，共同制订人才培养方案，开发课程标准，讲授专业课程。天健集团协助深职院开展“双师型”教师培养，深职院聘请天健集团优秀专业技术人员或管理骨干人员为天健学院兼职教师，深职院按照相关政策规定为兼职教师发放相应酬金；天健集团推荐优秀的企业高级工程师、技术技能大师在深职院设立“大师工作室”，指导和开展天健学院的人才培养和技术创新工作。

3. 校企实训基地共享

企业良好的实训环境为学生实训实习提供了便利。深圳市天健预制构件厂基础设施配备完善，厂区内配备食堂、宿舍及相关文娱设施。目前，天健构件公司员工中具有高级职称2人、初级职称5人，具有工程相关资质证书如二级建造师若干人，公司员工普遍具备熟练的技能及深厚的经验，可作为学生在企业实训实习期间的实习导师。天健集团的钢筋实训基地占地面积1 730平方米，同时也是深圳市市政工程总公司的钢筋实训基地，为校企合作提供外部实训环境，让学生有机会更直接地接触大型施工项目，对工程项目有更深刻直观的了解。天健建工学院将打造集实践教学、社会培训、企业生产、技术服务和创新创业“五位一体”的省级（国家级）产教融合型实训基地。

4. “1＋X”证书培训考证

2019年2月，国务院印发《国家职业教育改革实施方案》，明确提出从2019年开始，在职业院校、应用型本科高校启动“学历证书＋若干职业技能等级证书”制度试点工作。“1”为学历证书，“X”为若干职业技能等级证书。天健建工学院从2019年下半年开始，以选修课的形式（32学时）开展建筑安全员C证培训工作，已开展2期（120人/期），教学团队完全由天健集团施工、技术负责人组成，建环学院负责教务管理。建环学院两期共通过217人，通过率90.4%，通过的学生其报名及考试费用均由天健集团承担，且安全员C证已经列为学院建设工程管理和工程造价专业毕业资格条件。

5. 共同举办各类技能大赛

校企携手开展各类技能大赛、创新创业训练营和创新创业大赛。以天健集团的主营业务和未来业务为依托，开展市政工程与建筑工程领域的全国性技能大赛，并逐步形成引领全国大赛的标杆；以天健集团技术创新需求为指引，双方共同举办创新创业训练营和创新创业大赛，孵化高水平的创新设计团队和项目。2019年6月，建环学院与天健集团联合举办广东省第一届“三好—卓衡杯”建筑施工仿真应用技能大赛；深职院与天健集团、深圳市政合力举办“产业工人班前活动竞赛”；双方还拟计划共同组队参加世界技能大赛中水处理工程技术、建筑砌筑技术赛项，天健集团市政工程总公司承诺在特殊人才招聘组队和训练经费方面给予大力支持。

6. 校企科研合作

企业与学校共同设立研发中心，共建天健博士后科研工作站，开展多项科研合作项目。天健集团依托学院工程造价专业在建筑定额编制方面的基础和优势，市政总公司委托学院造价专业开展企业定额编制，该项目正在进行中；天健集团委托学院完成多个 BIM 施工协调与管理技术服务项目；充分发挥天健在工程实践和建环学院在应用技术研发方面的优势，共同探索与国际顶尖科研机构联合培养博士后的合作机制，加大科研投入力度，巩固在营主业的技术领先地位，积极培育未来产业，增强天健自主创新能力，提升核心竞争力，促进公司持续健康发展，打造深圳企业创新和高层次人才集聚平台。

7．产业工人培训

天健集团作为深圳市住建局批复的深圳市首家建筑业产业工人建设试点单位，同深职院、深圳建协开展合作，加强产业工人培育、培养。2019 年，学校负责开展电工、电焊工、测量工 3 个工种专项技能培训 30 场，共计 279 人次。天健集团同时联合特区建工培训学院开展退役军人技能培训。

三、 天健建工学院育人外部保障机制

有效的外部育人保障能够促进内部育人机制的平稳有效运行。天健建工学院的平稳运行有赖于政策、组织、制度、宣传、经费等方面的坚实保障。

（一）组织保障

学校层面，深职院成立推进产教融合工作领导小组，校长任组长，分管校领导任副组长，相关部门、单位负责人及合作企业代表为组员，负责领导推进学校产教融合工作，研究决定学校产教融合工作中的重大事项。领导小组办公室设在教务处，主任由教务处负责人担任，负责统筹协调和推进学校产教融合工作；产业学院层面，天健建工学院实行理事会领导下的院长负责制，建立深圳职业技术学院、天健集团牵头，相关部门协同配合，各负其责，社会组织广泛参与的工作机制，形成多主体齐抓共管、整体推进的工作格局。成立工作组，按总体目标和建设任务制订专项工作方案，按年度分解目标任务，确保建设取得成效。

（二）政策保障

根据国家出台的《国家职业教育改革实施方案》《国务院办公厅关于深化产教融合的若干意见》和《国家产教融合建设试点实施方案》等相关文件要求，深职院于 2021 年 5 月出台《产教融合行动方案（2021—2025）》，以产教融合理念推进学校与行业企业合作，推动学校进一步深化人才培养模式改革，凝练打造学校“九个共同”的产教融合模式，联合行业企业建设一批特色产业学院，

依托特色产业学院建设一批应用技术创新中心、公共技术服务平台、高端智库、现代学徒中心，进一步提高学校技术技能人才培养质量，推动学校人才培养供给在结构、质量、水平等方面积极对接和适应产业需求。

（三）制度保障

深职院制定《深圳职业技术学院特色产业学院管理办法》，建立健全产教融合相关考核评价制度，适时将产教融合、校企合作工作作为重要指标纳入学校考核评价体系，定期开展产教融合工作总结，对在产教融合、校企合作中做出突出贡献的单位和个人给予表彰；深化人员编制、职称评聘、绩效考核、收入分配等配套改革，引导全校上下形成普遍共识，营造积极支持、主动参与产教融合、校企合作的良好氛围。天健建工学院按照深圳市事业单位人事制度综合配套改革的精神，依据产业学院的职责定位，推动治理模式、薪酬机制、人事制度、筹资机制等改革，优化资源配置方式，提升办学效率和人才培养质量。

（四）宣传保障

通过各类媒体，广泛宣传建筑行业人才培养的重要性，积极引导社会舆论，营造全社会关心、尊重、认同和支持建筑行业人才培养的氛围，形成全社会尊重建筑从业人员、支持建筑行业人才培养的良好环境；积极宣传国家、地方政府在产教融合、校企合作方面的各项激励措施和优惠政策，促使产教融合的机制更加完善、校企合作动力更加持久；定期宣传产业学院的各项工作进展和阶段性成果，推动产业学院建设和不断创新。

（五）经费保障

天健建工学院的筹建费用是由学校批准并纳入学校相应年度财务预算的，日常运行经费期初由建筑与环境工程学院承担，后期由天健集团、政府购买服务以及社会培训服务等多渠道筹集。天健建工学院涉及需要投入的硬件设施设备购置费和必要的教学基础设施建设费等由学校与天健集团根据人才培养需求协商解决。天健建工学院积极拓宽建筑人才培养投入渠道，建立政府、用人单位、社会筹措等多元化的投入机制，积极鼓励社会各界参与建筑行业人才培养或对培养提供捐助或其他支持。

四、天健建工学院“九个共同”育人实践

深职院以校企共建特色产业学院为载体，通过“九个共同”双元育人模式，促进形成校企命运共同体，实现校企“互惠双赢”，推动产教融合实施。天健建

工学院深度践行“九个共同”双元育人模式，取得了阶段性成果。

1. 校企共同开展党建

围绕“一个基础（组织联结），两项举措（阵地联建、资源联享），三大目标（人才联培、服务联创、发展联动）”，深职院建环学院党支部与天健市政工程总公司党支部共同开展党建共建，同时签署校企党建合作备忘录，共同组织开展“三会一课”、主题党日、学习教育等活动。

2. 校企共同建设高水平专业

学校按照专业设置与产业需求对接的要求，联合企业共同建设高水平专业群；同时建立专业内涵持续更新机制，坚持人工智能背景下专业的转型升级，不断将企业前沿技术引入到专业体系中，使学生掌握最新的知识和技能。建环学院相关专业对应建筑、市政、环保、园林、生态修复等产业链，依托天健建工学院共同建设世界一流专业群——城市生态与环境专业群和广东省高水平专业群——给排水工程技术专业群。

学校紧跟高端产业和产业高端，高标准建设具有领先水平的生产性实训中心。一是依托天健建工学院打造集实践教学、社会培训、企业生产、技术服务和创新创业“五位一体”的省级（国家级）产教融合型实训基地。二是共建装配式建筑与施工现场的校外实训基地——特区建工培训学院。由于特区建工培训学院具备优良的教学条件，学校将装配式建筑与施工实训课程安排在该学院进行，共同组织师资，探索学生与企业师傅混编教学的教学模式，目前教学效果良好。三是共建深圳市校外公共实训基地。2019 年 6 月，建环学院与天健集团联合向深圳市教育局申报“深职院—天健建工学院 BIM + 智慧建造”深圳市校外公共实训基地。与大型国企联合共建校外实训基地的模式得到深圳市教育局主管处室领导的高度肯定：能为省级实训基地和国家级产教融合基地的申报奠定良好基础。

3. 校企共同开发课程标准

学校按照课程内容与职业标准对接、教学过程与生产过程对接的要求，以职业教育国家教学标准为基本遵循，联合行业龙头企业，共同开发业内认同的课程标准和“走出去”国际课程标准。核心主干课程对接技术前沿，将职业能力需求嵌入课程标准和教学过程，将新技术、新工艺、新规范纳入相应课程，积极开展项目化课程改造和“AI + ”转型，实现人工智能背景下课程的全面转型。依托天健建工学院，将天健集团的技术标准、职业标准转化为课程标准，联合打造高职特色“金课”，立项开发项目化课程、实训课程、技能大赛课程、

“X”证书培训课程包、虚拟仿真课程，制定课程标准，开发校本教材，形成丰富的教学资源。

4. 校企共同打造结构化创新教学团队

校企共同制定人才招聘标准、企业兼职教师培养方案等，聘请企业兼职教师，共建“双师”工作室，实施专业教师下企业制度，共建“双师型”结构化教学团队。校企双方建立人员互派机制，共建“双师型教师工作站”和“兼职教师流动站”，聘任企业工程师来校担任“产业教授”兼职授课，指导和开展教师培训、人才培养和技术创新。学校通过“下、访、挂”“一师一企”计划，积极选派教师担任企业科技特派员，参与企业技术开发、员工培训、组织管理等。建环学院师资队伍中具备多名国家一级注册建造师、结构工程师、岩土工程师和孔雀C类人才，市政总派出多位一线高级技术或管理主管组成的安全员课程教学团队对天健建工学院学生进行技能培训；成立周保生技能大师工作室，引入多名高水平企业兼职教师，对企业兼职教师开展高职扩招专业教师专项培训，共同打造创新教学团队。

5. 校企共同设立研发中心

学校与企业联合组建风险共担、利益共享的技术联合体，共同设立技术研发中心，企业为教师提供科研课题、研究条件，学校为企业提供科研成果、技术服务，共同开展技术攻关，促进技术成果应用转化。依托天健建工学院共同建设BIM公共技术服务平台（深圳市住建局）和水环境治理科研平台（深圳市工业节水及城市污水资源化技术重点实验室）。已挂牌成立“深职院—天健建工学院BIM技术协同创新中心”。依托建环学院工程造价专业在建筑定额编制方面的基础和优势，天健集团市政总公司委托天健建工学院工程造价专业开展企业定额编制，该项目正在进行中。

依托建环学院BIM公共技术服务中心，合作完成多个BIM施工协调与管理技术服务项目。

6. 校企共同开发高端证书

将企业的产品标准、技术标准、服务标准转化为人才认证标准，打通“专业”与“职业”的鸿沟，健全全过程、全要素的人才质量管理，实现人力资源供给侧与企业需求侧精准对接，提升企业国际竞争力。按照“1+X”证书制度设计，重构课程体系、教学内容，提高人才培养质量，提升雇主对持证学生的满意度。依托天健建工学院，校企双方共同组织实施“1+X（BIM）”证书制度工作，已完成近千人次的培训与考证工作；建环学院以院选修课的形式（32学时）开展建筑安全员 C 证培训工作，教学团队由天健集团施工、技术负责人组成，教务管理由建环学院负责。建环学院两期建筑安全员 C 证培训共通过 217 人，通过率 90.4%，通过的学生报名及考试费用均由天健集团承担。安全员 C 证已经列为建环学院建设工程管理、工程造价、消防工程技术专业的毕业资格必备条件。

7. 校企共同开展创新创业教育

以企业项目为依托、产品为导向，构建进阶式创新创业教育模式。深化从启蒙教育、预科教育、专门教育到实战训练的创新创业人才培养改革，优化通识必修课、选修课、创业专业课到实践训练课的创新创业课程体系，完善从社团培育、赛会遴选、项目训练到创业实战的教育教学方法体系，构建产教融合、产品试制、项目孵化、成果展示的创新创业服务体系，形成以产品、企业的品牌为导向的创教、创孵、创赛、创展、创投一体衔接的创新创业生态体系。依托天健建工学院，校企双方共同指导学生参加创新工程、挑战杯、“互联网 +”大学生创新创业比赛等。

8. 校企共同招生

联合企业举办现代学徒制班、在职员工学历提升班、技术技能提升培训班，推行面向企业真实生产环境的任务式培养模式，定向培养高水平技术技能人才。天健建工学院依照国家政策，探索形式多样的招生政策：建环学院建设工程管理专业招收天健集团员工，组成现代学徒制班，为企业量身打造人才；建环学院作为深职院高职扩招计划工作试点学院之一，积极响应高职扩招计划，联合天健集团、特区建工集团、特区建工培训学院，制定《退役军人培训方案》。学校在进一步探索订单班招生的基础上，与企业共同研制、实施招生招工方案，明确学徒的企业准员工和职业院校学生双重身份，按照双向选择原则，学徒、学校和企业签订三方协议，明确各方权益及学徒在岗培养的具体岗位、教学内容、权益保障等具体内容，使教学工作与企业用工标准紧密结合，有效提升技术技能人才的培养质量。

9. 校企共同“走出去”

对接优质企业“走出去”战略，联合知名企业在“一带一路”沿线国家等设立一批职业教育培训中心，将企业技术标准、产品标准改造成课程标准、培训标准，开展职业技能培训，为海外中资企业培养人才、开拓海外市场，实现民族企业“走”到哪儿，我们就把培训“送”到哪儿。天健建工学院将借助天健集团在“一带一路”沿线国家的技术与项目中心，联合开发企业员工的培训课程包，参与海外建筑人才的培训，提升其海外人才技能水平；将参加教育部技能“非洲计划”项目，对接科特迪瓦国立理工学院，2021 年 9 月开始招生。

五、 校企合作育人的问题与对策

（一） 问题

紧跟时代脉搏，把握职教未来，校企合作在产业发展上走在时代前列，对行业发展的方向有精准直观的认知，人才培养更具有针对性，但还是存在一些无法绕过的现实问题。

1. 校企合作的政策激励程度不够完善

国家和教育主管部门对企业参与职业教育缺乏全面的促进机制，对企业的优惠政策还没有落地，或力度不够大，导致企业对这些政策缺乏系统、深入的认识；目前执行主体不明确、可操作性不强，尚未建立起一套完善的法律保障体系，具有混合所有制特征的二级学院法律地位也需要确定，希望政府加大对企业的科研经费补助等。

2. 企业与学校合作的动力不足

企业经营压力比较大，时间、精力和资金方面的投入受到一定的限制。企业与学校在性质、体制、功能和结构上不同，企业以经营与盈利为目的，而学校则是以教书育人、培养人才为主要目的，企业和学校可能因为目标不同，存在周期收益不同而产生分歧的情况，企业也可能因为投入资源未达到预期效果而缺乏后续合作的动力；企业的技术创新活动具有不确定性和风险性，而企业只有产生技术创新的动机，才有可能进一步形成与高校的合作。

3. 校企合作的深度不够

由于学校运作机制和企业运作机制、校园文化与企业文化存在较大差异，所以校企较难形成深度融合。目前的校企合作较多停留在师资互派、技能培训、科研合作、实训基地共享等浅层次合作，离互动介入、相互交融、深度合作、协同育人，形成学校与企业的利益共同体还有较大差距。校企合作仅仅是任务导向，缺乏长远的目标和整体规划，没有从系统的观点通盘考虑，统筹运作，未能使企业运行与办学诸要素之间有机结合、相互作用，构成一个具有特定功能的整体。

4. 校企合作的长效机制有待加强

校企双方合作缺乏完备的长效保障机制。一方面，企业可能会中断部分合作或者退出，存在着合作受阻的风险；学校在此处于被动状态，缺乏稳定的政策保障机制，缺乏对企业的行为制约和积极性调动机制。另一方面，企业给予学生岗前培训的目的是期望可以通过教学扩大企业影响力并且留住员工，如果学生在能力提升后，在没有必要的学分、合同约束力的情况下，到其他同行或同类企业就业，导致企业没能选拔到人才的情况出现，则造成企业前期投入损失。由此，校企双方可能因为目标不同、周期收益不同而产生分歧，缺乏后续合作动力。

（二）对策

尽管校企合作存在诸多亟待解决的现实问题，但校企合作能够按“订单式”培养优质创新人才，有利于产业行业专业人才的集聚，优势明显，特色鲜明，可通过很多种方式化解他们在发展过程中遇到的难题。

国家通过完善法律政策、减免企业税费政策等建立相应的机制，从制度层面保障企业对教育履行社会责任。由于企业与学校在性质、体制、功能和结构上的不同，在职业教育开展的时候，校企双方很难通过较为自由的方式实现真正意义上的合作，这就需要构建由政府主导的校企合作政策与管理机制，明确政府、行业企业、高校在校企合作中的职责和义务，同时保障双方深度合作的开展。这既是教育发展的需要，也是企业自身长远发展的需要。

地方层面，应建立企业参与职业教育的利益补偿机制，激发企业参与热情，让企业切实感到参与职业教育既是履行一种社会责任，又是从事一项对本企业经济效益有明显促进作用的事业，激发其参与职业教育的动力。学校将特色产业学院建设作为产教融合、校企合作的一种创新模式探索，地方层面应在税收、投标和场地等方面给予企业更大的支持；同时加大对国家教育主管部门政策的宣讲力度，使政策支持“硬化”，强化企业的内生动力。

学校层面，建立特色产业学院需要有良好的制度保障和组织保障。需建设领导小组，加强对特色产业学院建设的指导和支持，同时进行特色产业学院建设理论和实践的积累和凝练，更好地完善这种模式；组织建设“牢固化”，避免领导更迭带来的工作衔接问题。充分认识校企合作的内涵和意义，建立合作的长效机制和约束机制，制定出科学合理的校企合作方案。

产业学院是遵循职教规律，深化产教融合、校企合作的重要举措，高职教育要实现人才培养、终身教育、技术创新、社会服务等功能，必须与行业企业紧密结合，与地方经济发展实现良性互动。校企合作、产教融合应贯穿于人才培养的全过程。深职院天健建工学院遵循“九个共同”职业教育新模式，以共同建设高水平专业为切入点，以共同开发课程标准、共同开发高端认证证书为着力点，以共同打造师资团队为关键点，以共同“走出去”为突破点，克服共同设立研发中心的难点，最终实现协同育人、协同创新、协同发展。

第七章 基于现代学徒制的产业学院育人模式研究与实践

第一节　基于现代学徒制的产业学院育人模式分析

现代学徒制是一种职业教育人才培养模式。人才培养模式是指在一定的现代教育理论、教育思想指导下，按照特定的培养目标和人才规格，以相对稳定的教学内容和课程体系、管理制度和评估方式，实施人才教育的过程的总和。换言之，就是人才的培养目标和培养规格以及实现这些培养目标的方法或手段。基于现代学徒制的产业学院育人模式是一种深度践行产教融合的、完整意义上的职业教育人才培养模式。

一、基于现代学徒制的产业学院育人模式构建逻辑与条件

（一）现代学徒制的人才培养模式

基于现代学徒制的产业学院育人模式，首先必须是完整意义上的现代学徒制专业人才培养模式，是教育行政部门主导下的，既涵盖学校专业教育的整个过程，也包含了学校专业从招生到就业的全部管理流程。换句话说，现代学徒制建立在一定的招生专业基础上。

教育部自 2015 年开始，先后组织了三批共 961 家单位开展现代学徒制试点，分别从政府、行业协会、职教联盟、企业、职业院校角度展开试点工作。随着试点工作的不断推进，现代学徒制的内涵要求逐渐丰富，逐步规范化、标准化，用人才培养的关键环节控制方法形成了一套系统规范的要求，在“校企资源共享、责任共担”“招生与招工一体化”“专业标准建设”“校企双导师建设”“教学管理与运行”等方面都有相对明确的要求，是相对成熟的职业教育人才培养模式。

与普通全日制和以往的订单班、冠名班的人才培养模式不同，现代学徒制更加注重人才培养目标与规格的确定与实现，由校企共同主导人才培养，设立规范化的专业标准、考核方案等，体现了校企合作的深度融合。

（二）基于现代学徒制的产业学院构建条件及方式

1. 构建条件

现代学徒制产业学院中，校企合作通常有学校与一家企业合作的“一对一”、学校与多个企业合作的“一对多”、学校与行业协会合作等形式。“一对一”方式的合作企业应是认可现代学徒制、合作意愿强烈、已有较好合作基础的企业，一般优先选择综合实力强、行业地位较高、企业培训机制完善，具有高度社会责任感的大中型企业。“一对多”方式中的合作企业通常会在多个企业中选择一家牵头企业。

2. 构建方式

基于现代学徒制的产业学院的构建方式一般有三种：第一种是为解决专业人才培养与企业需求错位问题，由一个企业需求体量大的现代学徒制专业转化而来，主要是校企共建产业学院，产业学院独立管理、独立核算；第二种是民办学校与企业根据区域某行业转型升级需求，成立了具有独立法人资格的职业培训学院，通过在培训学院中建立多个工作室开展，与不同企业合作开展多个专业现代学徒制人才培养；第三种是根据地方经济的发展要求，构建由地方政府、产业园区管委会、支柱行业企业和高职院校相关利益群体共同参与的产业学院，以专业群对接产业集群（链）的方式构建。

二、 基于现代学徒制的产业学院育人模式

作为教育行政部门主导的人才培养模式，现代学徒制工作主要由教育行政部门进行评价与工作指导。为保障现代学徒制人才培养的顺利开展，教育行政部门对现代学徒制专业备案、人才培养方案制定等都有明确要求。

（一）组织架构与办学机制

基于现代学徒制的产业学院按从属关系分为两类：一类从属于学校或行业企业，没有独立法人资格，内部结构比较松散；另一类组建或依托企业培训机构建设而成，有独立法人资格。这两种产业学院都需要由学校和企业双方派出人员构成现代学徒制人才培养的领导机构和管理组织，双方合作完成招生、教学计划的制订、教学运行与管理等。

（二）合作企业的选择

现代学徒制强调校企“双元育人”，相比订单培养等培养模式，对合作企业有更高的要求。对于人才需求量较大的企业，校企双方可共同签订现代学徒制专业育人合作协议，形成学校某一专业与企业的合作培养模式。对于人才需求量较小的中小微企业，可依托行业协会、产业园区、职教集团、企业联盟等载体，学校与合作企业、“载体”签订联合培养协议，形成学校与多个企业合作的“一对多”的培养模式。

合作协议中须明确合作专业、招生规模、学生（学徒）面向岗位、校企双主体育人的成本分担机制、校企双方在育人过程中的责任与权利等。

（三）学生双重身份的确定

年满18周岁的学生与学校、企业签订三方协议或学生和企业签订劳动用工合同；对于年满16周岁未达到18周岁的学徒，须由学生（学徒）、监护人、学校和企业四方签订协议。通过签订协议或劳动合同，学生也具备了企业学徒身份。

劳动合同（全日制或非全日制劳动合同）内容须涵盖：合同期限，工作内容（约定工作岗位、工作要求及离岗学习要求），权益保障（劳动报酬、相关保险、约定工作时间及休假规定、劳动保护等），劳动纪律（在岗工作、离岗学习必须遵守学校和企业的规章制度），违约责任，等等。

（四）招生与招工一体化

招生与招工一体化是开展现代学徒制试点工作的基础。学校可根据不同生源采用先招工再招生、招生与招工同步两种方式开展招生与招工。

先招工再招生。该模式招收生源为企业在职员工，由企业推荐符合高考报名条件的在职员工报考，企业联合学校共同组织自主招生考试，考试合格后方可录取注册为在校生，实现员工的学生身份。

招生与招工同步。该模式以自主招生形式实现，学校与企业共同签订合作协议后，共同制订招生（招工）方案。学生报名参加现代学徒制自主招生考试后，须与企业签订劳动合同（非全日制劳动合同）方可录取注册，实现学生、员工双重身份。

现代学徒制专业招生计划是纳入学校年度招生计划进行统一管理的。其与普通产业学院育人模式的不同在于，普通产业学院育人一般是入学后的学生通过企业选拔后才开展。换句话说，普通产业学院育人模式没有明确的招生权。

（五）重视标准制定

职业院校举办的专业要执行教育部下发的专业教学标准。然而，国家下发的专业教学标准，是统一的基本标准，不完全符合区域专业就业岗位特点，或者说，毕业生按专业标准毕业也未必能服务于地方经济。目前，很多职业院校还没有构建并完善本校的专业教学标准。相对于普通职业教育，基于现代学徒制的产业学院更重视专业标准的建设与执行。

校企双方基于岗位职业能力分析，结合岗位晋升路径，融入职业标准，构建由职业基本素质、专业技术技能、学徒岗位能力、专业拓展等课程组成的模块化课程体系，研制专业教学标准、课程标准、学徒考核评价标准、校企“双导师”标准，制订人才培养方案，开发教学资源等。

现代学徒制专业标准建设做到了普适性与特殊性相结合，避免进入企业订单培养的误区。在我国现代学徒制试点工作中，一直推崇标准引领。在国家现代学徒制专委会面向试点学校开展的多次培训中，标准的构建与执行一直是最核心的内容。现代学徒制专委会把专业标准建设路径进行了统一，要求校企合作通过区域较大规模的行业企业调研，而不是只针对合作企业的有限岗位开展调研，通过足够的企业、学校、毕业生、在校生样本分析专业的职业生涯路径，针对专业就业岗位群进行二维四步五解的职业能力分析，一个专业能获得近千条能力点，每个能力点层级清晰，便于构建不同职业教育层次的专业课程体系，每门课程对应确定的职业岗位能力。

（六）制订人才培养方案

基于现代学徒制的产业学院育人模式的人才培养方案既要符合《教育部关于职业院校专业人才培养方案制订与实施工作的指导意见》（教职成〔2019〕13号）的要求，又要体现现代学徒制人才培养的特征。

最早开展现代学徒制试点的广东省，制定了现代学徒制专业人才培养方案编制框架，结合普通全日制职业教育要求，也呈现出现代学徒制特征，具体内容要求：明确合作企业、招生对象、招生与招工方式；培养的学徒岗位（1～4个），应与校企合作协议中学生（学徒）面向的岗位保持一致；培养方式与校企合作协议或工作方案中的阐述保持一致；职业生涯发展路径表依据合作企业岗位发展制订，主要由企业来完成；人才规格既要体现合作企业岗位的通用职业素养、专业能力，也要体现合作企业的个性化需求；课程结构一般为公共基础课程＋专业课程（专业技术技能课程＋学徒岗位能力课程）＋专业拓展课程。专业技术技能课程模块针对专业通用能力设置，学徒岗位课程模块针对合作企业特定要求设置，专业能力拓展课程模块针对专业发展设置。专业实践类课程由企业主导以课岗对接方式组织实施，专业基础类课程校企共建共同组织实施；学徒岗位能力课程是体现现代学徒制“岗位成才”的主要核心，课程应面向合作企业的岗位需求设置，由企业与学校共同开发，课程标准编写可参考学徒岗位能力课程基本框架，课程教学应对接典型工作任务及职业能力要求构建项目化教学，结合岗位工作任务，由学校、企业或校企联合组织教学；工学交替的教学组织进度安排，应根据培养对象、专业特点、岗位情况由企校双方精细安排。对于招生招工同步的学生，学生（学徒）在岗学习工作原则上不少于50%；对于先招工后招生的企业在职员工，鼓励实施灵活多样的教学模式，可实施弹性学习，但最长不超过6年。

在课程教学方式上要进行区分与界定，根据不同能力组合成不同课程，以集中授课、企业培训、任务训练、岗位培养、网络教学等形式实施教学。

校企共同研究确定明细的工学交替时间安排。对于先招工后招生，已有工作或相关培训经历、技术技能达到一定水平及在相关领域获得一定级别的奖项或荣誉称号的，经学校认定后可折算成相应学分或免修相应课程。

（七）建设“双导师”队伍

学校应充分利用校企人才资源，建立校企互聘共用的“双导师”队伍，制订《现代学徒制双导师管理办法》，明确校企“双导师”、专业带头人的任职标准、职责待遇、技术服务、双向挂职要求、奖惩制度等内容。

现代学徒制人才培养鼓励合作企业选派优秀高技能人才担任企业导师。学校要将学校指导教师的企业实践和技术服务纳入教师考核并作为晋升专业技术职称的重要依据，通过轮岗、培训进修、人员交流等方式，提升“双导师”的执教能力、企业岗位技能、教学研究及社会服务能力。

企业导师和学校导师都有具体的准入标准。需要设立学校与企业双带头人，其中企业专业带头人除了要具备企业导师任职基本条件以外，还要熟知行业的技术、规范、标准，掌握行业发展的前沿技术，对职业教育教学有所认识，能够领导企业导师团队协助学生（学徒）圆满完成岗位培养等工作任务。学校专业带头人除了要具备学校导师任职基本条件以外，还要对人才定位及发展趋势、专业发展形势和目标、专业发展要求、人才的评价有清晰的认识，能够承担人才培养方案的拟订、课程建设与资源开发等方面的任务，并具有一定的科研能力。合作企业会选拔优秀的高技能人才担任师傅，明确师傅的责任和待遇，师傅承担的教学任务应纳入考核，并可享受带徒津贴。试点院校一般会将指导教师的现代学徒制专业教学纳入教师考核并作为晋升专业技术职务的重要依据。

（八）教学组织与实施

构建校企双主体教学运行机制。校企共同完善相关教学管理制度，制订教学过程文件，强化过程管理，规范学徒在学校和企业的日常生活与学习，维护日常教学运行与管理。学校指导合作企业制定专门的学徒管理办法，保证学徒基本权益；根据教学需要，合理安排学徒岗位，分配工作任务，实现岗位学习，工学交替。试点院校要根据学徒培养的特点，实行弹性学制或学分制。

在教学组织与实施方面，校企合作开展线上与线下混合教学，根据专业及合作企业特点，结合企业需要，安排学徒学习时间，以交互训教方式灵活开展。课程采用集中授课、企业培训、任务训练、岗位培养、网上教学等多种方式实施。

（九）教学监控

建立以质量监控体系为核心，集招生、培养、管理、质量监控与反馈为一体的教学运行管控机制。学校和企业合作，基于岗位能力要求制定学徒考核评价标准，校企共同实施考核评价，将学徒岗位工作任务完成情况纳入考核范围，逐步建立起多方参与的质量评价机制。

（十）其他成效

依托现代学徒制开展人才培养的产业学院，为学校高水平专业群建设奠定了良好的基础，是高素质技术技能人才孕育的摇篮。

产业学院建设促进了学校与行业企业深度合作，校企共同建成了省级实训基地、省级工程中心、省级协同创新中心、应用技术协同创新中心、省级技能大师工作室等创新应用平台，进一步增强专业自主建设及创新能力。学校与企业深度合作，突破了多项关键核心技术，获得了原创性的知识产权，实现了大规模产业化，大大提升了专业服务产业发展的能力。

三、 基于现代学徒制的产业学院育人模式分析

（一）优点

1. 充分体现了职业教育的跨界性

现代学徒制人才培养模式包含的内涵特征与国外成功的现代四大职教模式基本一致，无论北美的 CBE、德国的双元制、澳大利亚的 TAFE，还是英国的 BTEC，现代四大职业教育模式都具有典型跨界性，既体现职业属性，也体现教育属性，从人才培养目标及规格，到目标规格的达成，无一例外地精准地指向职业教育的跨界性。①

2. 精准对接产业

产业学院是统筹各类实践教学资源，充分利用科技产业园、行业龙头企业等优质资源，构建功能集约、开放共享、高效运行的专业类或跨专业类实践教学平台，产业学院中进驻的企业一般基于产业集群。这就意味某一行业内的竞争性企业以及与这些企业互动关联的合作企业、专业化供应商、服务供应商、相关产业厂商和相关机构（如大学、科研机构、制定标准的机构、产业公会等）聚集在某特定地域。

现代学徒制人才培养模式的起点是专业标准建设。现代学徒制专业标准建设也需要进行较大规模的行业企业调研。基于现代学徒制的产业学院育人模式，因为有了产业学院这个平台，企业调研变得相对便捷，建设的标准也更加具有区域代表性和普适意义。

3. 人才培养质量有保障

教育部每年依托国家现代学徒制专委会，组织各省推荐的现代学徒制专委会入库专家对现代学徒制试点单位的工作进行中期检查和验收，保障了现代学徒制人才培养质量。

现代学徒制中期检查和验收工作内容针对人才培养的关键控制点，一是校企“双主体”育人机制，即保障学校与企业的合作育人机构与制度；二是招生招工一体化，即通过学校招生与企业招工一体化，落实学生的双重身份；三是完善人才培养制度和标准，即校企联合开发标准和人才培养方案；四是校企互聘共用的教师队伍，即校企双导师的教学团队；五是建立体现现代学徒制特点

---

① 邓泽民，张扬群．现代四大职教模式［M］．北京：中国铁道出版社，2011．

的管理制度；六是教学实施过程，校企全过程参与育人。所有开展现代学徒制的专业都要体现校企双元育人特点。

从另一个方面看，产业学院建设更有利于诸如真实工作环境、共享型师资等教学资源的共享。

4. 解决教育相对于职业的滞后性

教育相对于职业有明显的滞后性，尤其是在职业教育方面。表现为教材滞后、技术技能培养滞后、教学条件建设滞后、师资培养滞后等问题。当前我国正处于加速进入产业转型升级的关键时期，学校的软硬件条件发展速度一定跟不上企业技术装备更新换代的速度。

工学结合人才培养模式改革是现代学徒制试点的核心内容。职业院校与合作企业根据技术技能人才成长规律和工作岗位的实际需要，共同研制人才培养方案、开发课程和教材、设计实施教学、组织考核评价、开展教学研究等。校企签订合作协议，现代学徒制的教学任务由学校教师和企业师傅共同承担，形成双导师制，打破了现有教师编制和用工制度的束缚，加大了学校与企业之间人员互聘共用、双向挂职锻炼、横向联合技术研发和专业建设的力度。职业院校承担系统的专业知识学习和技能训练；企业通过师傅带徒弟的形式，依据培养方案进行岗位技能训练，真正实现校企一体化育人。现代学徒制人才培养强化了企业作为职业教育人才培养的主体地位，有效解决了教育滞后性问题。

（二）可能存在的问题

1. 招生规模不大，延续性不好

基于现代学徒制的产业学院育人模式，存在招生规模不大等问题，现代学徒制人才培养模式未被广泛认同。究其根本，可能有下列几个原因：现代学徒制专业招生计划单列，常常被教育行政部门和学校差别对待；大多数现代学徒制试点单位把现代学徒制当作一种改革项目，甚至有些学校把开展现代学徒制试点专业当作获取学校奖补资金的一种途径，对开展现代学徒制工作的理解与把握不到位，对工作中企业的主体地位认识不到位，导致实际运行中的偏差；学生、家长与社会对现代学徒制人才培养中企业主体地位不理解，如招生招工一体化，觉得跟普通学校教育有太大差异，心理上不接受；当然企业与学校的配合度也存在一些问题，如学生一旦按现代学徒制专业的“先招生后招工”，要全部按现代学徒制人才培养模式培养，企业认为未经进行筛选的学生，培养效果不如预期；现代学徒制人才培养的招生计划需要学校上报，企业、行业协会等在招生中相对被动也是其中一个原因。

2. 产业学院对产业的支撑度不足

基于现代学徒制的产业学院育人模式，存在两种形态：一种是在一个现代学徒制专业基础上构建产业学院；另一种是在产业学院中开展现代学徒制人才培养。前者只是在一个专业上构建产业学院，后者是产业学院中的部分专业开展现代学徒制培养，所以在完全意义上的基于现代学徒制的产业学院对产业的支撑度明显不足。

（三）对策

要破解基于现代学徒制的产业学院育人模式目前存在的问题，校企双元育人是关键。国家要给职业教育产业学院更大的办学灵活度，如一定范围的招生权限；学校需要做好专业群对接产业（链）的顶层规划，落实专业发展服务于地方经济；企业要明确自己作为职业教育主体的定位，积极主动参与职业教育。

第二节　基于现代学徒制的广建中天产业学院育人实践

为培养高素质建筑工匠型人才，支撑广东省建筑业创新发展，广东建设职业技术学院自2016年起联合建筑类企业积极开展校企双主体育人的现代学徒制试点，并与中天华南建设投资集团有限公司（原中天建设集团有限公司第七建设公司）成立“广建中天产业学院”，为企业创新发展提供人才支撑。

一、基于现代学徒制的广建中天产业学院育人模式

（一）建立背景

当前广东省处于从“建筑大省”向“建筑强省”迈进的战略阶段，建筑行业工业化、信息化、国际化发展，建筑业技术创新、管理创新和业态创新等对行业发展提出新要求，人才结构性短缺问题凸显，倒逼建筑企业将员工的“选、育、用、留”提到核心竞争力高度，急需培养一大批严谨专注、敬业专业、精益求精、追求卓越的工匠型人才。中天华南建设投资集团有限公司作为国内最大的民营建筑企业华南片区的分公司，由于业务快速发展及顺应建筑业转型升级，对于“懂施工、能管理、善交流”的高素质技术技能人才呈现较大需求缺口，急需通过校企深度合作方式开展人才培养培训。

基于以上需求，广东建设职业技术学院与中天华南建设投资集团有限公司合作共建“广建中天产业学院”，对接建筑行业施工管理领域创新发展需求，共同开展以现代学徒制人才培养培训为主要目标的产业学院建设。

（二）建立逻辑

针对建筑行业施工管理领域相关岗位创新发展要求，需要具备含施工员、安全员、测量员、材料员、绘图员等多工种融合的能力与素养的人才，而传统单个专业难以充分满足此类人才的培养需求。依托广东建设职业技术学院建筑类专业集群作为产业学院建设的有效载体，打破传统的以专业大类划分院系的弊端，通过对内部资源，包括转专业课程、教师队伍、实训基地等的有效整合，能有力支撑产业学院人才培养需求。

（三）建立条件

广建中天产业学院依托广东建设职业技术学院、中天华南建设投资集团有限公司建立，充分发挥学校的师资、系统教育优势，完成基础能力培养；同时凸显企业资源优势，弥补学校难以建设及提供“体量大、高成本、高消耗、周期长、难重复”的实践项目、岗位真实任务、岗位绩效管理、高水平技术人员等资源的短板。校企资源共享、责任共担、互惠共赢，共同完成产业学院各项工作。

（四）建立现状

由校企主要领导、有关部门和专业人员共同组成理事会，负责产业学院重大问题的决策及实施，构建校企育人共同体。现有教职工 28 人，其中企业人员 10 名，在校学生 158 名。

（五）建立成效

广建中天产业学院作为相对独立的机构，基本不受学校体制机制影响，依据建筑产业所需，做到校企共同制订专业建设计划，共同定位人才培养目标，共同建设师资力量，共同开发课程标准，共同管理教学过程，共同评价人才培养质量，实现广东建设职业技术学院专业群建设与行业企业发展的相互融合、相关支撑。其同时有效解决校企合作中普遍存在的育人机制不健全、协同创新发展动力不足等问题。2016 年至今，其已累计培养学徒约 150 人，学徒就业率 100%，年薪超过 10 万元，约 10% 的学徒毕业后直接晋升为企业项目主管，25 人升入本科学习。

二、 基于现代学徒制的广建中天产业学院育人内部运行机制

（一）校企共建，实行理事会领导下的院长负责制

2016 年，广东建设职业技术学院与中天华南建设投资集团有限公司签署合作办学协议，共建广建中天学院，针对建筑行业施工管理领域创新发展需求，开启对标岗位需求、校企合作双育人的现代学徒制人才培养模式，开创了高职院校建筑类专业基于现代学徒制的产业学院先河。该专业 2016 年获批现代学徒制省级试点，2017 年获批为国家现代学徒制试点，2019 年顺利通过国家试点验收。

广建中天学院由校企主要领导、有关部门和专业人员共同组成理事会（见图 7－1），构建校企育人共同体；由校企共同投入场地、设备及运行经费，建立财务和日常管理、运行制度等。学院院长由企业人员担任，实行院长负责制，内部人事、财务等相对独立，教学副院长由学校人员担任，在院长领导下负责教学、培训和日常教学管理工作；双方指派人员管理学院其他工作，学院的师资由学校与企业内选拔与培养，承担现代学徒制的各项教学任务。

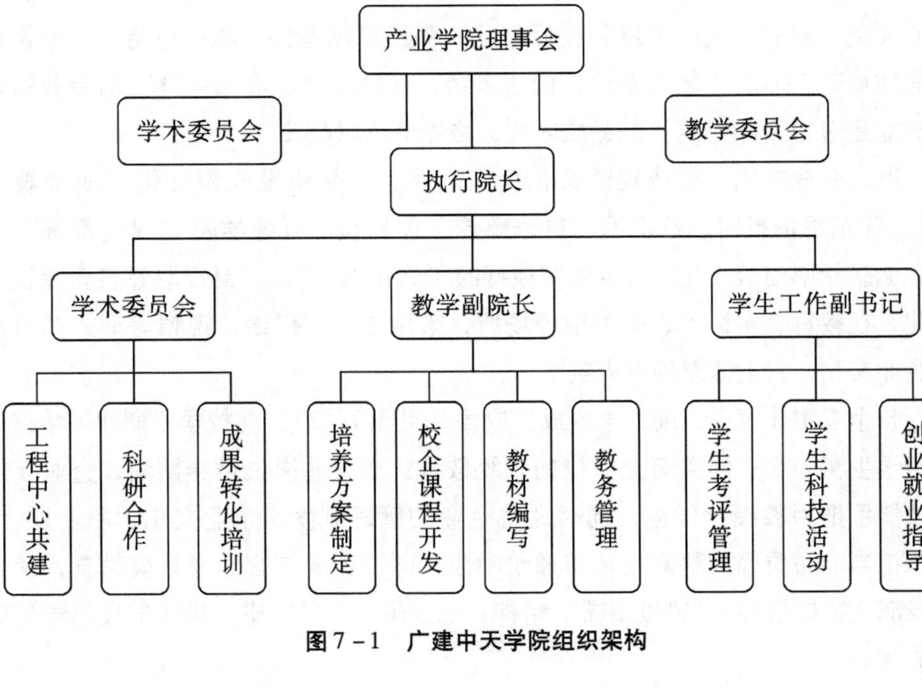

图 7－1　广建中天学院组织架构

（二）产教融合，明确了学校教育与企业岗位培养“三融合”

1．教学内容与企业项目融合，对接需求形成教学内容开发路径

根据转型升级背景下建筑类人才培养面向岗位要求，从岗位职业能力分析入手，系统构建全程对接企业岗位需求的课程体系，将企业项目、岗位任务引入课程内容中，研制专业教学标准与课程标准。依据标准，按照岗位典型工作任务，依托企业真实项目，融入企业最新工艺及信息化等技术，确定课程教学内容。标准研制过程中，校企专家全程共同参与，实现教学内容与能力对接。

系统引入企业最新工艺及信息化等技术，如对接建筑行业发展需求，全面引入 BIM（建筑信息模型）技术课程，同时建立产业学院“BIM 工程中心”。中心以承接社会服务项目为赢利点，由企业技术骨干与学校教师组成教学团队，优选项目作为教学载体，按“老师为项目经理、学生为员工”的方式实施项目化教学，有效提升教学质量。

2．校园文化与企业文化融合，构建卓越职业人培养环境

为培养德智体美劳全面发展的社会主义建设者和接班人，学院将立德树人与产教融合相统一，强调“素质为先、能力为本”的理念，汲取当代建筑企业核心文化，营造“现代鲁班”校园文化，突出家国情怀、职业道德、敬业精神的品质培养，形成“敬业专注、精益求精、创新善建、追求卓越”的专业精神和树立建造“百年建筑”的品质内核，培养卓越职业人。

融入企业文化，营造校园文化育人环境。一是建设校园文化“四景观”：“合”字造型的校门、校训石、鲁班雕像、鲁班锁，凝练学院“现代鲁班”文化，弘扬岭南建筑文化，形成建院独特的“文化地标”。二是汲取建筑企业核心文化，在教室、实训室、图书馆等场所，采用图片、标语、视频等形式凸显优秀企业文化，营造浓厚的育人氛围。

校企双主体育人，助力学生成长成才（见图 7－2）。在校学习期间，学校导师对学生实施德智体美劳全方位的系统教育；在企业岗位培养期间，企业导师将技能手把手教授给学生，同时还将企业的管理制度、企业文化、职业操守、勇于担当的品质等潜移默化地传递给学生。师徒传承结合学校系统教育，使学生浸润在家国情怀、“鲁班工匠”精神、吃苦耐劳作风之中，极大地促进学生成长成才。

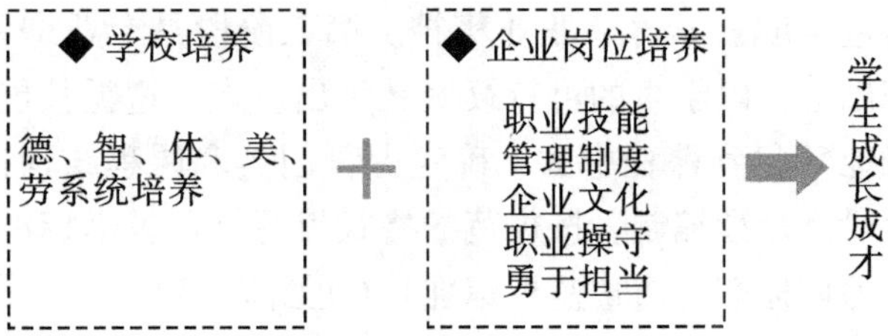

图 7-2 校企双主体育人

3. 学校管理与企业管理融合，确保双主体育人责任

将职业教育制度与劳动用工制度结合，通过学生与企业签订劳动合同的方式，明确学生和员工双重身份。学生在企业岗位工作中，需遵守企业管理制度，接受企业的岗位考核；同时他们又是在校学生，要遵守学校管理制度，接受学校相关管理与考评。学生员工双重身份，也就要求校企共同制定管理制度，对学生（员工）日常行为进行规范、约束和激励。育人全过程由校企双重、双要求管理，为招生招工一体化、校企双导师教学、双场所培养提供可靠保障。

（三）青蓝相接，传承文化拜师仪式

传统文化讲究师承，而先拜师后才有师承。为增强师徒之间的仪式感与责任感，更为后续学习奠定良好的情感铺垫，针对现代学徒制学生，在入学之初，学院都会举行隆重的拜师仪式。对于学徒而言，拜师仪式为学徒提供真心求学的一种承诺途径，如果没有学艺的精诚、迫切之心，谁也不会轻易拜他人为师。拜师仪式更为学生找到了学习的榜样和努力方向，端正了心态，更容易规划自己的成才成长之路。拜师仪式上，校企领导、老师、职工、学生等汇聚一堂，共同见证拜师盛况，也是公开公证师徒关系。

（四）对接需求，标准引领重构专业课程体系

依据“素质为先、能力为本”的指导思想，研制适合校企双主体育人的专业教学标准（含课程标准、岗位技术标准、师傅标准、质量监控标准等），其中“素质为先”就是以通识课程和职业素养为基础，以立德树人为核心，发挥师徒传承优势，培养学生的品德、思想和行为等三个方面的“鲁班工匠”精神，科学规划学生（学徒）成长道路。

专业教学标准研制分为四个阶段，第一阶段是供需调研。通过广泛的行业、企业、学校的调研，明确供需关系、学徒面向岗位及职业发展路径。第二阶段是职业能力分析。依托行业企业具有相关岗位 5 年以上一线工作经验的技术专家，运用科学的方法明晰专业面向目标岗位的工作项目、工作任务和职业能力

要求，职业能力包含职业素养、职业精神。第三阶段是专业课程体系构建。在职业能力分析基础上，以学生的可持续发展为出发点，遵循技能人才成长规律，将职业能力有机地转化到课程中去，确定课程门类和课程结构，构建出专业课程体系。第四阶段是标准编制。按规范的格式编写专业教学标准（含课程标准、岗位技术标准、师傅标准、质量监控标准）（见图 7－3）。

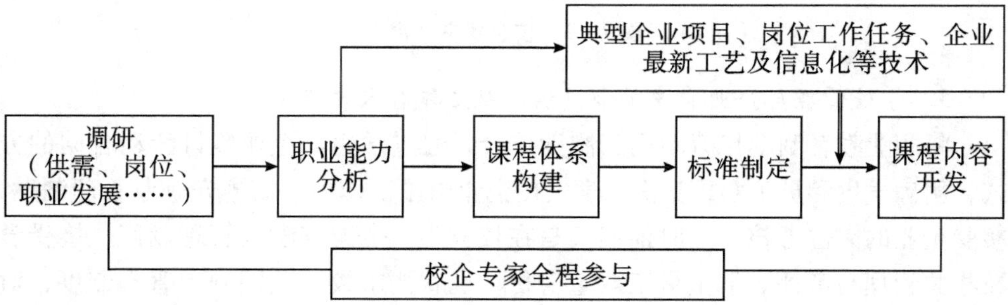

图 7－3　现代学徒制教学标准编制路径示意图

（五）资源共享，采取交互训教组织教学

学校和企业根据现代学徒制内涵要求，合理安排企业岗位培养与学校教学，在双场所“交互训教”组织教学。学徒工学交替学习和训练，充分利用了两个教学主体的优质教学资源。第 1—2 学期企业开始定期委派工程师到学校承担企业文化教育和岗位剖析等教学任务；第 3—4 学期依托企业真实项目，按照企业岗位必需的技术技能实施校企交互培养（校企时间各半）；第 5—6 学期企业委派岗位技术骨干作为师傅，根据企业岗位核心技术的要求和个人的实际情况制订个性化的人才培养计划，用师带徒的方式，在岗位上充分利用企业教学资源实施培养，学校教师则通过将理论知识“送教上门”及毕业论文辅导等形式开展协同培养（见图 7－4）。

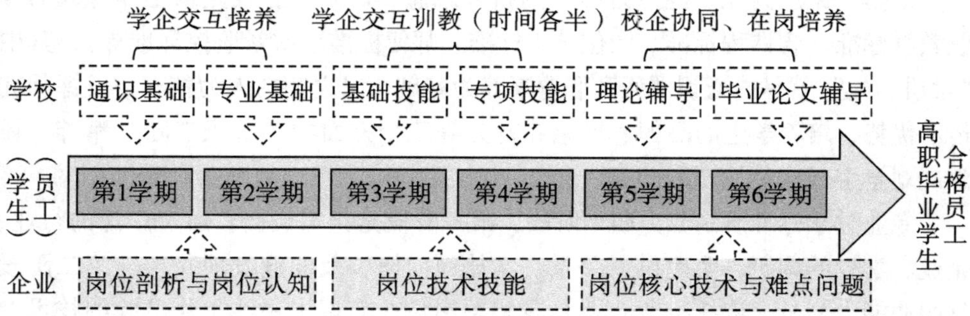

图 7－4　建筑工程技术专业“交互训教”教学组织

（六）互聘共用，硬约束软激励培养校企“双导师”

以校企“互聘共用”为原则，完善产业学院人事管理、教师评聘、收入分配制度，按照现代学徒制的导师标准和企业技术革新领军人才的标准，开展企业导师培训，对“双导师”进行考核，科学培育、使用和管理校企“双导师”课程教学团队，建立一支具有训教与服务双重功能的现代学徒制“双导师”团队，解决机制不灵活、人员交流不畅等制约协同育人的瓶颈问题（见图7－5）。

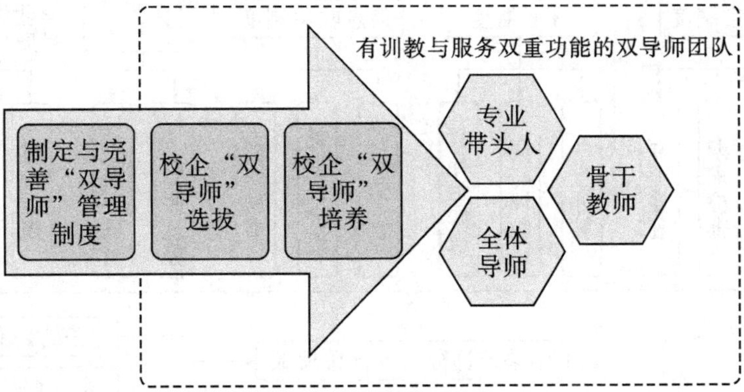

图7－5　校企“双导师”“互聘共用”教学团队建设

根据典型工作任务编制岗位培养工作任务及考核评价标准、岗位培养课程活页教材等，使校企导师承担教学和岗位培养有参考、有依据。校企共同制订学徒制培养实施方案、工作实施细则等制度，培训企业导师教育教学能力，线上、线下结合，利用现代信息技术手段和教学资源平台实施教学、指导和评价，校企导师定期沟通、协调，及时反馈学徒信息，落实导师绩效薪酬发放和评优制度，强化和激励校企导师参与人才培养的全过程管理。

（七）校企共管，构建五级三系统质量管理体系

校企共同制定相关管理制度、教学过程文件、教学监控指标，共同建设“双导师”队伍及共同开展教学质量评价，构建“产教融合、权责明晰、运行规范”的校企双主体协同运行机制，并实现机制有效和稳定运行。校企共同管理和监控人才培养质量，构建“五级三系统”的现代学徒制人才培养质量管理体系，即共同建立教师、教研室、系部、教务、督导五级教学质量监控体系，构建招生招工监控、培养监控、评价监控的三控全过程系统（见图7－6）。建立常态化的专业人才培养方案调整制度，构建学校、企业、学生三方参与的教学质量管理体系。通过调查问卷、走访等形式，了解学生在企业的表现，建立多元

人才质量追踪评价机制。

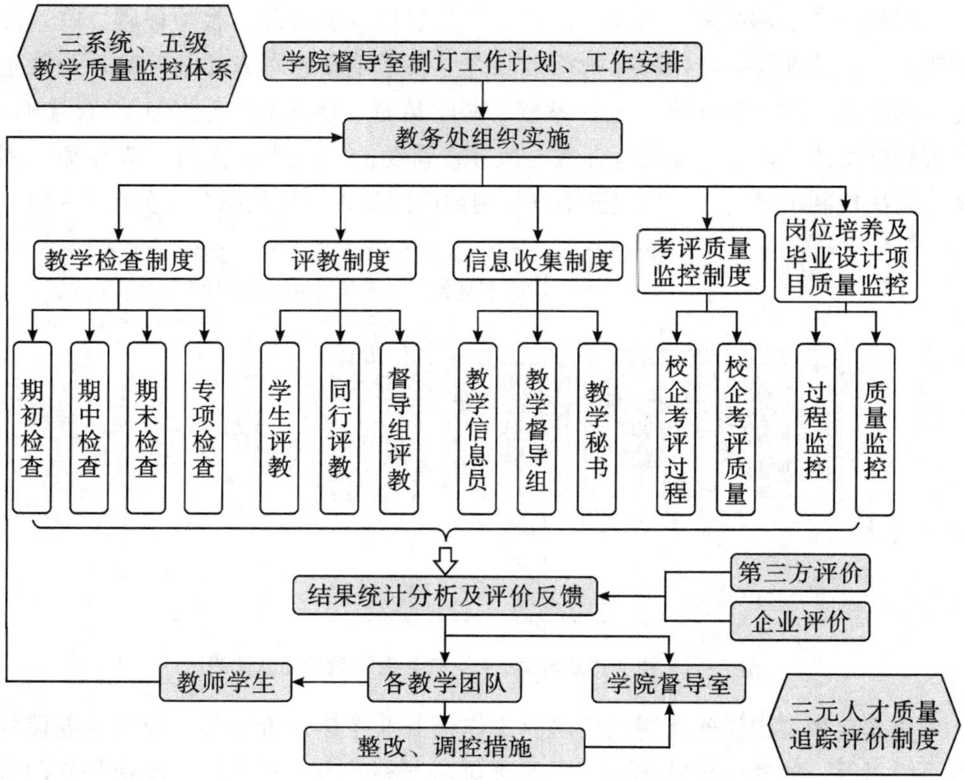

图 7 – 6　产业学院五级三系统质量管理体系

三、 基于现代学徒制的广建中天产业学院育人外部保障机制

（一）组织保障

为提升广建中天产业学院在产教融合、服务行业创新发展方面的能力，学校与企业共同成立理事会，实行院长负责制，内部人事、财务等相对独立，不断创新运行管理制度，通过构建现代化的治理结构，明确校企双方资源共建共享、利益合理分配、风险共同承担的治理规则，发挥双主体的优势与活力。中天华南建设投资集团有限公司利用资本、技术、设施、设备和管理等要素参与产业学院建设，广东建设职业技术学院利用人才、知识、管理等要素协同建设，双方共同在人才培养、技术创新、就业创业、社会服务、文化传承等方面开展深度合作。

（二）制度保障

校企双方共同签署合作办学协议，共同建立产业学院，并制定《广建中天产业学院章程》《广建中天产业学院招生招工暂行管理办法》《广建中天产业学院日常教学暂行管理办法》《广建中天产业学院学生管理暂行办法》《广建中天产业学院校企双导师管理暂行办法》《广建中天产业学院社会服务暂行办法》《广建中天产业学院财务管理暂行办法》等制度文件，规范产业学院日常业务管理。建立产业学院运行情况的监测、评估、督导等机制，加强日常运行的规范化、合法化管理。及时了解、掌握产业学院相关重点工作、任务和重大项目的完成情况和成效。定期召开反馈分析会议，对相关工作进行分析、研究及调整改进，确保相关工作平稳有序开展。建立产业学院激励约束机制，执行院长责任制；将指标任务落实情况与绩效工资、专项投入挂钩，鼓励先进，督促后进。

（三）资金保障

确保省财政生均拨款及学费收入足额投入到产业学院，确保产业学院日常运行费用。同时探索产业学院多渠道筹资路径，建立稳定的筹资渠道，不断深化产教融合，吸引行业企业以资金或实物等形式支持参与产业学院建设；开展多种形式的社会服务和科技成果转化，增加产业学院办学收入。

四、可能存在的问题及破解路径

（一）存在的问题

1. 产业学院对产业支撑力度不够

目前产业学院办学规模较小，开展招生的专业仅有建筑工程技术专业，每年招生规模也有限，主要用于满足中天华南建设投资集团有限公司的用人需要。因此，支撑建筑产业施工领域的力度还不强。

2. 产业学院校企深度融合还需强化

学校、企业两个办学主体由于各自运行管理体制不同，资产、设备、人员等隶属关系各成体系，难免出现资源分布不均衡，资源分散、稀缺、低效等问题，制约产业学院校企深度融合的实现。

（二）破解路径

1. 扩大行业企业面向，提升产业学院服务规模

发挥学校建筑类专业及专业群办学优势，统筹学校内部办学资源，全面对接中天华南建设投资集团有限公司建筑土建、设备安装、室内装饰等施工领域，

扩大招生专业与规模，提升办学效益及竞争力。同时进一步拓展2~3家广东省建筑业规模以上企业为服务对象，参照中天集团模式，在产业学院内部开设“一对一”的专门的专业、班级，形成面向建筑行业施工领域、具有一定规模的服务能力。

2. 朝着混合所有制方向持续推进产业学院管理机制创新

由于产业学院的产权结构、组织性质、价值取向和运行机制等方面具有混合性，必须打破现有混而不融的局面，推进产业学院混合所有制改革，彻底使产业学院真正实现独立、实体、高效运作，也才能使产业学院真正成为办学主体，从而发挥支撑产业发展的作用。

五、 结束语

广建中天产业学院以为建筑施工企业提供高素质技术技能人才为主要功能，自成立以来，以现代学徒制人才培养改革为抓手，在学院管理机制创新、专业标准研制、教学内容开发、“双导师”队伍建设、教学质量管理等方面开展了探索与实践，取得了一定的成效。但其仍然存在产教融合不深、支撑产业发展能力不足等问题，未来还需要扩大行业企业面向，提升产业学院服务规模，朝着混合所有制方向持续推进产业学院管理机制创新，才能真正使产业学院为产业创新发展提供有力支撑。

第三节 基于现代学徒制的开发区科学城产业学院育人实践

随着国家经济的迅速发展，企事业单位对劳动者能力和素质提出了更高要求。作为经济前沿的广东地区，劳动力结构性短缺更为突出，对实践动手能力强、综合素质高的技术技能型人才需求更为迫切，以学校为单一主体的职业教育已难以满足企业对紧缺人才的需求，产教融合、校企合作是高职教育人才培养的必由之路。2017年，党的十九大提出实施“产教融合、校企合作”，同年12月，国务院办公厅印发《关于深化产教融合的若干意见》（国办发〔2017〕95号），指出“鼓励企业依托或联合职业学校、高等学校设立产业学院”。产业学院建设成为促进产教融合的国家策略。为贯彻落实产教融合国家策略，推进现代产业学院建设工作，2020年，教育部办公厅、工业和信息化部办公厅下发了《关于印发现代产业学院建设指南的通知》，明确了现代产业学院建设原则。①

人才培养是高职院校的基本使命。产业学院人才培养模式是以学校为主，按照参与市场竞争的企业形式组建的具有产业功能和教学功能的现代企业，在真实企业环境中与学校联手实施人才培养的模式。② 近年来，加强产业学院建设，推动产业学院人才培养模式改革，成为广东高等教育特色发展的重要内容，也成为提升教育教学质量的重要抓手，彰显深度融合、功能复合、多元共建、贴近产业的广东产业学院建设特点。

针对高职院校普遍存在的学校人才培养与产业需求不相适应、实践教学组织困难、人才培养质量得不到企业认可等问题，广州科技贸易职业学院在政府主导和行业企业支持下，主动服务粤港澳大湾区及广州市经济发展技术创新、产业变革，融入广州市开发区光宝科技产业园区，按照“优势互补，互利共赢”的理念，与行业龙头企业、产业园区、高校、科研机构等多元主体合作，整合优质资源，建设了广州开发区科学城产业学院，依托教育部现代学徒制试点，大力开展现代学徒制人才培养改革，形成了“入园建院、课岗融合、育训一体”的产业学院现代学徒制育人模式，为区域经济发展精准培养高素质技术创新型人才，开启产教融合探索实践新途径。

一、 概述

现代学徒制是教育部提出的一项旨在深化产教融合、校企合作，完善校企合作育人机制，创新技术技能人才培养模式的重要举措，是在校企深度合作前提下，以学生技能培养为目标，以学校和企业“双主体”、以教师和企业师傅“双导师”、以企业和学校“双基地”育人为核心的人才培养模式改革。现代学徒制将传统师傅带徒弟的培训模式与现代高职教育相结合，将教育、培训和就业融为一体，实现行业、企业参与职业教育人才培养全过程，推动专业设置与产业需求对接，课程内容与职业标准对接，教学过程与生产过程对接，毕业证书与职业资格证书对接，职业教育与终身学习对接，从而提高人才培养质量。

广州科技贸易职业学院自2016年以来便积极探索现代学徒制，2018年获批

① 教育部办公厅、工业和信息化部办公厅.《关于印发现代产业学院建设指南（试行）》的通知（教高厅函〔2020〕16号）。

② 刘育峰. 产业学院背景下人才培养模式研究［J］. 成人教育. 2010，30（3）：56－57。

为教育部第三批现代学徒制试点单位。学校依托广州市教育局与广州市开发区共建“产教融合示范区”的契机，主动融入广州市开发区产业园区，开展“开发区科学城产业学院”建设。按照“将产业学院建在产业园区，将专业建在产业链上”的建设理念，校企共同创建了“教学与生产相协同、学生与员工相统一、基地与车间相一致、教师与工程师相补充、技术与创新相融合”的实践平台，以校企共同制订人才培养方案、共同开发课程标准、共同组建双师团队、共同搭建实践教学平台、共同创办技术创新平台，创立粤港澳大湾区现代产业学院联盟、创办“产业链、创新链、教育链、人才链”四链衔接论坛、创设系列专项课题、创新校企激励措施、创建临时党支部的“五共五创并举”措施为抓手，大力实施“两对接两访问三落实”（即各专业的专业标准对接行业标准，课程标准对接企业岗位标准，全方位访问开发区的企业及校友，落实对接企业、项目及双师团队），以学分制、现代学徒制“两制”为核心，以强化学生素质、创新创业、专业技能培育“三育”为目标，建设多元评价体系的“两制三育一体系”，形成“入园建院、课岗融合、育训一体”的现代学徒制人才培养模式，助力广州国家级产教融合型城市产业转型升级和创新发展。

二、 产业学院背景下现代学徒制育人实践

1. 创设“政校行企”多方治理结构，建立产业学院共赢机制

为了进一步增强现代学徒制人才培养的实效性，广州科技贸易职业学院依托广州市教育局与广州市开发区共建“产教融合示范区”，推进“政校行企”四方联动，主动融入开发区产业园区，开展“开发区科学城产业学院”建设，加强政府指导，行业企业学校的合作参与，加大现代学徒制的宣传力度，通过正面引导，扩大现代学徒制的影响力；遵循利益相关者理论，创建粤港澳大湾区现代产业学院职教联盟，厚植企业承担职业教育责任的社会环境，推动126家职业院校和行业企业形成命运共同体；构建由地方政府、产业园区管委会、支柱行业企业和高职院校相关利益群体共同参与的产业学院治理结构，建立了由产业园区人力资源经理、社会专家、企业工程师及学院教授等各方代表组成的理事会，建立健全从建设到运行有利于突出企业主体作用、发挥企业实践育人长处、激发企业能工巧匠内在动力、落实人才培养质量的制度体系，形成多方共赢的产教融合治理环境与治理能力，解除企业参与的后顾之忧；协同企业获得政府财政补贴和税收减免等方面优惠，让企业在现代学徒制培养中获得实实在在的实惠，促进行业、企业参与的积极性；实现学校与企业、专业建设与人

才需求、学生技能与企业岗位、产教供需双方的有效对接。

2. 课岗融合，育训一体，构建5S人才培养体系

产业行业最新技术标准、岗位需求、用人数量，是职业院校人才培养指南，这些都掌握在行业龙头企业中。要提高职业教育人才培养的适应性，就需要校企强强联合，实现人才供给侧与行业需求侧精准对接。学校依托产业园区雄厚的企业资源，大量招收杰赛科技有限公司、隆深机器人有限公司、光宝科技有限公司等企业员工，以及退役军人等生源学生进入电子信息工程技术、电气自动化技术等现代学徒制试点班学习。针对这类学生技能水平较高、动手能力较强的特点，学校现代学徒制试点专业与合作企业积极探索，基于企业主导现代学徒制"5S"的人才培养理念，建设"课岗融合，育训一体"人才培养模式。

产业学院发挥园区丰富的企业资源和环境优势，通过"两对两访三落实"筑基工程，把行业标准、职业资格证书、技能大赛、岗位培训、创新创业训练等融入教学，把企业岗位任务、生产案例、企业文化等融入课程，把岗位表现融入学习评价，把企业骨干融入教学团队，创新双师指导、工学交替的"课岗融合"在园在岗育人模式。"岗"是课程学习的标准，产业学院各专业将课程设置内容瞄准岗位需求，对接职业标准和工作过程，吸收行业发展的新知识、新技术、新工艺、新方法，将教材对接主流生产技术，校企合作共同开发，充分体现岗位技能、通用技术等内容，将教学方法对接企业培训方式，探索分工协作的模块化教学组织方式，完善以学习者为中心的专业和课程教学评价体系，通过"课岗融合"不断促进"课堂革命"，显著提高教学质量，推动人才培养契合产业发展要求。

为实现高职教育产教融合精准育人的目标，学校试点专业与合作企业积极探索，基于企业主导现代学徒制"5S"的人才培养理念，以"创立产业学院、创办四链衔接论坛、创设系列专项课题、创新校企激励措施、创建临时党支部"的"五创"并举措施为抓手，强化"双身份、双导师、双场地、学分改革、育训结合"培养，以项目为驱动，以成果为导向，工学交替，校企分5个阶段开展联合培养（基础知识储备阶段—项目分解阶段—项目操练阶段—项目交付阶段—孵化创新研发及创业阶段，见图7－7），逐步提升学生技术技能水平及创新创业能力。其中，第一、二阶段通过学校学习，掌握岗位需求的理论知识；第三、四、五阶段在企业真实场景下实施项目，让学生身临其境，掌握项目策划、跟踪检测等判断性思考和解决问题的能力，具备创造与革新精神、创业规划与设计的能力。

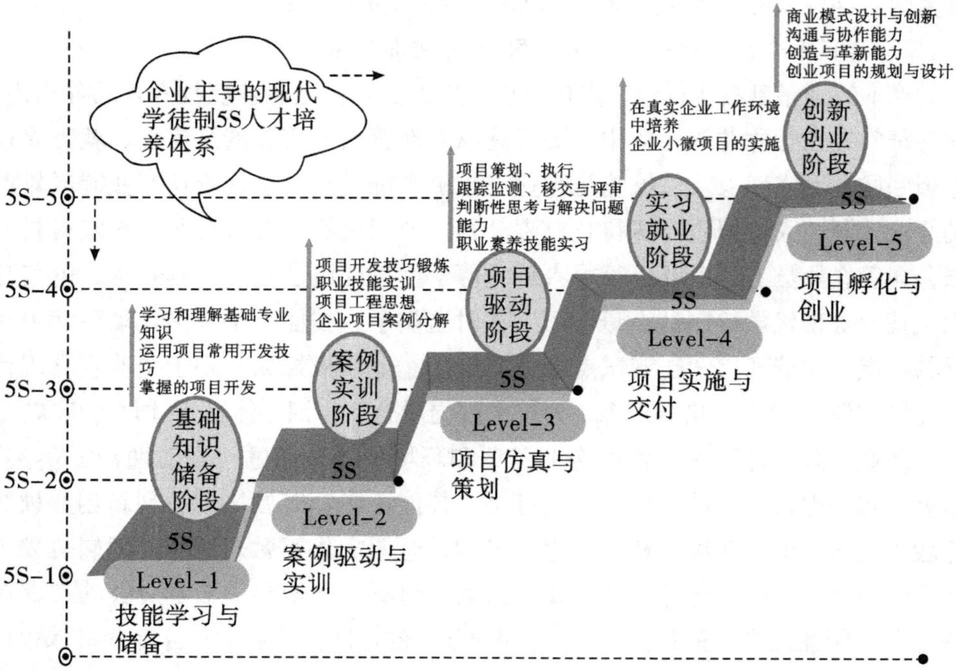

图 7-7　现代学徒制培养体系

3. 建立企业主导的课程改革，开发先进教学资源

试点专业建立企业主导的现代学徒制课程改革，强调“课岗融合”，以任务为对象，校企共商共管开课计划与教学内容，规范教学过程管理，以实现对学生能力的培养。教学项目的设计真实复现日常岗位研发过程，使学生在师傅（教师）的指导下参与处理项目的全过程，在此过程中学习工程知识、设计与开发解决方案、现代工具应用、个人与团队工作、项目管理与财务等内容，培养学生的职业岗位能力和技能，将必备的专业理论知识、行业标准融入工作任务，分组、分岗位实施教、学、做一体化教学，充分调动和激发学生的学习兴趣，从而提高学生的真实岗位技能。以电子信息工程技术专业为例，教学项目的案例均按照一线的真实研发过程进行设计；课程体系设计侧重应用实践，80%课时为实践课；采用“适应性”“集中式”“模块化”教学，提升学生的工程实践能力，培养学生在工程中解决复杂故障问题的能力。如基于研发过程导向的电子信息课程体系设计等（见图 7-8）。

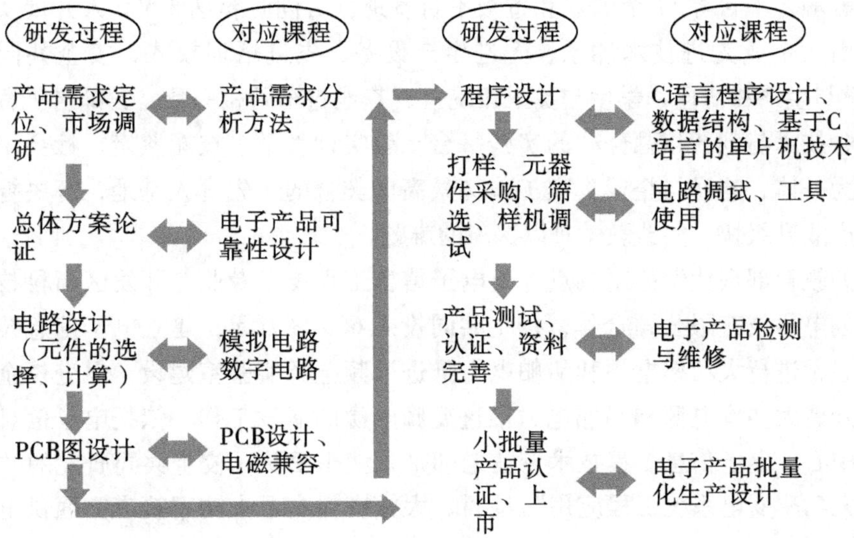

图 7－8　基于研发过程导向的电子信息课程体系设计

4. 完善现代学徒制技能标准，推进“1＋X”证书制度

构建现代学徒制技能标准应遵循现代教育理念，体现教育与行业、学校与企业、专业与职业、教学过程与生产过程有机对接的产教联动。学院依托产业学院中的行业企业，校行企协同构建学徒制框架，制定专业教学标准，用于界定教学内容、规范课程体系、指导专业建设、开展课程评价等，实现现代学徒制人才培养的标准化和规范化。构建过程中，基于专业定位，利用大数据技术对网络上的海量招聘数据进行挖掘、清洗及分析，并结合传统问卷调查及实地走访，把握最新的岗位人才需求及特征。采取“二维四步五解”职业能力分析方法，对合作企业培养目标岗位进行工作项目、工作任务、职业能力的逐步分解。最后，以职业生涯发展为导向明确专业定位，以典型工作任务为线索确定课程设置，以职业能力为依据组织课程内容，以工作任务为载体设计教学活动，确定人才培养方案。在专业核心课程中融入国际标准，使教学要求和专业认证与国际标准接轨，同时，与企业合作开展“1＋X”证书试点，将行业技术标准和职业资格标准的要求纳入专业教学考核中，规范学生职业能力培养要求。

5. 建设与企业真实工作场景高度契合的实训场室

学校依托产业学院建设，吸引光宝电子（广州）有限公司、广东创电科技有限公司等企业投入资金 4 000 多万元，场地 6 万平方米，建设教育部教师企业实践流动站、广东省智能控制工程技术研究中心、广东省协同创新中心、广东省产教融合平台等11个国家和省级平台基地，可同时容纳3 500人开展实践教学；引入企业先进技术体系、先进生产设备、先进培训模式，校企共同创建“教学与生产相协同、学生与员工相统一、基地与车间相一致、教师与工程师相补充、技术与创新相融合”的实践平台，融实训教学、技能鉴定、社会培训等功能为一体，建设与企业真实工作场景高度契合的领先育人基地，解决智能制造类产业升级快、实践教学难以保障的难题。

如教育部现代学徒制试点专业电子信息工程技术专业与开发区高科技企业广东创电科技有限公司合作，校企共同投入600多万元，建立电子信息技术工程中心，进行大功率电源和船舶电力推进变频电源实验室建设，促进校企联合共同开展大功率电源和船舶电力推进变频电源的研发工作。依托电子信息技术工程中心，电子信息工程技术专业老师带领博士团队，校企共同研发的“轨道交通大功率变电系统工程应用”项目，大幅度提高了大功率轨道交通供电系统的运行特性，2019年获得广东省科技进步一等奖。教育部现代学徒制试点专业电气自动化技术专业与产业学院中隆深机器人有限公司合作，校企共投入700多万元，建设广州科技贸易职业学院机器人工程技术中心，合作开发了工业机器人电气维护实训系统，工业机器人机械拆装仿真实训软件，为制造类企业提供智能制造咨询、升级改造方案、合作研发等服务，拓展针对教师、在校生或社会人员的职业培训，提升受训者的教学能力、研发能力及职业技能，尤其是实际操作能力。

6. 建立科学的教学管理文件及制度

（1）建立校企共同招生及考试管理制度。校企共同完善《现代学徒制自主招生章程》，制定《自主招生考务工作实施方案》《自主招生考务手册》《高职自主招生考试保密工作实施细则》《自主招生考试监考员守则》《自主招生考试面试考官守则》《监考员考务工作流程》《考场守则》《考生守则》《考务工作流程》《命题、抽签及阅卷流程》等管理制度，形成招生招工一体化运行机制。根据企业对专业理论知识、专业技术技能需求，及时修订《现代学徒制文化考试大纲》《专业理论考试大纲》《专业技能考核大纲》，细化招生命题、考试、录取流程，确保考试录取工作公平、公正、公开。

（2）建立校企人才培养一体化的教学管理文件及制度。校企双方联合成立现代学徒制试点专业教学指导委员会，校企双方联合制订试点专业人才培养方案，形成校企联合开展教学。比如，制定《现代学徒制校企合作项目管理办法》《学分制实施细则》《学分互换若干规定》《现代学徒制课程考核评价方法》《企业实践考核办法》《现代学徒制试点学生（学徒）赴企业见习管理办法》等相应的教学管理制度，完善多元化的育人机制。同时，形成校企联合开发课程、共建教材“双证”融通的运行机制。

7. 构建校企联合教学过程的 TPRF 质量保障体系

（1）建立专门组织机构，加强对人才培养的质量监控。学校专业负责人、行业协会的教育专家、合作企业专家组成三方专家委员会，共同制定并审核专业的教学标准，将岗位群所需的职业能力及岗位技能融入其中，形成企业主导现代学徒制的培养方案。育人过程由校企双方导师共同参与，校企双方提供满足人才培养的教学条件。学校教务处、质量监控办等教学质量管理监控机构，分别从教学管理、教学监控和学生管理三个方面进行教学管理、质量监控评价和信息处理反馈工作，以保证课程教学质量。校、行、企三方从学生掌握的知识技能和岗位业绩方面进行评价，齐抓共管，及时有效地对教学质量进行反馈，对企业主导的现代学徒制实施过程中的问题进行诊断与改进，定期检查、反馈，形成“TPRF”［目标（target）、过程（process）、结果（results）、反馈（feedback）］的质量监控与保障体系（见图 7－9）。

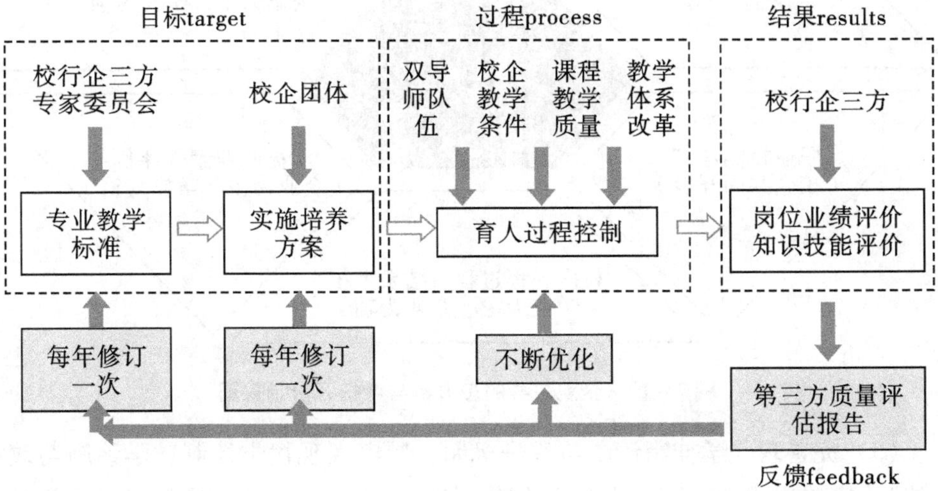

图 7－9　校企行三方共建的 TPRF 教学质量监控与保障体系

（2）建立企业主导的多方参与考核评价机制。创新考核评价和督查制度，建立基于工作岗位的考核评价标准，落实学校和合作企业的主体责任。按照学校学历教育和企业学徒的要求，构建全学程、双向介入的人才培养质量监控和评价体系，评价内容包含课程考核评价、学生能力、教学质量监控等。教学质量监控的措施是否得当，方法是否合理，以及反馈与评价结果的准确性，能检验专业人才培养方案的实施效果，也能推动和促进专业教师教学业务能力。学校导师承担专业理论课程，部分实践课程由企业导师承担，最终成绩由学校教师和企业导师共同评定，侧重考核学生的实践能力。纯企业实践技能课程，由企业导师承担并进行成绩评定，评定内容包括学员日常出勤情况、纪律情况、职业操守、团队协作精神、社会公德表现等方面，形成校企导师过程共管、成绩共评的评价体系。学校开发校企合作管理平台，学生每天登录记录工作日志，企业导师和学校导师可以随时查看，企业导师每周要对学徒评价一次，作为学徒的平时成绩。学校导师根据工作日志情况，随时同企业导师及学生保持沟通，对学生进行管理、监控、纠正，实现过程共管，并对培养过程中的问题及时处理（见图 7－10）。

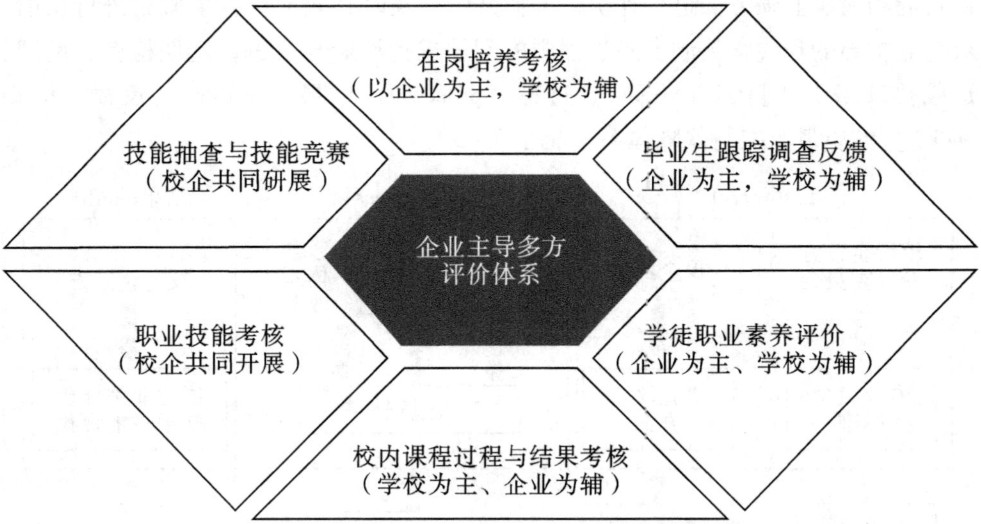

图 7－10　企业主导的多方参与考核评价示意图

（3）完善现代学徒制诊断与改进机制。制定《现代学徒制教学诊断与改进办法》，完善现代学徒制人才考核及学徒评价机制。在现代学徒制试点实施过程中，通过校企双方深度融合，共同完成任务实施，进一步改革相应的教学内容和合作形式，形成科学合理的教学质量评价标准和学徒考核办法，聚集行业焦点，引领社会对人才评价的变革，实现学校、企业、行业及社会的多元评价机制，推进现代学徒制教学建设及改革深入发展。

三、 现代产业学院建设背景下现代学徒制育人成效

依托开发区科学城产业学院丰厚的企业资源，学院电气自动化技术、电子信息工程技术、动漫制作技术等专业大力开展现代学徒制试点，师生们通过产业学院学习与实践，取得了较好的成效。近三年，学院通过现代学徒制试点，获得省级实训基地、省级工程中心、省级协同创新中心、省级专业领军人才、广州市南山创新奖、广州市职业教育金睿奖最佳合作企业等多项荣誉，现代学徒制试点电子信息工程专业与企业深度合作，解决了高端电源系统多项关键技术，获取了原创性的知识产权，实现了大规模产业化，成果年产值达到1.2亿元。以廖慧老师作为第二完成人，广州科技贸易职业学院作为第二完成单位的“轨道交通大功率高可靠供电系统的关键技术及工程应用”科技成果，经中国工程院院士牵头的专家鉴定，整体技术“国际先进”，部分关键技术“国际领先”，于2019年获得“广东省科技进步一等奖”，广州科技贸易职业学院也是唯一获此殊荣的高职院校。目前该技术已成功应用于北京、天津、香港、成都等城市的地铁供电系统，大大提升了专业服务产业发展的能力。现代学徒制试点专业近三年获省、市级以上技能竞赛奖项100余项，其中现代学徒制试点动漫制作技术专业与产业学院中的企业合作，连续承办了2019年、2020年的广东省职业院校学生专业技能大赛（高职组）低空无人机技能与应用赛项，并一举获得大赛的五项一等奖。广州科技贸易职业学院现代学徒制人才培养改革得到了国家发改委和社科院的肯定，国家发改委和社科院的有关领导组团到广州科技贸易职业学院开展调研及交流。同时，学院领导在广东省、广州市产教融合研讨会上进行案例宣讲，在全省、全国产生了较好的示范效果。

在产教融合的大背景下，学校依托产业学院建设，经过多年探索实践，研究现代学徒制人才培养模式创新改革，不断完善校企合作机制、双主体育人的人才培养模式、现代职业教育课程体系，实现学生和学徒身份、学业标准和学徒标准、学历文凭与职业证书等方面融合，建设完备的“双师”结构教学团队，建立了以成果为本的课程设计和质量评价体系，健全了学院的政策体系、政校行企的横向沟通机制、多元参与的质量评价体系、多元参与主体的利益分配机制，实现了校企精准对接、精准育人，提高了就业质量，为人才培养的质量提升奠定了坚实的基础。

第四节　基于现代学徒制的绿色建筑产业学院育人实践

广州城建职业学院具备深厚的建筑行业办学背景，并且具有民办高校可灵活投入的体制优势，同时发挥其作为教育部现代学徒制试点单位建设等有利条件，深入推进基于土建类专业现代学徒制的绿色建筑产业学院育人模式实践与探索，深化人才供给侧结构性改革，提升产教融合、校企合作水平，构建产教学研全方位全过程深融合的协同育人长效机制，促进人才培养供需双方的紧密对接，实现了学校与产业、学校与企业之间信息、人才、技术与物质资源的共享。

一、概述

建筑业是国民经济支柱产业，广东是建筑业大省，新型城镇化和城市现代化的快速发展进程为土建类人才培养提供了良好契机。但随着现代建筑业逐渐由“工地生产”向“车间制造”、“经验管理”向“信息管理”、“农民打工”向“产业工人”、“国内施工”向“海外扩展”四大转变，人才培养面临新挑战。

为了提高土建类专业人才培养质量，适应现代建筑业转型发展，学校组织开展了深入的调查研究，分析随着产业转型升级的加快和企业技术创新的迫切需求，高职技术技能人才在知识、能力和素质结构等方面培养的新特点、新要求，提出了通过构建产业学院实施现代学徒制人才培养解决常规教学过程中普遍存在的四大问题：一是实践教学组织困难。建筑施工现场由于存在巨大安全风险且受工期所限，难以成批组织学生开展长时间的现场实习，而传统建筑实习“一日游”效果非常有限，教学质量难以保障。二是课堂教学抽象枯燥。由于建筑工程多为“隐蔽工程”（建筑施工期间，将建筑材料或构配件埋于物体之中后被覆盖，外表看不见实物，如基础工程、钢筋工程等），导致学生在课堂学理论如听“讲座”、做实践如看“演示”，职业技能难提高。三是学生新技术适应能力不足。建筑业由劳动密集型向技术密集型转变，建筑业对绿色、节能、环保（如建筑装配化、建筑信息化）的技术要求越来越高，传统教学难以提高学生新技术技能的培养质量。四是专业教师缺少实践锻炼平台。在建筑业向“建筑产品数字化、建造模式工业化、经营理念服务化、市场形态平台化、行业治理现代化”转变升级的新时代背景下，教师实践能力提升与现代建筑业高质量发展不同步。

基于此，学校成立绿色建筑产业学院，组建校企理事会和专业共建委员会，搭建校企协同育人平台；基于区域开放共享理念，政、行、企、校协同研创了“现代建筑职业技能公共实训中心”育人载体，成立了具有独立法人资格的广东省精通城建职业培训学院，通过引导优质师资技术服务输出，学校投入场地、企业投入资金并以捐赠形式共同出资建立了覆盖设计、施工、管理全产业链的11个工作室。

绿色建筑产业学院以公共实训中心和各级各类工作室为育人载体，与合作企业签订《校企合作办学协议》，制定有关管理制度，联合成立中辰钢构、华阳国际等现代学徒制试点班，构建了“四合六共”的现代学徒制人才培养模式；在以师带徒、老带新的现代学徒制人才培养的基础上，拓展多种形式的岗位订单班、创业先锋班和行业精英班开展卓越技术技能人才培养改革，塑造工作室“红心+匠心+创新”的职业文化，基于“守红心、树匠心、重创新”理念构建了课程引导、环境熏陶、实践历练、自我塑造“四位一体”的工作室育人模式；形成集人才培养、教师培训、社会服务等功能于一体的现代绿色建筑产业学院。学校依托绿色建筑产业学院育人平台和优质资源，深化土建类专业群产教融合、校企合作，形成了面向土建类专业群“学训一体、研创融教”的技术技能人才培养模式。

二、 基于现代学徒制的绿色建筑产业学院育人内部运行机制

（一）产业学院育人平台与办学机制建设

1. 组建校企理事会，搭建协同育人平台

学校邀请中国建筑第二工程局、广州恒盛建设有限公司等国有大型施工企业，东方雨虹防水股份有限公司、深圳华阳建筑设计集团有限公司、广东中辰钢结构有限公司等大型民营企业（集团）和广州市建筑业联合会、广东省工程造价协会、广东省装饰行业协会等5A级行业协会参与组建校企合作理事会，下设专业教学指导委员会和实训就业指导委员会。在此基础上，进一步优化办学运行体制机制，依托建筑工程技术、工程造价、建筑设计3个省级品牌（重点）专业和东方雨虹防水股份有限公司、广东中辰钢结构有限公司等优质企业共建现代绿色建筑产业学院。

2. 成立实体机构，构建长效运维机制

现代绿色建筑产业学院以中央财政支持的建筑工程技术实训基地为基础，投资3 000多万元建设了广东省现代建筑职业技能公共实训中心，拓展职业培训

功能，发起成立了具有独立法人资格的广东省精通城建职业培训学院，取得人社部门的培训与鉴定资质，通过将公共实训中心资源进行（政行企校）协同化建设、区域化布局、规范化培养（训）、产业化经营、品牌化发展，实现教学科研团队与企业生产团队的深度融合，形成了教学质量提升和行业企业需求间的良性互动机制。以建筑工程技术、工程造价、建筑设计国家骨干、省级品牌（重点）专业建设项目为龙头，引领专业群建设方向，培养建筑行业产业转型升级和企业技术创新需要的高素质技术技能人才。同时向省内院校、企事业单位和科研院所提供资源共享、培训认证、设备租赁、承接项目、技术支持等服务，为建筑类相关专业学生提供仿真环境的实训条件，成为全省规模最大的土建类人才的培养（培训）基地。建成集人才培养、行业培训、职业技能鉴定和产学研技术服务“四位一体”的现代绿色建筑产业学院。

3. 强化协同创新，开展现代学徒制试点和中高本贯通培养

现代绿色建筑产业学院与合作企业签订《校企合作办学协议》，制定《现代学徒制试点班组建办法》，联合成立中辰钢构、华阳国际等现代学徒制试点班，明确校企双方的职责与分工，全面负责领导、统筹、协调现代学徒制试点推进工作，定期或不定期研究试点工作中存在的问题和困难，形成课程与岗位契合、学校教师与企业师傅配合、考试与考核融合、学历与证书结合的“四合并举”人才培养体系，以及政府引导、行业参与、社会支持下的企校学生共招、方案共定、过程共管、人才共育、风险共担、成果共享的“六共联动”运行机制。同时整合校企资源优势，围绕绿色建筑、软件工程领域新技术、新发展、新需求、新趋势，与本行业领域其他优质企业（行业协会）组建6个校企应用技术协同创新中心，获批建筑工程技术专业（群）国家级“双师型”教师培养培训基地、省级城市建设应用技术协同创新中心、省级建筑装饰设计技能大师工作室，进一步增强专业自主建设能力，拓展学徒培养有效途径。

4. 深化产教融合，建设全产业链工作室

现代绿色建筑产业学院依托学校60多年深厚的建筑行业办学背景，发挥民办高校投入灵活的体制优势，通过引导产业学院内部优质师资技术服务输出，学校投入场地、合作企业投入资金并以捐赠形式共同出资，按功能分层次建成3 000多平方米，覆盖建筑设计、施工、管理全产业链，土建类省内规模最大、全国有影响力的11个“教师、双师、名师、大师”工作室，组建多种模式的岗位订单班、现代学徒班、创业先锋班和行业精英班开展教学，通过师带徒、老带新的形式让学生边学边做，在调动学生学习兴趣的同时充分释放学生潜能，

将全面培养和重点培训相结合，挖掘学生闪光点。工作室既是教学平台，又是教师培训、社会服务的载体，校企共建、共管、共用、共享，提高校企协同育人的契合度。工作室还是教师实践能力提升的“加油站”，将BIM技术、装配式建筑、智能建造等新技术转化为教学项目、企业工作任务转化为工学结合课程，课程内容与行业标准对接、教学过程与工作过程对接，建设“两转换两对接”的“教练型”教学团队，从师德师风、教育教学、专业建设、科研服务等方面优化校企协同教师培养机制，土建类教师素质不断提高；教师通过案例分析、任务驱动和项目导向，将企业工作内容和管理标准融入教学，让学生全程参与工作室项目实战，对单项能力卓越的学生重点培养，使学生个性得到发展、自主创新能力不断提高。

（二）产业学院育人模式构建

1. 基于现代学徒制人才培养的“招生招工同步”育人模式

组建现代学徒制试点班，实现招生录取和试点合作企业用工一体化，引导合作企业参与广东城建职教集团建设，组建的绿色建筑产业学院搭建现代学徒制试点教学平台，促进教育链和产业链有机融合。实现“双计划”确定人才培养规格、“双资源”拓展人才培养空间、“双选派”保证人才培养师资、“双证书”提升人才培养质量（见图7－11）。

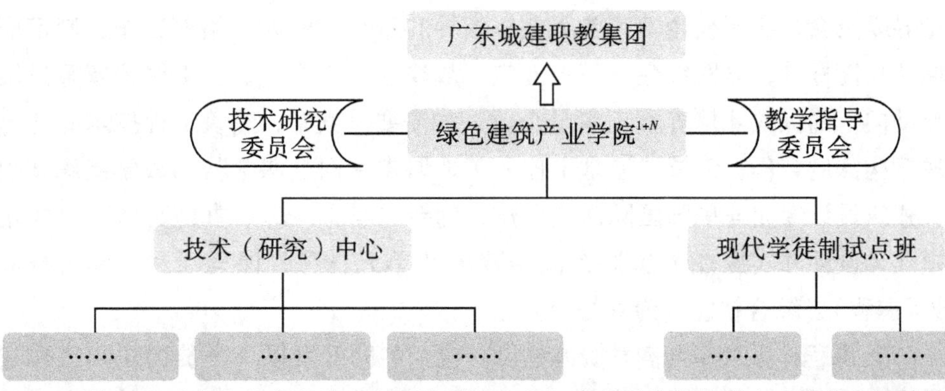

1+N：指一个试点专业联合若干个同类领域企业组建以现代学徒制人才培养和订单培养为主的产业学院，组成校企深度融合“项目共同体”，隶属“职教集团”统筹与管理。

图7－11　绿色建筑产业学院架构图

试点专业与对应合作企业采用“先招工再招生”模式，探索“招生招工同步”模式。同时，完善“招生即招工、入校即入企、校企联合培养”的现代学徒制相关制度，企业与学生签订“双协议”，明确学生具备在校生和企业员工的

"双身份"，按照"双主体"办学的要求，采用"双导师"团队交互训教的方式，实施联合培养，充分保障学徒合法权益，促使学生"在岗成才"（见图7－12）。

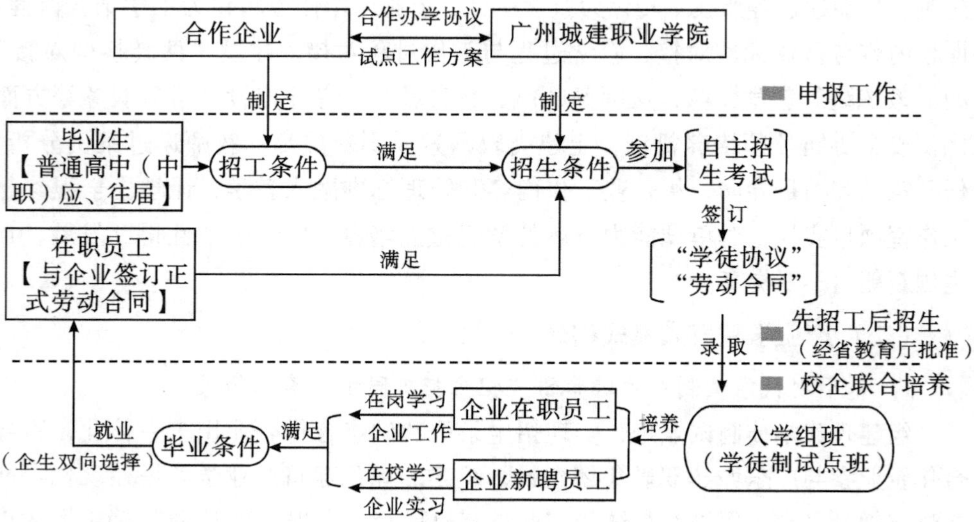

图7－12　现代学徒制招生招工一体化模式

（1）人才培养模式改革。在绿色建筑产业学院框架内成立的现代学徒制教学指导委员会，实行校企双带头人制，指导和审定专业人才培养方案，制定职业岗位技能标准，紧跟绿色建筑产业链、战略性新兴产业、新工科领域等发展最新动向，确保人才培养真正满足企业一线需要。其中，建筑工程技术专业与中辰钢构深度合作，创新"课堂工地＋工地课堂＋网上课堂"的教学组织新模式；建筑设计专业与华阳国际深度合作，创新"学训一体、真题真做"人才培养模式，设计并实施能力递进在岗培养的"单元任务、课程项目、单项技能（若干课程）、综合技能（专业综合）"。

（2）课程体系改革与教学资源建设。校企共同开发以（学徒岗位）工作过程为导向的课程体系，制定学校和企业两个"教学标准"，将行业领域国家（或国际化）技术规范和高新技术引入教学内容，校企完善工学结合的核心课程（每个专业5～7门）、工学结合系列讲义（每个专业不少于10门），加强教学文件、教学管理、课程素材、网络课程（多媒体课件）、工程案例、职业技能鉴定（试题库）等教学资源建设，利用学校"得实资源建设平台"，重点构建以虚拟工艺、虚拟实验为开发对象，以专业教学软件、典型工程案例、工程法规、电子教学资料为内容的共享型专业教学资源库，打造功能强大的信息共享和学徒自主学习平台。制定课程考核标准，提高人才培养质量（见图7－13）。

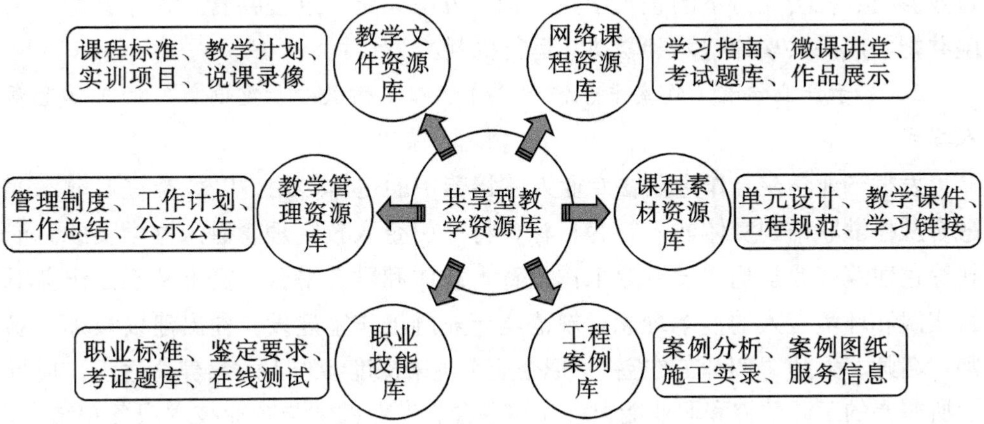

图7－13　共享型教学资源库建设情况

（3）学徒制教学组织模式改革。以适应职业岗位需求为导向，改革教学方法，加强实践教学，着力促进对学徒知识传授与生产实践的紧密衔接。通过实施学校专任教师与企业技术专家的“互兼互聘、产教结对”制，学生在校内理实一体课堂（实训室）和企业岗位（工作室）中完成学习任务，各专业招生模式不同，学习任务侧重不同。以实训室作为教学的重要阵地，采用项目导向、任务驱动和企业项目团队工作模式等方式，注重能力培养和技能训练，促进知识学习、技能实训、工作实践的融合，推动教、学、做的统一，实现学徒全面发展。

（4）企业实训基地（学徒工作室）建设。按照课程实训、职业培训、技能鉴定和技术服务“四位一体”的建设理念，遵循“学做合一”的教学理念，以学徒岗位需要完成的典型项目为载体，融入企业文化，完善企业实训基地（学徒工作室）建设。结合行业的人才需求和岗位要求，科学、合理提炼岗位核心技能，由行、企、校共同研究制定实习实训项目和岗位评价标准，编写具有鲜明职业特色的企业实训讲义。同时探索建立实习标准动态更新机制。

通过深化产教融合、校企合作，工学交替、实岗育人，进行现代学徒制人才培养模式改革，校企共同设计人才培养方案，明确各专业校内系统专业知识学习和技能训练的教学标准、考核标准，明确企业师傅带徒、依据培养方案进行岗位技能训练的培训标准和考核标准，校企联合开发课程和教材、设计实施教学培训、组织考核评价、开展教学研究等。形成了完善的课程与岗位契合、教师与师傅配合、考试与考核融合、学历与证书结合的“四合并举”人才培养体系，探索以现代学徒制培养为主要特征的专业学院体制创新，构建政府引导、行业参与、社会支持下的企校学生共招、方案共定、过程共管、人才共育、风险共担、成果共享的“六共联动”运行机制。

2. 基于产业学院工作室平台构建“守红心、树匠心、重创新”的工作室育人模式

发挥产业学院合作企业在专业人才培养中的主体作用，以“推进产教深度融合从松散联结到实体嵌入”为目标，将“引企入教”理念融入办学实践。依托绿色建筑产业学院建设专业工作室育人载体和融合平台，提出基于工作室项目实践和环境育人的基本理念。规范全产业链工作室建设，提出建设教师、双师、名师、大师“四师工作室”，把企业引进来深度参与人才培养全过程，把行业所需要的工匠精神和职业能力培养相融合、专业教学与企业技术服务相结合，通过工作室载体聚合产业校企优质师资和产教资源，将行业标准和企业项目反哺教学改革（见图 7－14）。

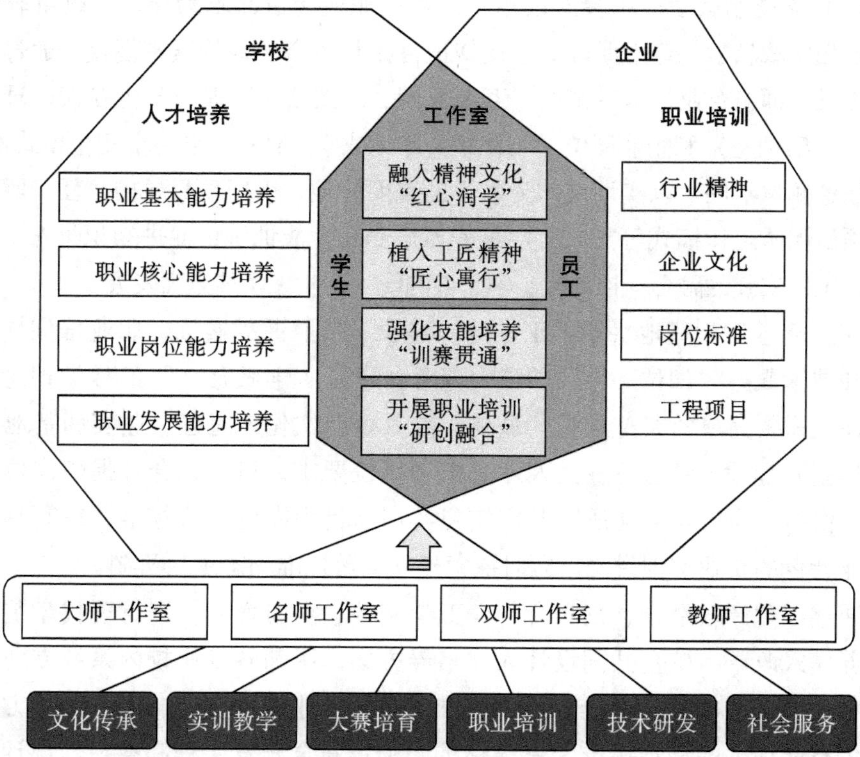

图 7－14　校企共建工作室育人载体功能定位

（1）大师工作室。立足建筑产业链技能绝活的有效传承创新，由有丰富企业工作经验和高超技能水平的高水平教师牵头，与省内大型知名建筑企业联合搭建集研发中心、育人中心、服务中心等于一体的工作室育人平台，开设“砼鼎精英班”“双创先锋班”“卓越英才班”等，共培养618名学生。

（2）名师工作室。坚持文化传承、能力培养的理念，由各级各类名师（荣誉获得者）牵头组建，将劳模精神、劳动精神、工匠精神和鲁班文化根植于专业、融合于课程，带领学生深入施工现场，与建筑企业联合研究新技术、新材料、新工艺，将装配式建筑技术、大跨度特种建筑等作为研究重点，以施工工法为切入口，用“红心”育“匠心”促“创新”，孕育建筑行业“匠才”和“将才”。

（3）双师工作室。以科技服务为核心，由具有较强企业一线工作能力的“双师型”教师和合作企业兼职教师联合牵头组建，带领学生结合行业企业需求开展专利研发、科技攻关、项目申报，通过工作室专题培训，老师带领学生获广东省土木建筑学会20余项科技成果，7项广东省土木建筑学会科学技术奖，获专利180余项，其中发明专利8项；获质量管理（QC）小组成果一等奖、全国优秀质量管理小组等，显著提升学生研创能力。

（4）教师工作室。主要通过“以赛促学”形式培养卓越技术技能人才，由有一定企业合作资源的专任教师牵头创建，培养500余名学生，其中获国家级奖励12项，10人成为省技术能手，获省技能大赛一等奖3项、二等奖9项。其中，BIM工作室承担教育部首批建筑信息模型（BIM）1+X等级证书培训，利用企业项目真题真做，参与全国首批考试的40名学生有39人获得证书，通过率达97.5%，排名全国第一，有效提高人才培养质量。

（5）倡导文化育人，塑造工作室“红心+匠心+创新”的职业文化。校企优化工作室文化育人环境，以发扬鲁班文化为核心，践行工匠精神、劳模精神为重点，营造浓厚的工作室学习氛围，借助党、建、团、学力量推动全员、全程、全方位育人，推动学生工作与专业教育高度融合。工作室将行业专业发展历程、精神文化、企业文化、实物载体有机融合，将企业场景引入专业、企业项目搬进课程、企业导师请进课堂，让学生在真实的工作场景中做事、做人、做项目、做工程，通过世界冠军、全国劳模、全国冠军、全国优秀教师、企业名师等课堂讲授、专题讲座、项目辅导，见微知著、潜移默化，产生名师效应，构建规范性、特色性和人文性相统一的工作室文化体系。

结合各工作室研究方向、服务领域和人才培养定位，成立工作室兴趣爱好组织（学习社团），搭建专业学习体验和交流平台，通过工作室推动专业社团建设，积极开展热点讨论、文化沙龙、项目实战交流等学生活动，让学生认同建筑行业的核心价值观，养成良好的专业习惯。

工作室通过名师、学生和校友榜样助力专业文化建设，不定期开办专业教育系列讲座、科研报告会、项目交底会、技能等级证书培训班，邀请优秀校友为学生的学业生涯规划、职业生涯发展建言献策，用榜样和校友力量引领学生精神成长，拓展知识视野。

（6）着力教学改革，构建了“四位一体”工作室育人模式。工作室以学生需求为出发点，结合新时期建筑业高质量转型发展对人才培养的要求和企业岗位群的需求，确定工作室人才培养目标定位，通过组建岗位订单班、创业先锋等多种形式的教学班级，校企合作建设若干模块化课程，引入企业真实工作任务（项目、案例）制定课程标准，充分运用多媒体教室、实训室和工作室三种育人环境，开展融课堂教学与项目实践于一体的工作室课程教学改革（见图7-15）。

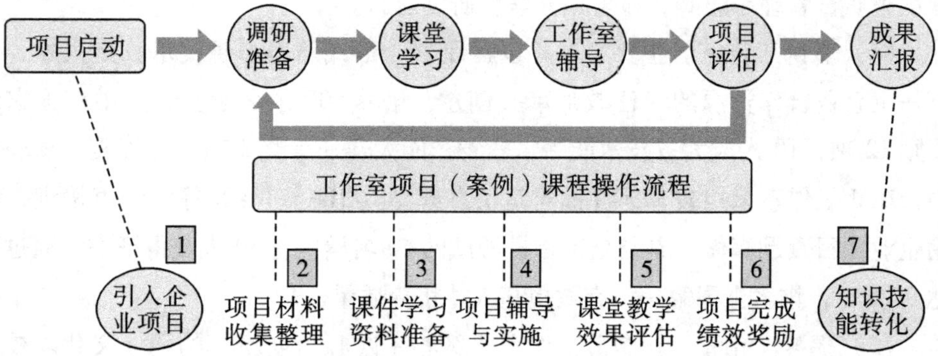

图7-15 课堂教学与项目实践一体的课程操作流程

使学生立足课堂，融入工作室，扎实提升专业技能，灵活切换学生和工作室学徒（员工）双角色，通过工作室项目带动、团队组建、名师辅导、专题培训、企业实践等环节，以师带徒、老带新的形式让学生边学边做，调动学生学习兴趣的同时充分释放学生潜能，将全面培养和重点培训相结合，构建了课程引导、环境熏陶、实践历练、自我塑造“四位一体”的工作室育人模式（见图7-16）。

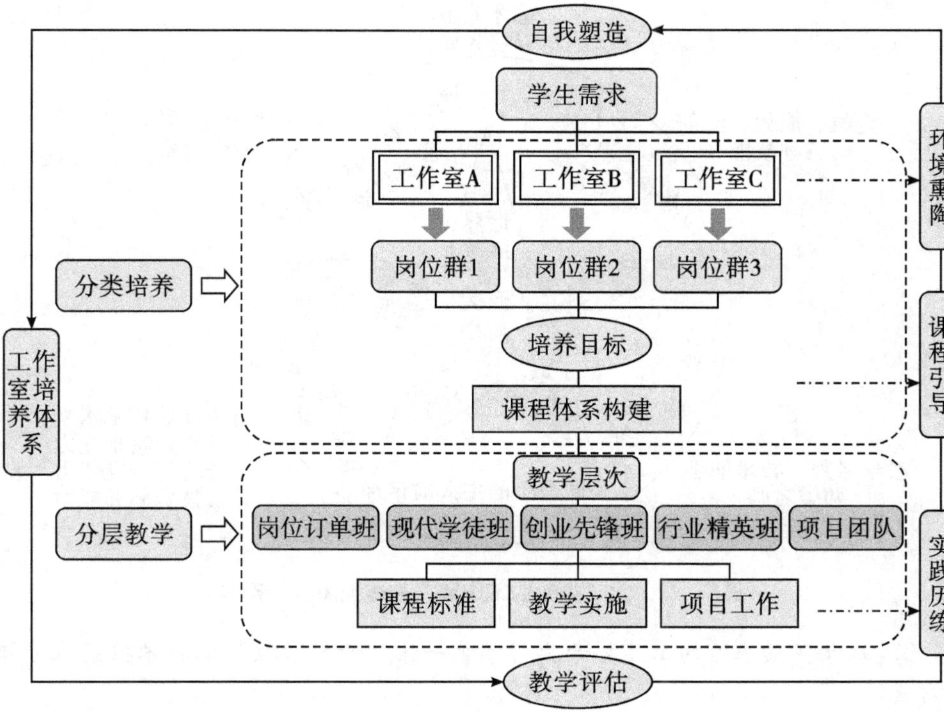

图7-16　“四位一体”的工作室育人模式

（7）提升教师能力，建设工作室“教练型”教师锻造平台。在工作室冠军教师、教学名师、技能大师和全国劳模引领下，提升团队整体专业技术水平、实践教学能力、应用研究能力和技术服务能力，将专业教学与企业技术服务相结合，让教师站稳讲台、坐稳工作室，兼顾教师和师傅两个身份，培育“教学名师、技术能手”两类名师，建设德才兼备、专兼结合的，拥有“能教、能做、能创”三种技能的土建类专业“教练型”教学团队，建筑工程技术和工程造价专业教学团队获评为省优秀教学团队（见图7-17）。

图 7－17　土建类专业工作室“教练型团队”建设

3. 基于实景基地的土建类专业“学训一体、研创融教”的技术技能人才培养模式

学院为全方位满足粤港澳大湾区现代建筑业高素质技术技能人才培养、行业企业相关从业人员素质提升的需要，按照“整体规划、合理布局、真实环境、先进实用、持续发展、互惠共赢”的建设原则，严格依据国家标准建设“现代建筑职业技能公共实训中心”实景基地。中心实训设备通过精心设计，联合企业研制，涵盖 6 种建筑结构类型、11 个工种实操岗位、9 个技术管理岗位的实景设施、模型、道具和工器具等，数量共计 1 132 个，实验实训耗材可反复使用，体现节能环保理念。中心建有安全教育、建筑质量、工种实训、综合项目、装配式建筑和校企合作等六大功能区，能满足 1 000 人同时实验实训，可以有效解决土建类专业实践教学组织困难问题（见图 7－18）。

（1）推行“五化”课堂教学新体系，形成“学训一体”育人模式。根据新时代“互联网＋教育”线上与线下融合、学习碎片化、发展个性化、过程深度交互、资源影视化、大数据等特点，结合土建类专业教学规律，针对建筑认知、课前学习、课堂教学、课后实践、课程考核等五个环节的教学痛点，构建了“模型化展示、信息化导学、项目化教学、个性化实训、智能化考核”五化课堂教学新体系，打造土建类专业“知识传授、能力提升”的“学训一体”的育人模式（见图 7－19）。

图 7－18　现代建筑职业技能公共实训中心

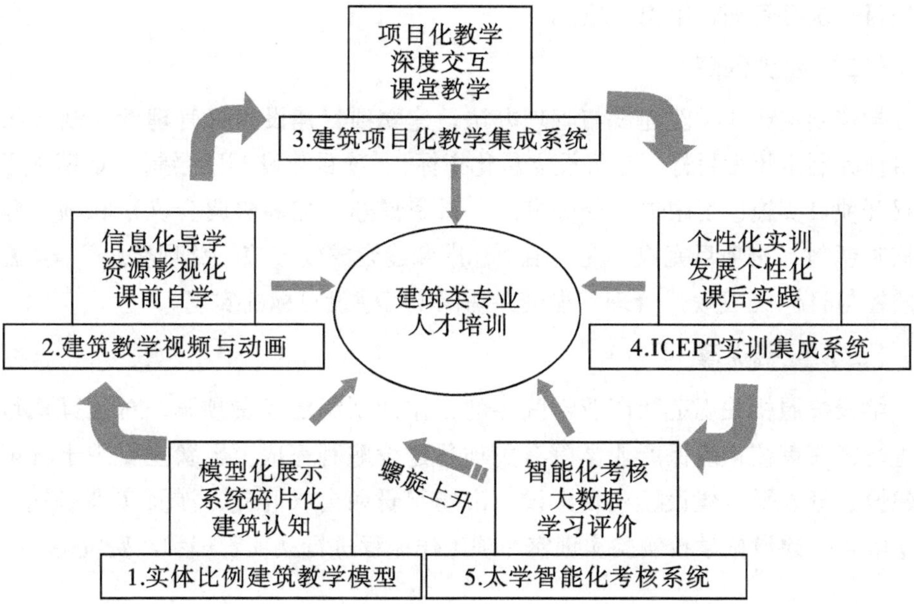

图 7－19　土建类专业人才培养“五化”模型

（2）深化“三型”人才，培养构建“研创贯穿”育人模式。产业学院具备建筑设计、施工、预决算、咨询服务等一条龙生产能力，教师带领学生依托园区内“工作室”和“教学公司”对接企业需求，从事小制作、小创造、小发明、小革新，推进生产性实践教学改革。同时，系统性推进人才培养，按照“校企合作培养型”“工作室培养型”“教学公司跟岗型”等形式开办富有特色的师徒结对式“岗位订单班”“职场精英班”“卓越英才班”和“双创先锋班”，强化职业技能和提升学生就业质量，多措并举实现复合型、创新型、发展型卓越技术技能人才培养。

三、 基于现代学徒制的绿色建筑产业学院育人外部保障机制

（一）组织保障

学校成立互补共赢的校企协同机制创新与平台建设领导小组，由分管副校长担任组长，二级学院和相关职能部门一把手担任成员，领导小组下设办公室，挂靠校企合作办公室，负责项目的顶层推动、统筹协调、经费投入等重大事项的决策。成立产业学院协同机制创新与平台建设工作小组，由校企合作办主任担任组长，二级学院分管副院长、相关职能部门副职和骨干担任成员，负责相关项目的统筹管理、组织实施。

（二）制度保障

学校制定产业学院建设与管理办法，建立项目建设目标管理责任制（根据项目任务制定年度目标，分解设立量化指标）、项目建设调度会制（定期和不定期召开项目实施进度跟进、分析讲评、指令督办、统筹协调会议）和项目建设考核奖惩制（按项目完成情况、结项标准和建设成效考核，兑现奖励），实施进度监控与目标（成效）管理，推进并确保项目建设目标的实现。

（三）经费保障

学校按照相关规定和产业学院年度工作计划制定经费预算，对预算执行情况进行督察审核，确保产业学院有关项目建设顺利完成。经费主要用于管理机制建设、育人平台建设、项目建设、市场调研和会议开支，涉及实训基地、工作室等条件建设按学校实验实训室专项工作流程进行立项管理和经费统筹。

第八章 产业学院育人的保障机制研究

第一节　产业学院育人的政策保障

《国家职业教育改革实施方案》明确“职业教育与普通教育是两种不同教育类型，具有同等重要地位”。职业教育具有职业性、技术性、社会性、终身性和全民性，其中职业性和技术性是本质属性，其他是派生属性。① 职业教育的职业性和技术性，要求职业教育跨界，实施多元主体办学，要求职业教育整合产业与教育链接的需求。② 产业学院是整合产业界和教育界资源，协同教育界学校和产业界企业、行业等多元主体合作育人的一种校企合作形式。相对于原有的引企入校、订单班等校企合作育人形式，产业学院是一种新事物，需要相应的政策制度支撑与保障。

一、 产业学院的功能： 产业学院政策需求的逻辑起点

产业学院是在“产教融合”大背景下提出的，目的是“培养适应和引领现代产业发展的高素质应用型、复合型、创新型人才”。产业学院要实现此育人目的，需要有效整合产业链和教育链的资源。因此，相对于传统校企合作形式，产业学院在以下方面的特性更为突出。

（一）产业与专业在产业学院中有效对接

在云物大智时代，产业发展已经不是“三十年河东、三十年河西”的状态，

① 和震．论现代职业教育的内涵与特征［J］．中国高教研究，2008（10）：65－67．

② 姜大源．跨界、整合和重构：职业教育作为类型教育的三大特征［J］．中国职业技术教育，2019（7）：9－12．

而是“三年河东、三年河西，甚至三个月河东、三个月河西”的迅猛变化时代。在这种经济产业新常态下，职业院校的专业设置与建设方向，要紧跟区域产业当前需要和未来发展趋势，并实现有效对接，就需要打破产教壁垒，构建产业学院，促使产业方面的主流技术、前沿技术、主流设备、前沿设备、技术能手、产业信息能及时进入职业院校人才培养领域，即进入职业院校人才培养基本单元—专业—设置与建设之中。

（二）教师与师傅在产业学院中有效对接

职业学校课堂上的教师和企业中在一线工作的师傅要有效对接。这种对接不是简单的经验交流，而是要实现教师对一线工作师傅所在岗位应当具备的知识、技能和素质的全面了解与掌握，实现一线工作师傅对职业院校适用于职业院校学生学情和教学方法的了解与掌握，在此基础上实现双主体育人的教师队伍在知识、能力和素质方面的有效融合。这需要打破教师与师傅合作的心理和制度上的壁垒。

（三）学生与学员角色在产业学院中有效融合

职业教育以就业为导向，学生要掌握产业发展的主流技术和前沿技术，以应对产业基础高级化、产业链现代化的变化需要，学生仅在学校期末考试表现出成绩好是远远不够的，而是要有产业一线的工作经历，才能真正理解并掌握产业岗位对知识、技术与素质的要求，学校才能培养出既能适应当前产业需要，又能应对未来产业变化的高素质技术技能人才。这就需要为学生进入产业一线提供条件和保障。

（四）教学内容与生产内容在产业学院中有效融合

专业课程体系的设置，教学内容安排要及时吸收和反映生产内容，就需要教学内容的设计和实施要能紧跟产业发展的步伐，同设计、同实施、同考核。要做到这一点，必须建立起校企协同制定、修订课程标准和授课机制。

二、 主体动力分析： 产业学院政策的主要关注点

“需求产生动力”，需求“是指在一定时期内，在某一个价格水平下消费者对市场上的某种商品或劳务有支付能力的需要”①。社会政策关注人们的基本需求，“这种需求的满足不应受其支付能力的限制，如果本人无法满足，则应获得

① 高鸿业．西方经济学：微观部分［M］．5版．北京：中国人民大学出版社，2012：21.

社会的帮助"①。产业学院建设的动力来自各参与主体的动力。基于经济学视角，从学校、企业和政府三个维度（见图8-1）对产业学院政策进行需求分析。

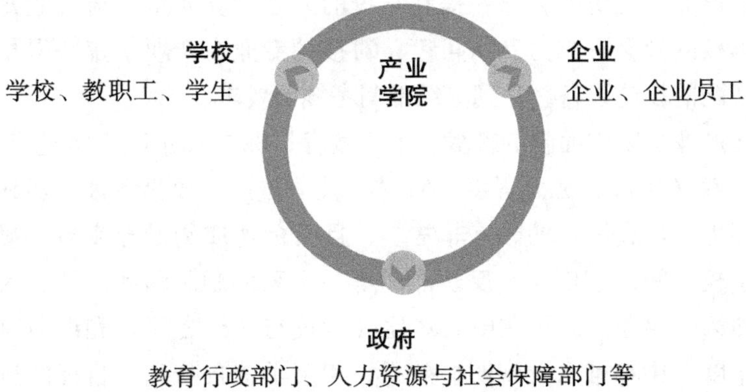

图8-1 产业学院主要利益相关主体

(一) 学校层面：内部利益相关者群体的反映

学校作为一个公益性组织，其"教育活动必须符合国家和社会公共利益""任何组织和个人不得以营利为目的举办学校及其他教育机构"。② 但是学校作为一个由人组成的组织，人本身的利益与需求，必然反映到组织利益需求之中。学校主要由三类群体组成：一是以书记和校长为代表的校级管理者群体，这一类群体主要从学校整体出发思考问题和采取行动，以"学校"形式展现；二是以教师为代表的教职工群体③，不同专业和不同类型的教师对产业学院诉求会有细微的区别，在此不作细分，作一个类型对待；三是学生群体，社会生涯、高考生源、中职生源等对于产业学院需求会有差异，在此也不作细分，也作为一个类型对待。这三个群体在人才培养和办好学校等整体利益方面是一致的，但是也有群体个性化利益诉求，在产业学院建设中需要关注和重视。

1. 学校：以教育目标为主，权衡投入与产出，以及避免法律法规风险

根据《教育法》第32条，学校具有法人资格，"学校及其他教育机构在民事活动中依法享有民事权利，承担民事责任"，"学校及其他教育机构兴办的校

① 关信平. 社会政策概论［M］. 北京：高等教育出版社，2004：78.

② 黄欣，吴遵民. 新编教育法教程［M］. 上海：华东师范大学出版社，2004.

③ 于文明. 中国公立高校多元利益主体的生成与协调研究：构建现代大学制度的新视角［M］. 北京：高等教育出版社，2008：35.

办产业独立承担民事责任”。学校有教育目标和自身利益目标，作为公益性组织，学校人才培养的教育目标要高于利益目标。

学校在产业学院中的诉求：提高学校的人才培养质量；与行业龙头企业合作，提高学校的社会影响力和认可度；对接的专业在产业学院获得相关的产业信息、相匹配的设施设备，达到上级部门考核的要求。

学校在产业学院中面临的挑战：由于教育目标中人才培养质量与目标达成，受到各种因素（生源、努力程度、教材、教学方法、教学条件、实践条件、教师水平与能力、家庭等）的影响非常多，且目标达成测量充满着不确定性，以及学校与学校之间区别度小，反映滞后等一系列问题。因此，虽然人才培养是职业学校的第一要务，但是在横向对比（学校与学校之间）和纵向对比（学校发展不同年度）中都难以看到明显效果，相反学校自身利益目标的测量与感受容易测算，学校作为具有民事权利与责任的法人，会进行成本与收益计算，当产业学院投入大于收益时，学校举办产业学院的动力会逐步减弱，会寻找可替换的其他校企合作方式，或者改变产业学院运作模式。具体来说，在投入成本方面，学校对产业学院有资金投入、实物投入、人员投入、知识产权投入等；在风险方面，虽然学校“对举办者提供的财产、国家财政性资助、受捐赠财产依法自主管理和使用”的权利，但是这种权利行使的前提是依法，而相应的法律并不健全，稍有不慎就可能陷入违背法律法规的风险。

2. 教职工群体：以人才培养为目标，会考虑利益得失

根据《教师法》第 17 条“学校和其他教育机构应当逐步实行教师聘任制。教师的聘任应当遵循双方地位平等的原则，由学校和教师签订聘任合同，明确规定双方的权利、义务和责任”。教职工群体包括与高校建立聘任合同的教师、职员和工人，他们与学校的关系虽然存在着差异，但是作为一个群体共性的一面大于个性面，本研究中作一个利益主体分析。

教职工在产业学院中的利益诉求包括：在产业学院的服务活动，对自身专业成长和职业发展有利；有利于通过产业学院获得实践锻炼机会；通过产业学院提升自己培养学生的质量；不因产业学院而导致个人收入的减少和利益受损。

产业学院给教师带来的挑战，包括可能存在的利益冲突点：一是工作量减少，面临完成教学任务的挑战。学生的部分学习原本是在校内完成，一旦转移到产业学院，由产业学院当中的企业师傅承担，可能导致校内教师教学工作量不足和个人收入的减少。二是教师服务能力提升的挑战。教师进入产业学院，

对教师的能力和素质提出了更高的要求，如需要既能面向学历生培养，又要能面向企业员工培训，给教师带来压力。

3. 学生群体：以自身成长为依托，关注个性需求

《中华人民共和国高等教育法》第54条规定："高等学校的学生应当按照国家规定缴纳学费"，意味着学生及其家庭分担了高等职业教育的成本。其有自身诉求的表达权。

学生在产业学院中的诉求：为了能达到设定的高质素技术技能人才培养的目标，希望从产业学院中获得优质职业教育资源。具体来说，是从产业学院获得主流和前沿的实践设备设施的使用，获得一线技术人员指导的机会，获得实习或者工作岗位的机会，获得从学生到学员再到职业人的锻炼平台。

产业学院给学生带来的挑战：学生如果在产业学院没得到保障，可能变相成为廉价劳动力、低层次重复劳动者、被外放无人管理的"羊"等等。一部分社会生源学生进入职业学校的目的是提高理论素养，因为已经具备相应的技能，产业学院的方式对于他们没有吸引力。

（二）企业层面：产生不低于投入的回报

企业作为经济组织，以盈利为目的。在活动中运用自主经营、自负盈亏、独立核算的方式。企业的性质决定了出于生存需要，经济利益是摆在第一位的，因此，企业参与产业学院会先进行成本与效益核算，对于"从劳动力市场获取现成的劳动力好，还是与学校合作培养人才好""是从市场购买服务需求好，还是与学校合作开发好"，一般会进行权衡。

1. 企业

企业在产业学院的诉求：从产业学院获得的劳动力比从劳动力市场直接获得的劳动力更符合企业需求，从产业学院获得的技术比自主开发的更有效，员工在产业学院中素质与能力进一步提高，获得参与社会建设的良好声誉。

企业在产业学院的挑战：投入的成本高于产出效果，没有获得社会的认可。

2. 企业员工

企业员工在产业学院的诉求：在产业学院工作的企业员工获得的待遇不低于在企业的待遇，在产业学院提高了自己的能力，在产业学院扩展了社会资源。

企业员工在产业学院的挑战：在产业学院工作的各类成本高于在企业，并且收入没有增长甚至下降；工作难度大，难以适应；等等。

（三）政府层面：区域经济社会发展人力支持

政府是公立高职院校的举办者，是国家利益和社会利益的代表。

政府对产业学院的诉求：一是通过产业学院职业教育为经济社会特别是产业发展培养高素质技术技能人才；二是通过产业学院更好地推动技术创新；三是通过产业学院为产业升级和经济服务。

政府职能部门的诉求：政府是一个整体，但各职能部门由于各职能的不同、服务对象的差别，自身绩效考核也存在差异。

区域政府面临的困境：如何打破政府部门内部壁垒，有效衔接产业链主体和教育链主体，促进企业与职业学校共建产业学院。

三、政策现状分析：产业学院政策优化的基础

产业学院是校企合作的一种方式，因此对于产业学院的政策分析，不能仅作针对产业学院政策的孤立分析，而是根据产业学院发展的需求对现有产教融合和校企合作进行分析。

（一）现有政策

我国职业教育相关的校企合作政策，自国家职业教育开展以来就有并伴随着职业教育的发展不断完善。近年来，国家和地方出台了相关的政策。

1．与产业学院相关的全国性产教融合、校企合作政策有序推进

（1）《关于深化产教融合的若干意见》（国办发〔2017〕95号）出台。针对“受体制机制等多种因素影响，人才培养供给侧和产业需求侧在结构、质量、水平上还不能完全适应，‘两张皮’问题仍然存在”的现象，国务院办公厅出台了《关于深化产教融合的若干意见》。该文件对包括产业学院在内的产教融合机制与平台建设进行了顶层设计，目的是“深化产教融合，促进教育链、人才链与产业链、创新链有机衔接”，并特别提出“鼓励企业依托或联合职业学校、高等学校设立产业学院和企业工作室、实验室、创新基地、实践基地”。文件要求在推进产教融合中要强化企业重要主体作用；要推进产教融合人才培养改革；要促进产教供需双向对接。

鼓励各主体参与产教融合、校企合作，并明确提出了一些具体措施。一是优化政府投入，优化完善拨款机制。二是鼓励学校和教职工参加校企合作。“科研人员依法取得的科技成果转化奖励收入不纳入绩效工资，不纳入单位工资总额基数”。三是鼓励社会主体的参与，要求各级财政、税务部门落实结构性减税政策，推进降成本、补短板；落实社会力量举办教育有关财税政策；产教融合建设用地，按科教用地管理；等等。四是强化金融支持，鼓励金融机构开发和

支持产教融合项目。利用国内外金融组织，积极支持符合条件的产教融合项目建设。积极支持企业加大产教融合实训基地项目投资。五是对学生实习的保险制度，要求学生实习责任保险和人身意外伤害保险，鼓励保险公司对现代学徒制、企业新型学徒制保险专门确定费率。六是开展产教融合建设试点。

《关于深化产教融合的若干意见》虽然不是产业学院专项政策，但是为产业学院的建设与推广提供了全国层面政策的支撑。由于是国务院办公厅文件，因此对教育行政部门之外的政府职能部门的约束力也比较强，同时也为地方出台相关的政策提供了参考。

（2）教育部等六部门印发《职业学校校企合作促进办法》（教职成〔2018〕1 号）。教育部、国家发展改革委、工业和信息化部、财政部、人力资源社会保障部、国家税务总局出台《职业学校校企合作促进办法》，包括总则、合作形式、促进措施、监督检查和附则等 5 章 34 条，明确了校企合作是指职业学校和企业通过共同育人、合作研究、共建机构、共享资源等方式实施的合作活动，并对参与校企合作各方主体做了规定（见表 8－1）。该办法是职业教育领域产教融合的具体化，对于职业院校校企合作的推进有很强的指导作用。

表 8－1　《职业学校校企合作促进办法》中对各方主体的相关规定

主体		具体要求
政府	区域政府	①将校企合作、人才培养纳入产业发展等规划； ②加强对校企合作的指导、支持和服务； ③各地通过政府和社会资本合作、购买服务等形式支持校企合作
	教育、人力资源社会保障部	①会同有关部门，建立产教融合信息服务平台； ②指导、协助职业学校与相关企业建立合作关系； ③采取措施，促进职业学校与企业人才的合理流动、有效配置
	教育行政部门	①把校企合作作为衡量职业学校办学水平的基本指标，在院校设置、专业审批、招生计划、教学评价、教师配备、项目支持、学校评价、人员考核等方面提出相应要求； ②对校企合作设置的适应就业市场需求的新专业，应当予以支持； ③应当鼓励和支持职业学校与企业合作开设专业，制定专业标准、培养方案

续上表

主体		具体要求
职业学校	职业学校	①应当吸纳合作关系紧密、稳定的企业代表加入理事会（董事会），参与学校重大事项的审议； ②职业学校设置专业，制定培养方案、课程标准等，应当充分听取合作企业的意见； ③鼓励职业学校通过场地、设备租赁等方式与企业共建生产型实训基地，并按规定给予相应的政策优惠； ④鼓励职业学校与企业合作开展学徒制培养
	教师	①职业学校应当将参与校企合作作为教师业绩考核的内容，具有相关企业或生产经营管理一线工作经历的专业教师在评聘和晋升职务（职称）、评优表彰等方面，同等条件下优先对待； ②经所在学校或企业同意，职业学校教师和管理人员、企业经营管理和技术人员根据合作协议，分别到企业、职业学校兼职的，可根据有关规定和双方约定确定薪酬； ③职业学校及教师、学生拥有知识产权的技术开发、产品设计等成果，可依法依规在企业作价入股。职业学校和企业对合作开发的专利及产品，根据双方协议，享有使用、处置和收益管理的自主权
	学生	①职业学校与企业就学生参加跟岗实习、顶岗实习和学徒培养达成合作协议的，应当签订学校、企业、学生三方协议，并明确学校与企业在保障学生合法权益方面的责任。 ②企业应当依法依规保障顶岗实习学生或者学徒的基本劳动权益，并按照有关规定及时足额支付报酬。任何单位和个人不得克扣。 ③推动建立学生实习强制保险制度。职业学校和实习单位应根据有关规定，为实习学生投保实习责任保险。 ④职业学校、企业应当在协议中约定为实习学生投保实习责任保险的义务与责任，健全学生权益保障和风险分担机制

续上表

<table>
<tr><th colspan="2">主体</th><th>具体要求</th></tr>
<tr><td rowspan="3">行业企业</td><td>企业</td><td>①因接收学生实习所实际发生的与取得收入有关的合理支出，以及企业发生的职工教育经费支出，依法在计算应纳税所得额时扣除。
②对校企合作成效显著的企业，可以按规定给予相应的优惠政策</td></tr>
<tr><td>企业师傅（企业参与人）</td><td>①职业学校可在教职工总额中安排一定比例或者通过流动岗位等形式，用于面向社会和企业聘用经营管理人员、专业技术人员、高技能人才等担任兼职教师。
②开展校企合作企业中的经营管理人员、专业技术人员、高技能人才，具备职业学校相应岗位任职条件，经过职业学校认定和聘任，可担任专兼职教师，并享受相关待遇。上述企业人员在校企合作中取得的教育教学成果，可视同相应的技术或科研成果，按规定予以奖励</td></tr>
<tr><td>行业主管部门和行业组织</td><td>应当充分发挥作用，根据行业特点和发展需要，组织和指导企业提出校企合作意向或者规划，参与校企合作绩效评价，并提供相应支持和服务，推进校企合作</td></tr>
</table>

该办法的出台为产业学院各方协同育人提供了政策指引，有利于规范各主体在产业学院中的角色和行为方式，也为区域相关政策的出台提供了范本。

（3）2019 年 3 月，国家发展改革委、教育部印发《建设产教融合型企业实施办法（试行）》。该办法明确了产教融合型企业的定位，即产教融合型企业是指深度参与产教融合、校企合作，在职业院校、高等学校办学和深化改革中发挥重要主体作用，行为规范、成效显著，创造较大社会价值，对提升技术技能人才培养质量，增强吸引力和竞争力，具有较强带动引领示范效应的企业。二是清晰了产教融合型企业的培育条件。其中，“通过企业大学等形式，面向社会开展技术技能培训服务”则被作为产教融合型企业认定的重要条件之一。《建设产教融合型企业实施办法（试行）》的出台，极大地激发了企业参与职业教育办学、技术技能人才培养的热情，校企共建产业学院则成为企业参与职业教育办学、建设产教融合型企业的重要方式。

（4）专项建设指南为产业学院的建设提供了借鉴。2020 年 8 月，教育部办公厅、工业和信息化部办公厅联合推出《现代产业学院建设指南（试行）》的通知（教高厅函〔2020〕16号）。该指南主要面向普通本科高校，重点是应用型高校，对于职业院校有借鉴作用。该指南明确，“打造一批融人才培养、科学研究、技术创新、企业服务、学生创业等功能于一体的”产业学院（示范性人才培养实体）；提出了产业学院的建设任务：创新人才培养模式、提升专业建设质量、开发校企合作课程、打造实习实训基地、建设高水平教师队伍、搭建产学研服务平台、完善管理体制机制。同时，该指南还对于“现代产业学院”的立项程序进行了界定。

（5）2021年10月12日，中共中央办公厅、国务院办公厅印发《关于推动现代职业教育高质量发展的意见》。该意见提出，推动校企共建共管产业学院、企业学院，延伸职业学校办学空间。《关于推动现代职业教育高质量发展的意见》的出台，极大地促进了校企共建产业学院的热情，为产业学院在全国的发展提供了强大的政策支持。

2. 与产业学院相关的区域性产教融合、校企合作政策逐步推出

（1）各省、自治区、直辖市政府办公厅，结合自己区域发展需要，陆续出台了落实《关于推动现代职业教育高质量发展的意见》的省域政策，如浙江省、陕西省、广东省、重庆市等相继出台“深化产教融合的实施意见”。其中，《广东省人民政府办公厅关于深化产教融合的实施意见》第十二条规定，涉及广东省构建教育和产业统筹融合发展格局、推动学科专业与产业需求精准对接、推进产教协同育人、发挥企业的重要主体作用、推进产教协同创新、加强平台载体建设、推动粤港澳大湾区产教融合发展、开展产教融合建设试点等。在文件中明确要“出台支持产业学院建设的政策措施，根据行业产业需求整合相关学科专业，组建跨学科、跨专业的产业学院”，同时明确了46条重点任务并进行了任务分工。2021年，广东省又发布了《广东省产教融合建设试点实施方案》，对产教融合建设提出了更具体的要求和措施。该方案提出，支持广州、深圳等市建设国家产教融合型城市，组织开展省级试点。到2025年，分批次布局建设15个左右省级产教融合型城市，其中地级市5个左右，县（市、区）10个左右；建设培育30个以上在全国有一定示范带动作用、特色鲜明的产教融合型行业，其中制造业相关行业20个以上，现代农业、现代服务业相关行业10个以上；建设培育1 000家以上的产教融合型企业；重点打造200个以上产教融合创新平台和实训基地。在国家和省级政策的基础上，一些地级市也探索出台了产教融合方面的政策，如宁波市等。

（2）对于《职业学校校企合作促进办法》在省级的落实，各区域有两种方

式。一种是以省教育厅联合六部门发文。如安徽省、山东省、湖南省、河北省、江苏省等。其内容以及涉及的主体与国家层面的文件相近。其中《湖南省职业学校校企合作促进办法》对于企业鼓励方面比较具体，并具可操作性，如文件的第二十五条。其对税收的规定很具体："对职业学校自办的、以服务学生实习实训为主要目的的企业或经营活动，按照国家有关规定给予税收等优惠。通过公益性社会团体或者县级以上人民政府有关部门向职业学校进行捐赠的，其捐赠按照现行税收法律规定在税前扣除。企业因接收学生实习所实际发生的与取得收入有关的合理支出，依法在计算应纳税所得额时扣除。企业为在本企业实习实训的学生支付的劳动报酬，以及根据校企协议由企业依照国家有关规定为实习实训学生购买的特殊工种职工人身安全保险费等费用，依法在计算应纳税所得额时扣除。企校合作共同开发新产品、新技术、新工艺发生的研究费用，按照国家规定享受企业所得税优惠。企业发生的职工教育经费支出，不超过工资薪金总额 8% 的部分，准予在计算企业所得税应纳税所得额时扣除；超过部分，准予在以后纳税年度结转扣除。"

另一种是通过地方法律法规的形式确定。早在 2009 年宁波市就出台了《宁波市职业教育校企合作促进条例》，2020 年进行了相应的修订并获得浙江省批准。江苏省、吉林省等于 2019 年出台了《职业教育校企合作促进条例》，江苏省通过法律法规的形式明确了"县级以上地方人民政府职业教育联席会议"的组成，地方政府建立"校企合作培养要求相适应的财政投入制度""可以整合设立校企合作专项资金"。这些地方法律法规对于职业院校的教师和实践教学条件进行了规定，对于企业、行业的角色以及相应的鼓励措施予以明确。例如，《山东省高等学校校企合作办学管理办法》是 2022 年 12 月 28 日山东省教育厅、省发展改革委、省工业和信息化厅、省财政厅、省市场监管局文件印发的文件，强调高校和企业须联合共建校企合作部，建立健全学院校企合作工作的运行和管理体系，旨在进一步规范和加强高等学校校企合作办学，健全多元化办学体制，深入推进产教融合，不断提升校企合作质量、协同育人水平。

3. 与产业学院相关的学校层面政策

学校根据上级文件的政策，结合自己学校人才培养工作需要和校企合作推进的实际以及发展趋势，大多数出台了相应的产教融合或校企合作办法，如《常州机电职业技术学院关于推进产教融合工作的实施办法》《信阳职业技术学院校企合作管理办法（2022 年修订）》，用以引导本校产教融合和校企合作工作。

随着产业学院的推广力度的加大，部分校企合作开展好的学校，如宁波职业技术学院、中山职业技术学院、深圳职业技术学院、广州番禺职业技术学院等已经陆续出台本校的产业学院管理办法，对本校产业学院立项的原则、建设的资金、合作企业的要求、评价的方式等方面进行规定，如《广州番禺职业技术学院产业学院管理办法》等。

4．企业内部层面政策分析

随着国家政策的出台，一些国有大企业和大中型民办企业，为了适应和促进校企合作工作，成立了产教融合和校企合作的部门，并设定了相应的分管领导，如广东的岭南集团、京东、腾讯、华为等，对于参与产业学院等校企合作的方式等也有自己的内部规定。

（二）现有政策中的问题

1．政策自身的短板难以解决产业学院深层次合作问题

进入21世纪以来，国家出台了一系列职业院校校企合作方面的意见、通知、办法、决定、条例等，这些政策在我国职业教育人才培养和校企合作方面起了指导性、规范性和促进性作用。政策的优势是能随着经济社会和职业教育发展的需要，及时调整和变更，但是其不足则是强制性不够、约束力不足，且不涉及具体的违反政策的惩罚性。政策在一项改革的前期，其优势很明显，然而随着我国职业教育校企合作20多年的改革与推进，一些校企合作中的能够改革的和通过学校自身能够突破的问题大部分已经完成，那些职业院校和企业难以解决的深层次的问题，仅靠现有政策难以取得实质性进展。如企业在职业教育中的地位问题、企业参与校企合作的义务问题、企业和学校在校企合作中权益的保护问题、校企合作当中的产权问题等，需要有明确的法律制度为依托。只有如此，政府、学校和企业才能在依法依规的情况下，发挥主观能动性，享有相应的权利和履行相应的义务。

2．现有政策对产业学院的要素与运作没有具体的规定

虽然教育部、工业和信息化部出台了《现代产业学院建设指南》，但是指南并没有明确什么模式的校企合作才能算得上是产业学院。目前我国产业学院的运作模式有职业学校主导式、政府主导式、企业主导式等多种类型，大部分是各职业院校在借鉴职业教育发达国家的基础上，结合各区域的产业需要建立的。

但是对于产业学院具体如何运作，产业学院与原有校企合作形式相比有什么优势与不同，并没有明确的规定。甚至有些学校直接把原有的某些校企合作，通过改名字重新与企业签订合同的形式，转换为产业学院。形式上的变化并没

有给“产教融合”带来实质上的变化。因此有必要对产业学院的成立条件、标准和运作的基本模式等做出政策甚至法律上的规定，而不是对产业学院在育人和培训等方面的内容做泛泛的规定，造成一些职业院校的产业学院如雨后春笋般涌现。

3. 现有政策对产业学院各主体约束力不均衡

当前产业学院等校企合作方面的政策，虽然已经涉及多部门协同，但是还是以教育部门为主。如教育部等六部委颁布的《职业学校校企合作促进办法》（教职成〔2018〕1号），该文件对于校企合作各方的任务规定有明确要求（见表8-1），特别是职业院校教师和学生实习的规定。

但是对于企业来说，当前我国企业管理相关的法律法规，并没有对企业登记或者发展过程中参与校企合作、参与产业学院有明确的规定和要求。在这种情况下，企业参与产业学院的建设是一种权利，并不是法律规定的义务。企业参与产业学院的积极性和责任感会受到影响。对于行业来说，行业相关的上位法律法规也没有明确的规定，缺乏行业的统筹与监督的持续影响力。

四、政策供给建议：产教融合背景下产业学院政策完善

（一）法律制度供给：产业学院及其相关政策法制化

产业学院及其上位的产教融合、校企合作，不仅仅是教育制度的设计问题，也应当是产业制度、经济制度设计中的重要组成部分。因此，对于这种跨教育、产业和经济类的事务，从职业教育发达国家的做法来看，都有相应的法律作规范。

一是从教育侧来看，需要从上位法角度明确校企合作各主体的责、权、利，在《职业教育法》甚至《教育法》中对校企合作各主体的法律地位及其责、权、利进行明确规定。为各级政府、政府各相关部门，以及校企合作各主体，形成产业学院相关法律法规和政策提供上位法的依据。

二是从产业经济侧来看，完善企业、税收、工商管理等方面配套法律。职业教育校企合作是一项多主体的跨域行为，除了职业教育领域的相关法律法规外，需要对另一个主体企业领域的相关法律法规配套修改。如《公司法》对于企业参与校企合作的规定，《税法》对于校企合作企业的规定，以及劳动《合同法》《劳动法》等相关的规定与完善，确保从企业主体的角度进一步促进企业参与的义务性和责任感。

（二）实施细则供给：产业学院及其相关政策操作化

产业学院作为一项多元主体参与新事务，为避免各主体仅从自身利益出发理解和实施政策，在相应的上位政策和立法的基础上，需要有明确的可操作性的实施细则，以避免因相关主体领导的改变，导致责任与义务的变化。

（1）从教育侧来看，一是要从国家层面对产业学院的内涵、模式与要件进行明确，避免出现对原有校企合作模式的简单名字变更的情况。产业学院育人模式应当有自己的特色，以区别于其他类型校企合作，这种做法可以借鉴现代学徒制的推进方式，明确其运作的特征，避免与时下的订单班一样。对于产业学院中参与人才培养的“双师型教师队伍”“双师素质教师”要有确定的标准，不能根据利益需求去定位。二是学校层面要进一步明确产业学院在学校人才培养中的作用，要出台学校产业学院管理办法。

要对学生产业学院学习，教师企业实践，产业学院企业兼职教师、技术服务、技术成果转化收益等方面做出明确的规定，以保证教师、学生在产业学院的合法权益，并促进其参与性。

（2）从产业侧来看，一是税务财政等部门要根据国家和省域政策给予参与校企合作的企业税收优惠，但是怎么给、给多少，并没有相应的实施办法和细则。如：怎么参与校企合作的企业哪些行为可以减免税收？减免多少才能有效促进企业参与产业学院的建设？这些政策细则需要尽快出台。二是各级地方政府要出台具有针对性的区域政策，促使产业学院的建设符合区域产业发展和人才培养的需要。如：重点促进哪些专业或者专业群与对应的企业构建产业学院？哪些类型的企业、达到哪些标准才适合建立相应的产业学院？对于本区域参与举办产业学院的企业申请税收减免、财政补贴的程序有哪些？等等。

（三）管理制度供给：产业学院治理及其考核体系建设

职业院校产业学院育人政策从需求、出台、实施、评价到反馈是一个持续改进的过程。现阶段产业学院是我国职业教育育人的一种模式。多元主体育人涉及合作平台建设，合作要素融合，以及多元主体之间协同治理的模式及其运行效果的评价。

（1）从教育供给侧来看，对于公立学校通过场地、设备、人员参与产业学院建设要有具体的法律和可操作化的政策支持；对于学校在人力、财力和物力对产业学院的投入，产业学院在人才培养、技术研发等方面的产出要做出评价。

（2）从企业供给侧来看，企业“利用资本、技术、知识、设施、设备和管理等要素参与校企合作，促进人力资源开发”，在这个过程中他们参与的方式，以及获得的回报和感受是需要评估与考核的，以确保企业参与产业学院建设的持续动力。同时对于区域大中型企业，尤其是国有企业及其领导参与产业学院建设应列入衡量企业社会责任担当方面的考核指标。

（3）从政府的角度来看，地方各级政府在产业学院及相关的校企合作政策的落实方面的方法、措施以及跟踪情况，应作为地方政府绩效评价的重要依据。

第二节　产业学院育人的机制保障

机制建设对于产业学院的顺利运行、高效产出和可持续发展具有非常重要的保障作用。产业学院具有多元主体、多方利益融合、多种资源共享的特征。作为利益主体，无论是政府、行业协会、企业、学校还是产业学院，都需要协调配合，做到科学筹划、合理设置、创新管理，不断完善机制建设，才能使产业学院发挥其“跨界教育”的特殊性，促进人才链、教育链与产业链、创新链的紧密对接。

一、产业学院机制建设主体分析

围绕产业需求进行人才培养，创新产教融合组织形式。产业学院是整合高校的学术逻辑、政府的政治逻辑和产业的市场逻辑的综合体，是产业的市场逻辑和高校学术逻辑主导下的多重制度逻辑交织的结果，是产教融合的高级形式。①

（一）产业学院构成主体与常见组合形式

产业学院的利益诉求方是政府、学校和企业，其中企业应泛指行业协会、产业园区、企业等。从目前产业学院的构成主体来看，主要有下面四种。

（1）校地共建：主要指学校与地方政府共建产业学院，利益主体为学校和地方政府。

（2）校企共建：主要指学校与企业共建产业学院，一般分为以专业群对应产业链的形式共建产业学院的“校企综合型”和在指定专业开设“订单班”的基础上共建产业学院的“校企订单型”。

（3）校行共建：主要指学校与行业协会共建产业学院，依托行业协会为学校与中小微企业建立产教融合桥梁。

① 林仕彬，林文锋. 产业学院的组织形态及其治理模式研究［J］. 高教论坛，2021（3）：71－73.

（4）校区共建：主要指学校与产业园区共建产业学院，与“校行共建”理念相似，依托产业园区为园区内产业链的企业搭建产教融合平台。

（二）不同建设主体在产业学院机制建设中的作用

（1）政府起主导作用。学校与地方政府共建产业学院。地方政府促进产教融合除了出台政策的宏观手段外，还可主动牵线搭桥，使政、校、企成为利益共同体。中山市古镇镇政府为解决当地小微企业难以做大做强的问题，引进中山职业技术学院到古镇，成立了理事会模式下的古镇灯饰学院，当地政府为主要投资方，鼓励企业参与校企合作培养高级技能型人才，以满足古镇全镇几千家企业的需要。中山市沙溪镇与中山职业技术学院共建职院沙溪服装学院，校地签订长达20年的合作期限，将产业学院的发展纳入镇政府经济和社会发展总体规划，并联合成立沙溪纺织服装学院理事会。镇政府提供场地，通过改造装修免费提供给中山职院办学，投入资金运作，建立教育发展基金，培养沙溪产业发展需要的实用技能型人才。构建产业学院已成为政府有效介入校企合作的创新举措。①

（2）行业协会起主导作用。学校与行业协会共建产业学院。行业协会在职业教育校企合作、产教融合中是连接企业和学校的纽带，是校企双方沟通的桥梁。广东省物联网协会（下称“协会”）联合广州城市职业学院，重点服务广州开发区物联网产业链，协调相关企业共同创建了广州物联网产业学院。协会根据粤港澳大湾区的物联网行业企业的人才需求，构建物联网应用技术专业课程体系。同时，协会根据国家有关工业4.0和行业发展趋势提出布局工业互联网专业，联合有关企业共同开发、生产物联网系统综合实训一体化平台用作学生技能实训和证书考核的设备，并开发配套教材。此外，协会还主动与企业协调企业兼职教师不脱岗授课事宜、主办职工技能竞赛、协调优质中职学校作为优质生源基地纳入产业学院命运共同体等，在产业学院利益协调、战略统一、资源共享、融合共建等方面起到了积极的桥梁作用。

（3）企业起主导作用。学校与企业共建产业学院。《国家职业教育改革实施方案》第十三条指出，要推动企业和社会力量举办高质量职业教育，支持和规范社会力量兴办职业教育培训，鼓励发展股份制、混合所有制等职业院校。广东开放大学与工业机器人龙头企业巨轮智能装备股份有限公司（下简称“巨轮

① 欧阳育良，吴晓志．政府有效介入下职业教育校企合作长效机制创新实践［J］．中国职业技术教育，2015（30）：64－69.

新成果。巨轮公司投入2 000万元，学校提供2 000平方米场地并分期投入850万元配套资金共同建设机器人产业学院，同时完善企业经营管理和技术人员与骨干教师相互兼职兼薪制度。校企共同制定工业机器人技术专业发展规划、工业机器人技术专业人才培养方案、高水平智能制造示范基地等。学校与巨轮公司合作办学时间为10年，按照约定的学费分成比例每年给巨轮公司划拨资金，开创了广东省省属公办高校的先例。

从以上案例可见，不同的建设主体实际上都需要参与到产业学院的建设中，只是采用了不同的组织形式，以及承担了不同的建设责任（见图8－2）。

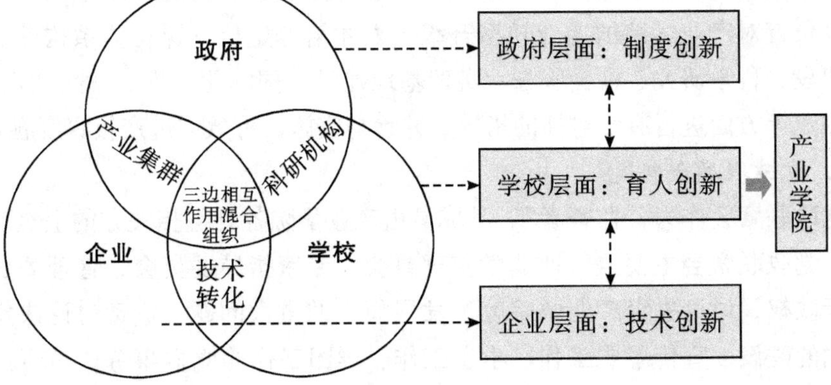

图8－2　产业学院建设主体与责任划分①

二、产业学院育人机制保障维度

（一）治理机制②

产业学院不是政府、行业、企业或者学校单一主体运行的机构，而是两个或以上主体共同治理的新型组织。构建清晰的校企合作权责机制、创新协同育人机制是产业学院发展的内生动力，也是产业学院正常运行的关键核心。

1．理事会制度

产业学院运行机制主要是成立理事会，其是产业学院运行的“决策管理者”。

---

① 林仕彬，林文锋．产业学院的组织形态及其治理模式研究［J］．高教论坛，2021（3）：71－73．

② 郭湘宇，周海燕，廖海．产教融合视角下“双主体、深融合”产业学院建设［J］．教育与职业，2021（8）：62－65．

理事会由政府、行业及组建产业学院的校企双方领导和相关职能部门负责人组成，其中政府、行业、企业的成员所占比例一般超过50%。理事长一般为“双理事长制”，由学校主要领导和企业主要领导共同担任。产业学院理事会定期召开会议，负责审议产业学院年度工作计划和年度工作报告，并对产业学院运行及发展的重大事项和问题进行研究协调与决策，检查督导理事会决议的落实情况。

2. 专家指导委员会制度

以培养人才为主要目标的产业学院，在建设过程中需要“研究指导者”。专家指导委员会采用“双主任制”，由学校名师、专业负责人、行业代表和企业技术精英共同组建。专家指导委员会提出产业行业需求和具有前瞻性的专业发展方向，负责对产业学院的专业转型升级、人才培养定位、课程体系构建、师资队伍建设、科学研究、社会服务、实训基地建设、国际化建设、学生实习就业、创新创业等方面进行有针对性的指导，并参与实施，有效促进产教深度融合。

3. 党政联席会制度①

党政联席会作为“监督者”，其成员由产业学院各利益相关方的上级党组织组成。党政联席会主要监督产业学院理事会、专家指导委员会、管理委员会行使的行政权，讨论决定产业学院改革发展稳定的重大问题，负责讨论决定产业学院党的建设、宣传思想工作、学生工作、群团工作等党群事务，负责产业学院的民主管理。党政联席会制度对于具备独立法人身份的现代产业学院院长、行政机构、产业学院教代会和工会发挥领导监督作用。

4. 管理委员会制度

产业学院的“执行者”采用理事会领导下的院长负责制。产业学院院长一般由产业学院所在学校教学单位的行政主要负责人担任，副院长由产业学院所在学校教学单位分管领导和合作单位相关负责人共同担任。产业学院建设委员会负责产业学院研究、规划建设、组织实施及日常管理工作。

（二）聘用激励机制

产业学院育人的执行主体是师资团队，师资团队的建设核心在于学校专任教师和企业技术人员，校企双方在人员聘用上要形成师资互聘互认机制。一方面，实行“双专业负责人制”，学校的专业负责人和企业技术负责人共同担任；另一方面，建立“互兼互聘双职”机制，学校聘请行业、合作企业技能大师为

① 殷勤．产业学院运行机制改革研究［J］．教育管理，2020（22）：40－45．

学校客座教授或兼职教授，与学校专业教师共同组成混编的“双师”师资团队，实现学校聘请企业兼职教师承担部分专业核心课程及主要实践课程的教学工作，企业聘请学校专业教师担任企业项目咨询专家或研发工程师等，实现双方的“身份互认、角色互通”。针对学校专任教师和企业兼职教师本职工作的不同，可采用错时授课的灵活排课形式，也可采用线上、线下相结合的教学方法。

此外，合理的师资团队考核与激励机制对于鼓励和稳定团队具有重要作用。学校专任教师和企业兼职教师分属于不同体制的组织，各自对职业的期待和目标也不同。专任教师一般具备较强的理论基础，缺乏一线实践经历；企业兼职教师一般拥有较丰富的技术实践经验，缺乏系统的理论知识。在产业学院育人的各项工作中，要发挥专任教师和企业兼职教师的优势，总体保持工作量均衡的前提下，在人才培养方案制订、课程体系构建、实训基地建设、科学研究、社会服务、创新创业等方面给予不同的分工，将专任教师和企业兼职教师在产业学院育人工作中投入的工作绩效列入学校和企业的聘用考核中。

（三）利益补偿机制

企业追求经济效益最大化，院校追求社会效益最大化，产教融合必然遇到利益冲突，建立合理的利益补偿机制可以避免出现组织管理松散化的状态。不同的利益主体可根据自身优势提供不同层面的利益补偿。

1. 政府层面的法律保障

政府可以通过制定法律法规、制度统筹提供法律保障，从而满足人民群众接受职业教育的需求，满足经济社会对高素质技术技能人才的需要，解决入学和就业两大难题，促进地方区域经济和社区发展，促进社会稳定。教育部等六部门于2018年印发的《职业学校校企合作促进办法》中明确指出“校企合作实行校企主导、政府推动、行业指导、学校企业双主体实施的合作机制。国务院相关部门和地方各级人民政府应当建立健全校企合作的促进支持政策、服务平台和保障机制”。2019年，国家发展改革委和教育部联合印发《建设产教融合型企业实施办法（试行）》[①] 中已经开始从上而下地给予积极参与教育事业发展的企业一定的政策倾斜：进入产教融合型企业认证目录的企业，给予“金融+财政+土地+信用”的组合式激励，并按规定落实相关税收政策。

---

① 国家发展改革委 教育部关于印发《建设产教融合型企业实施办法（试行）》的通知[EB/OL].（2019-03-28）. http://www.moe.gov.cn/jyb_xxgk/moe_1777/moe_1779/201904/t20190404_376681.html.

2. 企业层面的产业技术保障

凡合作产业学院建设的企业方，包括行业协会与企业，在产业学院的利益共享中，可通过提供产业技术保障，获得人力资源储备、学校的培训咨询服务和文化资源，依法享受教育、财税、土地、金融等优惠政策，并通过推广和国际化提升企业价值。产业学院的产生就是要培养服务于地方经济发展、符合产业需求的人才，以产业需求为培养目标，充分体现当下和未来产业发展所需要的“新技术”“新标准”。要将这些技术技能要求化作知识点融入课程当中，不仅需要企业提供一线技术技能大师或优秀技术人员参与到人才培养当中，还需要企业提供当下实际用于生产或者正在进行创新研发的设备和场所。

3. 学校层面的制度保障

学校作为校企合作的主体之一，应主动承担、积极推动，提高服务企业的能力。通过制定学校层面的产业学院建设实施方案和相关管理办法，提供下属学院必要的制度保障，下放人事、财务、管理等多方面权限，使学院可以在参与产业学院建设的过程中有较大的灵活度，敢于创新。统筹学校人力资源、技术资源和场地资源，为企业提供市场分析、技术攻关、项目咨询等服务，降低企业的研发成本，用以补偿企业在产业学院建设中的投入成本。

4. 学院层面的教学保障

学院具体落实产教融合育人教学任务，一方面要充分利用好政府保障政策、学校保障制度；另一方面要与企业研究产业发展趋势和岗位需求，紧密对接“新技术”“新标准”，融入人才培养，定期选派学院专业教师参与企业一线生产过程的跟岗实操和开展员工培训，邀请行业企业代表共同制定专业标准、共同开发课程标准、共同建设实训基地和研发中心等，将产教融合深入到人才培养全过程。

（四）绩效评价机制

衡量产业学院育人目标是否达成的重要手段即绩效考核与评价。绩效评价机制的建立应在产业学院筹备阶段或至少与产业学院建设保持同步，从加强顶层设计开始，制定合理的绩效目标，在运行全过程进行绩效进度把控，完善目标管理制度。在现阶段，产业学院发展初期，校企双方可以以发展性和激励性评价为主导，以成果为导向，兼顾多元主体的利益诉求，共同制定产业学院建设标准体系，结合短期目标和长期目标，适时引入第三方评价机构，对产业学院建设成效进行评价。吴新燕等①学者对此做了研究，在构建绩效考核体系时分四步走。

---

① 吴新燕，席海涛，顾正刚. 高职产业学院绩效考核体系的构建［J］. 教育与职业，2020（3）：27－33.

第一，界定产业学院生态系统，梳理产业学院建设过程中所包含的因素和相互关系，大致分为系统主体、系统功能和系统环境三大部分。在系统主体中，主要考虑产业学院建设的牵头方，即发起并签订产业学院成立协议的各方。系统功能指的是产业学院建立所被设定的功能，包括管理、育人、科研和服务等。系统环境主要考虑的是产业学院在运行过程中所面临的各种环境因素，包括来自内外部的物理环境和人文环境，比如场地、设备条件和制度、文化氛围等。（见图8-3）

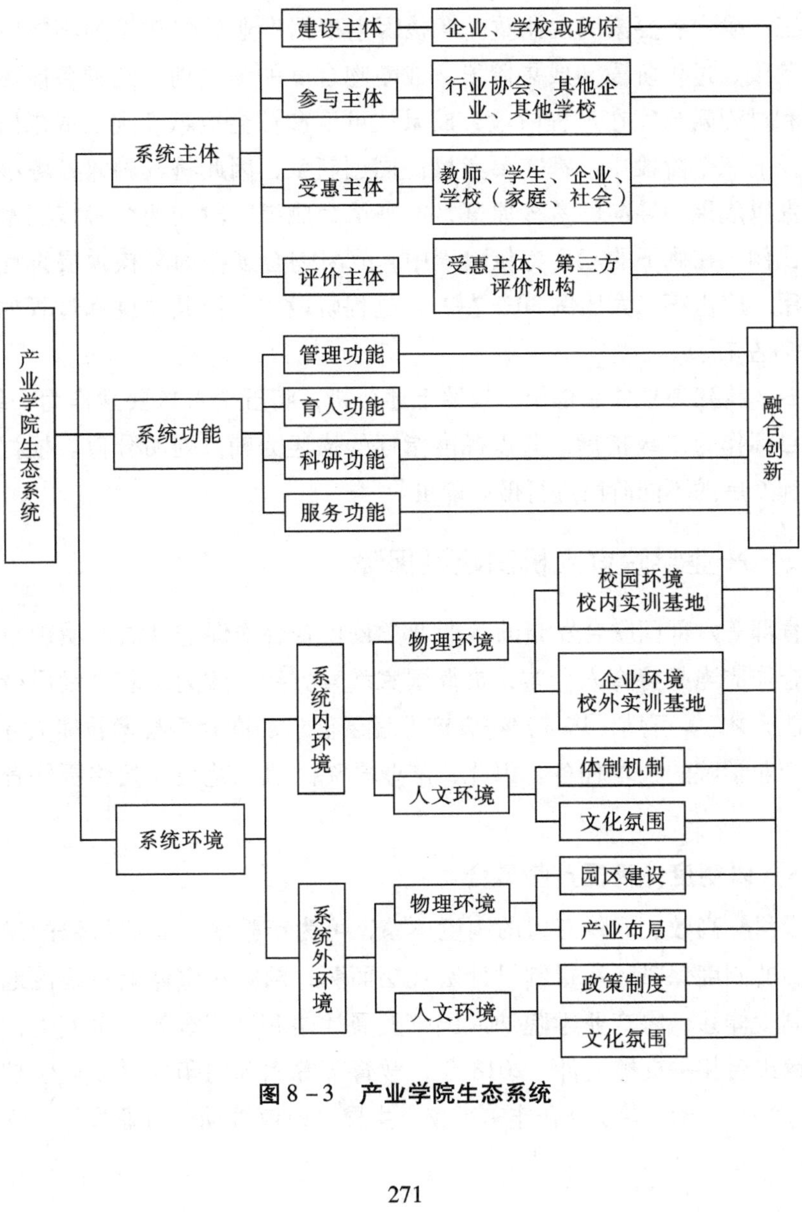

图8-3 产业学院生态系统

第二，确定考核要素。在梳理生态系统的前提下，主要考虑六个因素：战略吻合度、资源共享度、过程融合度、成果认可度、社会贡献度和协同创新度。其中，战略吻合度尤为重要。一是因为产业学院的建设以及人才培养都以服务产业发展为前提，只有跟国家和地方产业战略契合才能有效发挥融合产业链、创新链和人才链、教育链的促进作用。二是因为产业学院的建设主体分别代表了社会效益优先和经济效益优先的不同组织，只有各方发展理念一致，行动战略达成共识，才能保障产业学院的正常运行。

第三，确定各要素所占比重。考核因素根据产业学院建设的不同阶段划分为准备阶段、过程阶段和成果阶段。战略吻合度的考量划分到准备阶段，资源共享度和过程融合度在过程阶段，成果认可度和社会贡献度则在成果阶段。而以上提及的三个阶段中，都需要考核协同创新度，因此将其融入各考核因素当中。根据以成果为导向的考核原则，本书认为成果阶段的两个考核因素应占约50% 的比例。在剩下的三个考核因素中，战略吻合度作为考核顶层设计的重要指引效用，应占第二大比例 30% 左右，过程阶段的资源共享度和过程融合度则各占 10% 左右。

第四，构建考核体系框架。按照上述分析，将五个考核要素作为一级指标，将绩效目标作为二级指标，并以标准指标的描述为辅，列明分值。根据产业学院建设和发展的不同阶段进行微调即可。

三、 产业学院育人机制建设保障

教育部等六部门联合发布的《职业学校校企合作促进办法》明确指出“开展校企合作应当坚持育人为本，贯彻国家教育方针，致力培养高素质劳动者和技术技能人才”。可见，培养出符合产业发展需求的高素质技术技能人才是产教融合下产业学院的根本任务。因此，产业学院的机制建设应始终围绕育人这一要素。

（一）以制度体系促产教融合

建设科学高效、保障有力的制度体系，可为产教融合有法可依的发展环境提供有力的制度保障。从机制设计宏观层面看，国家从整体上系统性地构建产教融合制度体系，将产业学院纳入国家发展战略和制度统筹。事实上，国家近年已陆续出台相关支撑文件。2018 年，教育部等六部门印发《职业学校校企合作促进办法》，指出“校企合作实行校企主导、政府推动、行业指导、学校企业双主体实施的合作机制。国务院相关部门和地方各级人民政府应当建立健全校企合作的促进支持政策、服务平台和保障机制”。2019 年，教育部等六部委再联合发布《关于印发国家产教融合建设试点实施方案的通知》，明确以城市为载体，通过产教融合型城市建设协同推进。2020 年，教育部印发《现代产业学院建设指南（试行）》，提出“突破传统路径依赖，充分发挥产业优势，发挥企业重要教育主体作用，深化产教融合，推动高校探索现代产业学院建设模式”。除国家层面文件之外，中观层面的各地政府也相继出台地方政策支持产教融合育人。比如《广东省国民经济和社会发展第十四个五年规划和 2035 年远景目标纲要》指出“深化产教融合人才培养改革，构建市场导向的协同创新机制，降低校企合作制度性交易成本”。在微观执行层面，产业学院内部编制《产业学院理事会章程》，制定人事互聘互认、财务管理、实训基地建设、人才培养等管理办法。

（二）以“校企互融”促平稳运行

“产”是企业追求经济效益最大化的本质属性，“教”是学校追求知识文化价值最大化的本质属性，产业学院将二者有机融合，共同培养产业需要的高素质应用型、复合型、创新型人才，要通过建立新型信息、人才、技术与物质资源共享机制，完善产教融合协同育人机制作为保障。

浙江经济职业技术学院与浙江物产物流投资有限公司合作共建物流产业学院①，强调校企需求对接，通过项目载体、设施共享、人才共用、信息互通等方式，建立了校企深度融合机制。其产业学院理事会吸收了 48 家知名物流企业参加，制定了理事会章程和一系列产学研合作制度，有效整合教育与行业、企业资源，并实现辐射推广。构建清晰的校企合作权责机制。从合作主体的权、责、利划分和落实入手，签订合作共建协议，制定利益分配与协商制度、保密和知识产权归属制度、人财物事共享政策、激励与约束制度等，明确责任主体的经费投入与成本分担，保障多元投资主体的权益。构建多方联动协同的运行机制。在理事会框架下，校企共同制订人事聘用管理考核制度、师资双向流通与管理原则等，制订实践教学细则、联合课程考评办法等，通过规范组织构架和制度建设，构建人才共育、过程共管、成果共享、责任共担的联动运行机制。

---

① 张伟萍．基于产教融合的物流产业学院机制创新与实践［J］．中国职业技术教育，2015（31）：91 -93.

（三）以“多元动态”促可持续发展

建立多元动态的调整机制，以纳入多元主体、兼顾各方利益诉求的绩效评价体系为基础，或采用年报制度，或采用第三方评价方式，对产业学院育人的整体运行进行绩效考核评价。同时，强化产业学院共同党建的意识，设立党政联席会作为监管机构，确保产业学院运行管理的规范化、科学化、民主化，加强廉政建设，促进行政权和监督权的相互制衡与协调，确保议事规则和决策程序的严谨和规范。①

坚持以人才培养为中心、以产业为引领、以成果为导向、资源共享、责任共担、持续改进，是形成产业学院可持续发展机制的必要保障。② 产业学院理事会尊重“多元化”特点，根据创新链和产业链的动态变化允许新的企业参与，尤其对于政府主导、行业主导的产业学院，通过申报论证程序，吸收行业龙头企业、新兴企业、小微企业，为产业学院育人提供更权威、更创新、更符合国家经济发展战略的技术支持。对于新纳入企业的管理，根据绩效评价结果，动态调整参与企业的名单与合作程度，形成创新轮动机制，从而推动产业链、创新链、教育链、人才链的有效衔接。

第三节　产业学院育人的组织保障

举办产业学院的初心是育人，因此在建设发展过程中，必须加强组织保障，将育人的初心以组织目标的形式确定下来，始终将人才培养作为产业学院的根本属性、根本目标，使其不因时间推移而改变，不因人员更迭而改变，不因共建方要素的调整而改变。

在此基础上，可根据需要，动态延伸产业学院的其他功能属性，如产业研究、师资培养、社会服务、文化传承、对外交流，丰富产业学院社会功能，形成生态活力，提升软实力，实现可持续发展，源源不断发挥效益，服务产业、服务经济社会。

---

① 殷勤．产业学院运行机制改革研究［J］．教育管理，2020（22）：40－45.

② 成宝芝．产教深度融合的产业学院人才培养机制探究［J］．中国高校科技，2021（2）：98－102.

一、共建各方组织功能和目标分析

产业学院是学校、企业行业、政府和其他相关主体共同建立的以育人为主要目标的组织。但是举办方结构多元、复杂，各方由于自身社会功能不同，参与产业学院建设的出发点和目标归宿不尽相同，对产业学院后续的运作、建设发展存在不稳定、不确定的影响。

对举办方的功能目标进行分析，有助于在建设产业学院时，选择采用科学的主体或其内部功能模块，保障产业学院的育人属性具有更好的建设基础，提高后续阶段多主体联合体共同建设发展的可行性、运行管理的顺畅性和成果共享和谐度。

（一）校方的功能和目标

学校的根本任务是立德树人，一般认为基本功能有 5 大模块，包括人才培养、科技研究、社会服务、文化传承和对外交流，因此学校的功能目标与产业学院的功能目标完全一致，学校的参与，对产业学院的育人功能（及其他主要延伸功能）不会造成不利影响，只会增加其稳定性。

但是，学校在参与产业学院建设过程中，发现存在专业（群）与产业现状和发展需求匹配性的问题。对于具体的产业，学校也必然要选择与该产业契合度高的专业（群）参与建设产业学院。

（二）企业的功能和目标

企业是运用各种生产要素（土地、劳动力、资本、技术和企业家才能等），向市场提供商品或服务，实行自主经营、自负盈亏、独立核算的法人或其他社会经济组织。企业以盈利为基本目的，这一基本属性与育人功能的事业性存在难以调和的矛盾。

但是企业发展到一定程度，必然会加强人力资源管理、开发，对职员开展培训，规模较大的企业内部还会设置专门的部门，以负责职员的培训工作。设立培训部门的企业，育人的功能职责在内部机构层面得到了明确，是参与举办产业学院的有利要素。在合作共建产业学院时，应选择企业的培训部门具体参与共建，以确保产业学院共建各方在育人属性上的目标统一，有利于后续运行和建设。

（三）政府和行业组织的功能和目标

政府和行业组织（通常为政府批准设立）具有为产业提供公共服务的职责，

包括提供人力资源支持，因而具有明确的育人功能和目标，与产业学院的主要功能目标基本匹配。因此，在共同建设和运作过程中，一方面，政府和学校完全能保持长期稳定，不太可能产生根本性的分歧；另一方面，由于政府与企业的关系，是主管与被管的关系，企业需要接受政府的领导和指导，不能违反政府的指令。因此，政府对产业具有直接的影响。在企业与学校存在分歧时，政府的参与往往具有"稳定器"的关键作用，对构建多元主体长期、稳定的联合体有着非常重要的意义。

行业组织是指由作为行政相对人的公民、法人或其他组织在自愿基础上，基于共同的利益要求所组成的一种民间性、非营利性的社会团体。行业组织扮演着联系政府和众多企业的角色，是政府职能的延伸，其作用类同于政府，但对企业的影响不如政府直接有效。

二、 产业学院育人的组织体系

产业学院是由政、校、企不同主体通过功能耦合、资源融合、利益共享建立起来的混合式实体。① 但是必须强调，产业学院的根本任务是育人，以育人为主要方式服务产业发展。在业务上，产业学院应由高校进行管理和指导，但其办学体制、管理体制、运行机制、资源配置方式等与举办各方均有关，具有混合所有制的特征，是多元主体、多种要素混合而成的联合实体，要实现人、财、物相对独立管理，必要建设相对独立的运作、管理框架、运行体系。

（一）内部决策、执行与监督机构

1. 决策机构

负责产业学院办学方向、各类事项的决策。由于产业学院具有多元主体，属于合作办学，在资源配置、办学运行中需要体现举办各方的意志，任何一方都无法完全替代另外一方。为此，必须建立多方共同议事的决策机制，一般可由各举办方共同出员，建立联合决策机构，如领导小组。领导小组可以根据具体情况进行命名，设立一名正职和若干名副职，进行集体领导。

2. 执行机构

负责产业学院育人工作及其他工作的具体实施。对应多元主体共同构成的决策机构，产业学院育人的执行机构也适宜由各举办方共同组成，同时明确牵

---

① 欧阳育良，林仕彬. 产业学院的组织特征和体系设计［J］. 职教论坛，2021（4）：39－43.

头负责单位。从各举办方的功能属性看，学校与产业学院功能最为接近，一般可由学校担任产业学院院长单位。

一般来说，产业学院设院长一名，每届任期 3 ~ 5 年，其主要职权有：组织拟订产业学院发展规划，制订具体规章制度和年度工作计划并组织实施；组织开展产业人才培养、科技研究、社会服务、文化传承创新、国际交流与合作活动；组织拟定产业学院内部组织机构设置方案；聘任与解聘产业学院教师以及其他工作人员，对学生实施学籍管理，依照法律、法规和学校规定对教职员工和学生进行奖励或处分；组织拟定和执行年度经费预算方案，保护和管理资产，维护产业学院的合法权益；执行法律、法规、规章和产业学院章程规定的其他职责。

3. 监督机构

负责产业学院育人工作的监督，对产业学院的举办方的目标进行监测，对建设发展的结构基础进行保持，对运行过程中资源资金投入进行监督，以确保各方积极合作，科学运行，促进育人工作及各项工作有序实施。

一般可设监事委员会，主任委员由非院长单位人员担任，各共建单位各派 1 ~ 2 名人员担任成员。总人数根据工作需要确定，人数原则上为奇数。

（二）外部支持机构

产业学院通常为非独立法人机构，不具备独立运行的条件，需要共建各方持续提供资源要素的支持和保障，因此，在建设产业学院的同时，要同步明确外部支持的责任主体，形成有利于产业学院正常运行的外部支撑体系。

1. 师资保障

产业学院的师资，一部分来自院校，一部分来自企业行业等其他办学主体，由产业学院内专门的组织机构统一管理，统一使用。但是由于产业学院没有人事管理权，师资队伍的建设管理，比如培训、职称评审等，必须采用来源方归口负责的方式进行管理。为支持产业学院，各师资来源单位，特别是学校，应有专门规定，明确师资培养事项，为产业学院教师的职业发展提供保障。

2. 条件保障

产业学院的办学场所、办学设备设施等，来自共建各方。由于参与建设各方本身的管理体制一般不同，来源不同的办学资源，必须分类分级管理。来源为事业单位、政府的资源，仍需按国有资产进行管理、评价和报废；来源为行业企业的资源，按企业资产进行管理。总而言之，共建各方，内部管理机构的职能、制度将自然延伸至产业学院，必须遵守。在产业学院内，应落实专门职能机构或人员，按资源的来源属性不同，做好分类分级、依法依规的管理工作。

3. 学生保障

产业学院的招生指标来源于校方，学籍应按校方有关规定进行管理，具体招生工作可由校方和企业共同组织和实施。对于普通高中及中职学校来源的生源，主要由院校落实招生；属于社会来源（包括企业行业内部职工）的生源，应注重发挥企业行业的影响力，由校方和行业企业等举办方共同实施招生，共同保障工作顺利进行。

4. 教学保障

产业学院教学工作的上级业务主管部门为学校教务部门，产业学院的人才培养方案、教学安排、课程考核、学分管理、毕业等事项，应在学校教务部门的支持下实施和完成，接受教育行政部门的领导和统筹管理。涉及非学历培训的，根据业务归口情况，由学校和举办方有关业务部门归口管理和指导。

5. 管理服务及其他保障

通常而言，产业学院不是独立法人机构，没有独立的人、财、物权，需要依托共建单位获得办学资源。此外，由于产业学院的特殊性、多元主体性，任何一个共建单位，都无法对人、财、物进行系统全面的指导和管理，具体运行过程中又必须强化产业学院的相对独立性，充分发挥各参与举办方的资源优势，因此，共建各方需要出台涉及人、财、物的系列配套政策，形成政策闭环，系统有效支持、支撑产业学院建设发展。

6. 来自政府及行业的管理与服务机构

产业学院在建设发展中，离不开政府及行业管理机构提供的支持和服务。近年，教育部、发改委、工信部、财政部、人社部、国税总局等部门多次发文，如职业学校校企合作促进办法、现代产业学院建设指南（试行）、国家产教融合建设试点实施方案等，明确支持产业学院建设发展。这些政府部门都成为产业学院的直接支持和服务者，是产业学院外部支撑体系的重要组成部分。

三、 产业学院育人的基本团队建设

产业学院正常运行，离不开四个基本方面的队伍建设，包括教学团队、产业研究团队、管理团队和学生自我管理团队。

（一）教学队伍建设

建设一支高水平的教学队伍，是产业学院建设和高质量发展的首要条件。

产业学院教学队伍建设，要坚持育人为本理念。培养人才是产业学院的首要功能，这决定了教学队伍的建设必须要从教学需要出发，要坚持以学生为本，根据学生德智体美劳全面发展需要和实施人才培养方案的需要，确定教师需求，建设形成教学团队。

产业学院教学团队建设，要契合产业发展的结构。产业学院是为特定的产业培养人才，人才要求、去向比较明确。这决定了教学团队必然有明显的行业性。在具体构建教师团队过程中，基础课教师可主要由院校方面提供，专业课程教师可优先考虑由行业企业提供，对于综合性较强的课程，可以建立课程导师团队，多人共授一门课。总之，应根据人才培养方案和授课需要，整合校企多方资源，优势互补，多元主体共建教学团队，并适当增加行业企业教师的比例，强化产业学院的产业特色和优势。

（二）产业研究队伍建设

产业学院与普通学院相比，必然更为专注、精通所属产业。一所较好的产业学院，必须拥有一支熟悉产业现状，动态跟进发展，对产业未来有深刻、超前把握的研究团队。因此，产业学院应当设立专门的机构，形成研究团队，负责开展产业研究，为不断提高教学水平提供有力支持，乃至对产业发展发挥引领作用。

产业学院的产业研究机构，可根据实际情况，设在共建方的行业企业内或在产业学院内，可由行业、企业人员担任主要负责人，共建各方的教师原则上均需要参与产业研究工作，以研带教。

（三）管理队伍建设

由于产业学院的办学条件、师资、资金等来自不同的举办方，在行政管理上比较复杂，对行政管理团队工作水平的要求更高。再者，管理团队通常也会来自多个建设方，开展工作容易带着原单位的立场，受原单位的影响明显。要解决这些问题，应该为管理团队建立专门的统一的考核标准，可以探索由共建单位共同建立考核办公室，共同开展考核；制定统一的标准，由原单位联合，或委托第三方进行考核。只有统一标准、统一考核，才有可能促进管理团队融合一体，对各类资源科学进行管理、利用，保障产业学院高效、顺畅运行。

（四）学生队伍建设

自我教育、自我管理、自我服务、自我监督是大学生管理必须遵循的基本原则。在产业学院，同样应使学生做到“四个自我”。这需要建立和依靠系统的学生组织，如学生会及其他群团组织，并在社团、协会上保持明显的行业属性，服务学生专业化发展和产业学院高质量发展。

四、 党组织联合体建设

加强党的领导，是新时代办好产业学院的重要保证。坚持社会主义办学方向，落实立德树人根本任务，培养德智体美劳全面发展的社会主义建设者和接班人，必须加强产业学院党组织建设。

由于产业学院的师资队伍来自共建各方，因此教师来源于不同的党支部，加强党对产业学院工作的全面领导，有必要明确统一的党组织主体，使得来自不同单位的党员，可以在同一党组织内开展组织生活，落实好党对产业学院的统一有效领导。由于不同单位党员学籍管理的问题，无法将其他单位党员的学籍转到同一主体，因此，有一种值得探索的办法是，建立党组织联合体，同一单位的党员根据党章有关要求，符合相关条件的，应单独成立支部，各个支部组建形成党组织联合体，确保产业学院育人的第一属性。一般由院校担任第一书记单位，主持开展党组织联盟的组织生活。产业学院重要事项的决策，由产业学院院长办公会提出，由党支部联盟集体决定，重大事项事先征求共建各方党委意见后进行决策。各项决策按规定报共建各方党组织管理部门备案。

五、 产业学院品牌发展的工作方向

一定的资产，是产业学院长期、可持续发展的客观条件和坚实基础。由于产业学院以育人为基本目标，不属于市场经济主体，其资产以无形资产为主，因此必须加强产业学院的品牌建设，促进其无形资产持续增加。无形资产的主要成果及其载体是优秀的学生、杰出的教师、先进可行的理论、精彩的发展过程和惠及社会大众的溢出价值。因而，不断增加产业学院的无形资产，要加强学生培养；要不断强化产业学院建设发展的理论武装；要培养优秀的师资团队，形成强大的凝聚力；要积极发挥产业学院溢出效应、服务社会，切实让产业学院成为人才培养离不开、产业发展靠得住的育人组织。